经济所人文库

黄范章集

中国社会科学院经济研究所学术委员会 组编

中国社会科学出版社

图书在版编目（CIP）数据

黄范章集 / 中国社会科学院经济研究所学术委员会组编.
—北京：中国社会科学出版社，2019.1
（经济所人文库）
ISBN 978-7-5203-3564-5

Ⅰ.①黄…　Ⅱ.①中…　Ⅲ.①经济学—文集
Ⅳ.①F0-53

中国版本图书馆CIP数据核字（2018）第254373号

出 版 人	赵剑英
责任编辑	王　曦
责任校对	季　静
责任印制	戴　宽
出　　版	中国社会科学出版社
社　　址	北京鼓楼西大街甲158号
邮　　编	100720
网　　址	http://www.csspw.cn
发 行 部	010-84083685
门 市 部	010-84029450
经　　销	新华书店及其他书店
印刷装订	北京君升印刷有限公司
版　　次	2019年1月第1版
印　　次	2019年1月第1次印刷
开　　本	710×1000　1/16
印　　张	19.75
字　　数	266千字
定　　价	99.00元

凡购买中国社会科学出版社图书，如有质量问题请与本社营销中心联系调换
电话：010-84083683
版权所有　侵权必究

中国社会科学院经济研究所
学术委员会

主 任　高培勇

委 员　（按姓氏笔画排序）
　　　　龙登高　朱　玲　刘树成　刘霞辉
　　　　杨春学　张　平　张晓晶　陈彦斌
　　　　赵学军　胡乐明　胡家勇　徐建生
　　　　高培勇　常　欣　裴长洪　魏　众

总　　序

作为中国近代以来最早成立的国家级经济研究机构，中国社会科学院经济研究所的历史，至少可上溯至1929年于北平组建的社会调查所。1934年，社会调查所与中央研究院社会科学研究所合并，称社会科学研究所，所址分居南京、北平两地。1937年，随着抗战全面爆发，社会科学研究所辗转于广西桂林、四川李庄等地，抗战胜利后返回南京。1950年，社会科学研究所由中国科学院接收，更名为中国科学院社会研究所。1952年，所址迁往北京。1953年，更名为中国科学院经济研究所，简称"经济所"。1977年，作为中国社会科学院成立之初的14家研究单位之一，更名为中国社会科学院经济研究所，仍沿用"经济所"简称。

从1929年算起，迄今经济所已经走过了90年的风雨历程，先后跨越了中央研究院、中国科学院、中国社会科学院三个发展时期。经过90年的探索和实践，今天的经济所，已经发展成为以重大经济理论和现实问题为主攻方向、以"两学—两史"（理论经济学、应用经济学和经济史、经济思想史）为主要研究领域的综合性经济学研究机构。

90年来，我们一直最为看重并引为自豪的一点是，几代经济所人孜孜以求、薪火相传，在为国家经济建设和经济理论发展作出了杰出贡献的同时，也涌现出一大批富有重要影响力的著名学者。他们始终坚持为人民做学问的坚定立场，始终坚持求真务实、脚踏实地的优良学风，始终坚持慎独自励、言必有据的学术品格。他们是经济所人的突出代表，他们的学术成就和治学经验是经济所最宝贵的财富。

抚今怀昔,述往思来,在经济所迎来建所90周年之际,我们编选出版《经济所人文库》(以下简称《文库》),既是对历代经济所人的纪念和致敬,也是对当代经济所人的鞭策和勉励。

《文库》的编选,由中国社会科学院经济研究所学术委员会负总责,在多方征求意见、反复讨论的基础上,最终确定入选作者和编选方案。

《文库》第一辑凡40种,所选作者包括历史上的中央研究院院士、中华人民共和国成立后的中国科学院学部委员、中国社会科学院学部委员、中国社会科学院荣誉学部委员、历任经济所所长以及其他学界公认的学术泰斗和资深学者。在坚持学术标准的前提下,同时考虑他们与经济所的关联。入选作者中的绝大部分,都在经济所度过了其学术生涯最重要的阶段。

《文库》所选文章,皆为入选作者最具代表性的论著。选文以论文为主,适当兼顾个人专著中的重要篇章。选文尽量侧重作者在经济所工作期间发表的学术成果,对于少数在中华人民共和国成立之前已成名的学者,以及调离经济所后又有大量论著发表的学者,选择范围适度放宽。为好中选优,每部文集控制在30万字以内。此外,考虑到编选体例的统一和阅读的便利,所选文章皆为中文著述,未收入以外文发表的作品。

《文库》每部文集的编选者,大部分为经济所各学科领域的中青年学者,其中很多都是作者的学生或再传弟子,也有部分系作者本人。这样的安排,有助于确保所选文章更准确地体现作者的理论贡献和学术观点。对编选者而言,这既是一次重温经济所所史、领略前辈学人风范的宝贵机会,也是激励自己踵武先贤、在学术研究道路上砥砺前行的强大动力。

《文库》选文涉及多个历史时期,时间跨度较大,因而立意、观点、视野等难免具有时代烙印和历史局限性。以现在的眼光来看,某些文章的理论观点或许已经过时,研究范式和研究方法或许已经陈旧，但为尊重作者、尊重历史起见，选入《文库》时仍保持原貌而未加改动。

《文库》的编选工作还将继续。随着时间的推移，我们还会将更多经济所人的优秀成果呈现给读者。

尽管我们为《文库》的编选付出了巨大努力，但由于时间紧迫，工作量浩繁，加之编选者个人的学术旨趣、偏好各不相同，《文库》在选文取舍上难免存在不妥之处，敬祈读者见谅。

入选《文库》的作者，有不少都曾出版过个人文集、选集甚至全集，这为我们此次编选提供了重要的选文来源和参考资料。《文库》能够顺利出版，离不开中国社会科学出版社领导和编辑人员的鼎力襄助。在此一并致谢！

一部经济所史，就是一部经济所人以自己的研究成果报效祖国和人民的历史，也是一部中国经济学人和中国经济学成长与发展历史的缩影。《文库》标示着经济所90年来曾经达到的学术高度。站在巨人的肩膀上，才能看得更远，走得更稳。借此机会，希望每一位经济所人在感受经济所90年荣光的同时，将《文库》作为继续前行的新起点和铺路石，为新时代的中国经济建设和中国经济学发展作出新的更大的贡献！

是为序。

于2019年元月

编者说明

《经济所人文库》所选文章时间跨度较大,其间,由于我国的语言文字发展变化较大,致使不同历史时期作者发表的文章,在语言文字规范方面存在较大差异。为了尽可能地保持作者个人的语言习惯、尊重历史,因此有必要声明以下几点编辑原则:

一、除对明显的错别字加以改正外,异形字、通假字等尽量保持原貌。

二、引文与原文不完全相符者,保持作者引文原貌。

三、原文引用的参考文献版本、年份等不详者,除能够明确考证的版本、年份予以补全外,其他文献保持原貌。

四、对外文译名与今译名不同者,保持原文用法。

五、对原文中数据可能有误的,除明显的错误且能够考证或重新计算者予以改正外,一律保持原貌。

六、对个别文字因原书刊印刷原因,无法辨认者,以方围号□表示。

作者小传

黄范章，男，1931年7月1日生于江西省南昌市，1954年进入经济所工作。

少时因战乱，黄范章跟随家人先逃难到家乡宜黄，后在临川（现抚州）安顿下来。进入临川教会中学就读，高二后转入省立临川中学。1949年，考取南昌大学（原中正大学）外文系俄文专业。1950年，第二次报考大学，同时考取了北京大学和武汉大学经济系，最终选择北上，进入当时位于沙滩的北大红楼校区。1954年毕业于北京大学经济系，后经统一分配进入中国社会科学院经济研究所从事研究工作。初期的研究方向为手工业社会主义改造。1958年在著名经济学家孙冶方的影响下开始研究经济思想史。1978年，在恩师陈岱孙的领导下，参与发起和建立了"中华外国经济学说研究会"。1980年初至1982年2月，由中国社会科学院选派并获美国福特基金会资助，得以在美国哈佛大学经济学系及哈佛国际发展研究所进修和作学术考察，这是改革开放后首次有经济学家赴外访学。在美期间，主修战后美国主流经济学，选听了美国经济学界的"供给学派"代表人物之一费尔德斯坦的课，并根据自己的研究，将费氏的宏观经济思想进行了初步梳理，并称之为"温和的供给学派"。1982年5月，应邀到瑞典进行了为期3个月的学术考察，其间深入了解了福利国家的基本经济制度，并对瑞典社会民主党推行的"职工投资基金计划"印象深刻。社会民主党主张通过"职工投资基金计划"建立生产资料公有制，即实现社会主义基金所有制。受此启发，认为在中国可以发展建立各种公共基金，这些基金可成为国有企业的主要投资者。基于该思想出版了《瑞典：福利国家的实践与理论》一书。此次对北欧发达国家福利制度的考察和研究，成为其日后推崇股份制的理论源泉之一。

黄范章先后历任中国社会科学院经济研究所副所长（1982年至1985年）、国际货币基金组织中国执行董事（1985年至1986年）、美国密执安大学客座研究员（1987年至1988年）、国家计划委员会经济研究中心（后改为宏观经济研究院）副主任（1988年至1995年）。

他先后兼任中国社会科学院研究生院、中国人民大学教授与博士生导师（国际金融），南开大学台湾经济研究所兼职教授。

1998年退休后，黄范章并没有"赋闲"在家。多年来还担任"中国改革开放论坛"的副理事长、顾问，多次率团赴美国及欧洲，与兰德公司等智库交流。笔耕不辍，继续从事经济领域的研究和写作。

黄范章的主要研究领域有：西方经济理论、国际经济、国际金融和中国经济改革等。从其对股份制的理论探索到对国有资产管理体制改革的深入思考，始终贯穿的一条主线是，将西方经济学的基本理论与中国的改革实践紧密结合起来，用被发达的市场经济国家经济实践证明了的发展规律解决社会主义市场经济条件下的"中国问题"。

他的主要著作有：

《瑞典：福利国家的实践与理论》，上海人民出版社1987年版；

《黄范章选集》，山西经济出版社1995年版；

《外国市场经济理论分析与实践》，商务印书馆1998年版；

《跨世纪的中国改革开放与国际环境》，经济科学出版社2002年版；

《东亚经济白皮书》，与日本合作，中国计划出版社1996

年版；

《东亚经济路在何方》，国际文化出版公司 1999 年版；

《东亚经济蓝皮书（2000—2005）》，经济科学出版社 2001 年版。

此外，他还发表论文 200 余篇。

目 录

美国经济学与美国政党
　——从美国大选看美国经济学的"新动向" ……………… 1
供给学派与里根经济政策 …………………………………… 17
积极倡导经济管理体制改革的经济学家——孙冶方 ……… 30
里根政府的新国际经济战略初析 …………………………… 41
股份制
　——社会主义全民所有制的好形式 ……………………… 61
建立全社会统一的社会保障制度
　——关于成立社会保障委员会的建议及其他 …………… 82
宏观经济、微观经济均属市场经济的范畴 ………………… 91
经济全球化与金融监管国际化 ……………………………… 96
把国际竞争的压力转为推进国企改革和结构调整的动力 … 108
从建立全国社会保障基金到"基金所有制"
　——兼论保障制度改革、资本市场建设和国有企业改革
　　三者联动 ………………………………………………… 116
中国在世界经济分工体系中将扮演什么角色 ……………… 126
从世界的视野看我国新型工业化道路 ……………………… 133
双重身份和双重职能的改革是政府体制改革的重点 ……… 142
如何认识、借鉴瑞典经济模式
　——兼论当代资本主义经济中的"公有"因素孕育 ……… 148

制度创新、理论创新的30年
　　——兼论创立有中国特色的转轨经济学和社会主义
　　市场经济学 ………………………………………… 167
关于股份化、社会化的思考
　　——兼论当代资本主义经济中萌发的公有制因素 ………… 186
论创立有中国特色的"转轨经济和社会主义经济学"
　　——向诺贝尔经济学奖冲刺的突破口在哪里? …………… 202
经济全球化要求宏观经济政策国际合作及世界货币体系
　　革新 ……………………………………………………… 214
G20集团与国际货币体系改革 ……………………………… 229
宏观经济政策国际合作
　　——经济全球化所需要的新机制 ………………………… 241
略论"政府主导"与"市场主导"之争 ……………………… 254
怎样认识改革进程中的政府主导作用 ……………………… 273
试论中国特色的社会主义道路"特"在哪里 ……………… 278
从五个维度看中国特色社会主义道路 ……………………… 286
如何破解"打车难"问题 …………………………………… 292
架构经营性国企体系 ………………………………………… 296
编选者手记 …………………………………………………… 300

美国经济学与美国政党

——从美国大选看美国经济学的"新动向"

共和党候选人里根已当选为美国第 40 届总统。当前，美国经济正处于失业与通货膨胀的风雨交加之中。民主党的卡特以其凯恩斯主义倾向的经济政策在竞选中失去了总统的宝座，而里根却以其大幅度减税的经济政策赢得了胜利。美国报刊称里根的经济纲领反映了经济学的"新动向"——所谓"供给方面经济学"（或"供给经济学"），并着重提到他的"减税"主张跟所谓"拉法曲线"（Laffer's Curve）有关。这就使人们自然对以下的问题感兴趣：美国的政党和美国的经济学有什么关系？两党的经济纲领及政策，就其基本理论和倾向来说，各有什么特点？这次竞选中所反映出来的所谓经济学的"新动向"又是什么？

为了说明这些问题，本文拟先简略介绍第二次世界大战后美国经济学的两大流派（凯恩斯主义派和货币主义派）在理论观点和政策主张上的特点，因为"二战"后两党政府经常分别从这两大经济学流派获得理论武器；然后再简单介绍一下"二战"后美国两大政党的经济观点与政策主张跟上述经济学两大流派之间的联系；最后，再着重就今年（1980 年）大选分析当前美国经济学界的某些动向。

凯恩斯主义与货币主义

"二战"后，在美国经济学界最有影响的两大学派：一是以萨缪尔逊等人为代表的美国凯恩斯学派，二是以弗里德曼等人为代表的货币主义学派（或称芝加哥派）。

这篇短文，不能系统地介绍这两个学派的基本理论，只能就"二战"后美国主要经济问题简单介绍两派在理论观点和政策主张上的主要特点和分歧。

在"二战"后的长时期中，美国经济经常面临的最主要的问题，是经济危机（失业）和通货膨胀。正是在这两个主要问题上，这两个经济学流派提出了不同的理论"说明"、经济战略和对策，长期以来一直争论不休。

第一，关于经济危机（大量失业）的原因问题，这两派虽然都回避资本主义经济危机的真正根源——资本主义基本矛盾，却各自从不同的方面提出不同的理论"说明"。

凯恩斯派认为，经济危机（大量失业）发生的根本原因，在于社会的"有效需求"不足，也就是社会的总消费需求和总投资需求不足；而"有效需求"之不足，则完全是由于消费者和投资者的"心理因素""心理规律"的作祟所造成的。

如果说凯恩斯主义者是把资本主义基本矛盾仅仅归结为供给和需求之间的矛盾，那么，货币主义者则用商品流通中商品与货币的矛盾来取代资本主义基本矛盾，把资本主义生产过剩危机归咎于货币供给不足。有的人就曾把20世纪30年代的大危机，说成是由于货币的供给收缩了1/4而造成的。凯恩斯派认为这种"解释"过于"简单"。他们认为货币因素与经济波动有关，但根本原因还在于消费需求和投资需求的变动。他们反对货币主义者把货币因素说成是导致经济波动的唯一因素。

第二，对危机（大量失业）的分析不同，导致两派提出的不同对策。

凯恩斯派认为，由于"心理因素""心理规律"作用的结果，资本主义经济中经常存在的只是"低于充分就业"的"均衡"；资本主义经济不能依靠市场的力量自动地经常地提供出足够的"有效需求",以保证达到"充分就业的均衡"。因此,为了"防止"或"克服"危机,必须依靠"国家调节",即依靠政府运用所谓"补偿性"的财政政策和货币政策,在萧条时采取扩张性政策以扩大有效需求,在出现"过度需求"而导致通货膨胀时便采取紧缩性政策。据说,这样就可以"消除"或"熨平"经济的波动。

货币主义者仍坚持凯恩斯以前的传统经济学的信条:自由市场经济能够自动地保证"充分就业的均衡",只要对货币的供给管理得当。他们提出所谓"长久性收入"(弗里德曼)的理论,认为从长期来看,人们的收入和消费水平的变化通常是很小的和逐渐的,因此,只要政府对市场不加"干预",私人的消费开支是"稳定的";即使私人的消费开支并不十分稳定,但价格的灵活性也会造成一种使之保持稳定的"自然趋势"。不仅如此,他们还进一步提出,即使在私人支出不十分稳定、价格不十分灵活的情况下,也不能运用财政的或货币的政策进行任何"干预"。因为任何政策的效果都存在一个"时滞"问题,等到若干年后刚要显露出所预期的政策效果时,经济形势本身早已发生了变化。这时,经济形势在本身的变化和"迟到的"政策效果等各种因素相互影响下,便变得比以前更加"不确定"了。所以,他们认为,政府的"干预"(或"调节"),应被限制在最低水平上,因为它们在大多数情况下都只是有害而无益。

所以,如果说凯恩斯主义是以"国家调节"为标志,那么,货币主义则是标榜所谓"自由经营"。可以说,货币主义派是美国最有影响的"自由经营"派,而凯恩斯派则是最有影响的"国家调节"派,后者在"二战"后的美国经济学界长期居于主导地位。

第三,关于通货膨胀问题,两派分别提出不同的"解释"和对策。货币主义派认为通货膨胀完全是一种货币现象。他们根据传统的货币数量公式,认为通货膨胀是货币供给过多所造成的。对付通货膨胀的主要办法,就是控制货币的供给。

凯恩斯派认为,通货膨胀和危机(严重失业)不过是总需求的两个"极端"表现。总需求"严重不足"时则发生危机,总需求"过度"则导致通货膨胀。他们认为,在实现充分就业以前,传统的货币数量公式不会发生作用,因为这时是生产过剩,供大于求,货币数量的增加并不会引起物价的上涨。只有在实现"充分就业"之后,总需求进一步扩张,出现"过度需求",才会产生所谓"通货膨胀的缺口"。这就是所谓的"需求拉动型"通货膨胀。这是凯恩斯派对通货膨胀的主要"解释"。然而,为了替凯恩斯主义的扩张性政策开脱,他们把战后通货膨胀主要归咎于"成本"(特别是工资成本)过高,即所谓"成本(工资)推动型"通货膨胀。他们认为,凯恩斯主义的紧缩性财政政策和货币政策,可以用来对付"需求拉动型"通货膨胀;至于"成本(工资)推动型"通货膨胀,则须采用"收入政策",对物价和工资加以直接的管制。

第四,在对主要经济战略目标的估计上,两派也不同。凯恩斯派通常把"就业"和"增长"置于首要战略目标的位置上。这不仅因为按照他们的理论,资本主义经济通常是处于"低于充分就业的均衡";而且也因为严重的失业(像20世纪30年代那样)将直接威胁着整个垄断资产阶级的政治统治。因此,尽管他们宣扬的是所谓"补偿性"财政政策和货币政策,但实际上侧重的是其中扩张性的财政政策和货币政策,用以刺激社会的总需求。

货币主义派则标榜以稳定物价、反对通货膨胀为首要战略目标。他们主张每年只按一定的比率(如弗里德曼主张每年4%—5%)来增加货币量的供给,反对凯恩斯主义的膨胀性倾向。凯恩斯经常指责货币主义者过于强调通货膨胀问题而忽视危机(失业)问题。例如著名凯恩斯主义者汉森、哈里斯等人在20世纪五六十年代曾强烈谴责货币主义者利用所谓"通货膨胀的威胁"进行政治恫吓,目的是反对扩大政府开支。但弗里德曼等却否认他们忽视危机和失业,他们反过来还谴责凯恩斯主义者为扩大政府支出而故意夸大失业的严重性,因为按照弗里德曼在1969年文章中对"失业"的"新解释",政府的失业统计中有相当一部分失业者是"自愿的"。

第五，在对财政政策的货币政策的作用的估计上，两派有严重分歧。美国凯恩斯派虽然在收入分析和货币分析的"综合"基础上，主张财政政策与货币政策的"综合"运用，但他们却突出强调财政政策在"调节"经济中的重大作用，而把货币政策置于次要的、辅助性的地位上。这一则因为他们认为货币数量对价格的影响问题只有在实现"充分就业"之后才值得重视；二则因为他们认为货币政策在"刺激"经济方面的作用有限，任你扩大货币供给也不可能把利息率降到零。

货币主义者则强调正确的货币政策是对付危机和通货膨胀的最有效手段，因为他们认为这二者都是一种货币现象。他们认为，货币政策比财政政策更为关系重大，因为政府开支的扩大或紧缩，最终都得通过货币数量的变化来实现。尽管他们强调货币政策的作用，并不完全排斥政府"干预"，但他们主张把国家对经济的"干预"降到最小的限度，除了每年按一定的增长率供给货币外，不应运用任何政策对经济进行过多的"干预"。他们在理论上和政策上的基本倾向，仍是传统的"自由经营"。

民主党与共和党

无独有偶，美国经济学两大学派的对峙，不仅与美国两大政党（民主党和共和党）的对垒相映成趣，而且有着密切的联系。不少美国经济学家（如哈里斯、希尔克、穆林诺克斯等）对美国战后两党及两党政府的经济纲领及政策都作过系统的研究，认为战后民主党政府的经济政策具有明显的凯恩斯主义的特点，而战后共和党政府的经济政策则较多地带有货币主义的色彩。事实也是如此。

"二战"后民主党政府之倾向于凯恩斯主义的经济政策，并非偶然。早在20世纪30年代经济大危机时期，民主党政府及经济学界在讨论如何渡过这个"危机"中，就有不少人主张运用政府力量（如实施大规模公共工程计划、调节金融等）来克服危机。1932年美国有24名著名经济学家联名上书给民主党政府，建议实施上述主张。1933年民主党罗斯福总统宣布实施"新政"，对国民经济实行"国家调节"。如果说，这些还不过是为适应资本主义转上国家垄断资本主义轨道的需要而采取的实际措施，那么，三年后出版的凯恩斯的《就业、利息与货币通论》（1936年），则是为"国家调节"提供了系统的理论"论证"。所以，凯恩斯主义很快在美国落地生根（当然通过美国经济学家自己的努力）了。也正因为凯恩斯主义符合垄断资产阶级的政治的、经济的需要，所以战后民主党政府一向把它奉为制定经济政策的基本指导思想。此外，还应看到，民主党在和共和党的竞选中历来在相当程度上指望工会和黑人群众的选票，因而在其经济政策中不能不在一定程度上考虑他们关于"就业"和"社会福利"等方面的要求。而凯恩斯主义的理论和政策，也正好便于他们把工人和黑人群众的这些经济要求，纳入国家垄断资本主义的轨道。

战后民主党政府在推行凯恩斯主义的所谓"补偿性"财政政策和货币政策时，基本上都在"反萧条""反失业"的旗号下把重点放在扩大政府开支、搞"赤字财政"，发行公债、控制利息率等扩张性政策上。第二次世界大战一结束，民主党政府就在1945年提出并于1946年经国会通过了《就业法案》，宣告："联邦政府的坚持不渝的政策和责任是：动用一切可行的手段，去创造并保持种种条件，使那些有能力、有意愿而且正在寻找就业机会的人得以获得有用的就业；去最大限度地促进就业、生产和购买力。"为此，民主党政府总是经常抛出种种扩大政府开支的"计划"，如杜鲁门的所谓"公平施政"（Fair Deal），肯尼迪的"新边疆"，约翰逊的"伟大的社会"，等等。据说，凯恩斯主义政策的推行，在肯尼迪政府时期达到登峰造极的地步。许多凯恩斯派经济学家也以这一时期的"政绩"自豪。

在肯尼迪时期，协助总统制定经济政策最得力的，当数总统经济顾问委员会。这个委员会的主要成员先后有海勒尔、托宾、哥登、艾克莱和路易斯，均属凯恩斯派经济学家。萨缪尔逊则在肯尼迪竞选时主持制定竞选的经济纲领。据经济学家曼斯菲尔德说，尽管肯尼迪初期在财政政策上有点保守倾向而且他本人的主要兴趣是国际事务，但委员会对他的影响很大，其中尤以委员会主席海勒尔对肯尼迪的影响最大，推行凯恩斯主义政策最为得力。同时肯尼迪又任命著名凯恩斯派经济学家哈里斯担任财政部经济顾问。因此，尽管财政部长是共和党的狄龙（他主张"平衡预算"而反对"赤字财政"），但凯恩斯派仍左右了经济政策的决策。

肯尼迪政府的经济顾问哈里斯在总结肯尼迪政府的经济战略时说，"充分就业"和"增长"是肯尼迪政府的"两大政策目标"，而实现这两目标的最重要工具就是财政政策。肯尼迪本人经常强调财政政策（特别是预算）在"稳定经济"方面的突出作用，把"预算"说成"是我们所拥有的一个能把私人经济跟公共经济连接起来的最强有力的工具"（1963年预算咨文）。肯尼迪同意把凯恩斯主义的"补偿性"财政、货币政策作为他的基本政策工具，反对追求"年度的平衡"而强调什么"周期性的平衡"；主张"当经济疲怠时便应被用来支持消费者的支出和增大总需求，而在就业与生产恢复了的时候，政府开支便将自动停止"（1961年2月给国会的特别咨文）。

那么，肯尼迪政府是怎样主要靠运用财政政策来缓和危机、减少失业的呢？不妨简括地说，初期主要靠扩大政府开支，后期主要靠减税。例如，肯尼迪当选后，萨缪尔逊在给当选总统的报告中主张扩大政府开支，强调政府不能因为"害怕"繁荣会带来"通货膨胀的压力"而"放弃高就业和有效的增长"这两大经济战略目标。据统计，肯尼迪政府在1962—1964年的三年间把政府开支增加了170亿美元，政府开支的每年平均增加率为艾森豪威尔政府的6倍。但政府开支的大幅增加，并未导致失业率的明显下降。海勒尔等人于1962年提出减税的主张，至1964年经国会通过实施（这时是约翰逊政府,海勒尔仍任总统经济顾问委员会主席)。失业率1964年降为5%,1965年降至4.7%(失业率下降是否主要是减税的结果,经济学界有争议)。

美国凯恩斯派对肯尼迪—约翰逊政府的"政绩"大为得意,并特别把以海勒尔为代表的路线和政策称之为"新经济学"。至于这个所谓"新经济学"究竟有什么"新颖"之处呢?托宾曾把这个"新经济学"的特点概括了几点:(1)相信依靠政府政策的运用能够保持经济的"稳步增长"而避免危机;(2)只运用"补偿性"政策已嫌不够,因而注重"充分就业预算",注重区分国民总产值的实际的增长和可能的增长;(3)使货币政策从属于财政政策的宏观经济目标;(4)坚持以"经济增长"和"充分就业"(但允许有4%的失业)为目标,办法主要是扩大总需求。很明显,这种"新经济学"从其理论及政策说并没有多少"新颖"的地方。经济学家唐布什和费斯契尔认为,"新经济学"之"新"只是"新"在它对凯恩斯主义的"成功地运用"方面。

至于战后共和党政府——艾森豪威尔政府和尼克松政府,它们的经济纲领和政策,则表现出自由经营派——货币主义的特点。这可从以下几方面看出。

他们都极力主张"自由经营",主张把政府的经济职能缩小到最低限度,认为发展经济的基本力量是私人企业而不应是政府。共和党在1960年竞选的纲领性文件《经济机会与进步》中宣告:"我们共和党人的纲领是,要靠加强私人的积极性以求得一个高增长率,而不以恢复政府的巨额支出作为加速增长的途径。"艾森豪威尔政府的主要决策人汉弗莱(财政部长)说,"我决不相信政府少数几个人竟会是如此之精明,可以告诉全国每个人该如何行事,……我衷心地相信一个有刺激力的自由选择的制度"。尼克松也认为"谋求增长的正确办法,不是靠政府的行动,而是靠为私人经济的发展增加机会和刺激"。

他们都把通货膨胀问题放在突出的位置上。艾森豪威尔两次都是打着"反通货膨胀"旗号上台的。他在 1952 年竞选的电视节目中大声疾呼"现在是恢复诚实的美元的时候了",在 1956 年竞选中又呼吁要恢复"坚实的美元",说"我深信这个国家若要繁荣昌盛,就必须要有一个坚实的美元"。尼克松在当政后的第一次记者招待会上,宣布要把通货膨胀当作头号国内问题来处理,并且说"我要强调的是:控制通货膨胀而又不致失业有严重增加,是可能做到的"。

他们反对扩大政府开支,标榜反对"赤字财政",沿袭传统的"平衡预算",甚至要有"预算节余"。例如艾森豪威尔 1952 年 10 月间在伊利诺伊州的竞选演说中谈到财政政策时说,"我们的目标是要在今后 4 年内把联邦政府开支削减 600 亿美元左右。这种削减将会消灭预算赤字,而且为大幅度减税铺平道路"。他的经济谋士汉弗莱则是"平衡预算"传统观念的信奉者,认为赤字是造成通货膨胀的主要原因。而尼克松在其当政期间,宣扬要实施所谓"充分就业预算节余"。

再看看他们的参谋班子。据美国分析评论家蔡尔德(《艾森豪威尔》一书作者)说,艾森豪威尔政府的主要经济决策人,并不是总统经济顾问委员会主席伯恩斯(美国经济学界认为他是共和党中的一名自由派,实用主义者),而是他的两任财政部长汉弗莱和安德逊,这二人都是以传统经济学为指针的。蔡尔德认为,艾森豪威尔对汉弗莱的任命至关紧要,事实表明"这项任命决定了艾森豪威尔的路线"。至于尼克松的主要经济顾问,多是芝加哥派(即货币主义派)经济学家(如乔治·舒尔茨、赫伯特·斯坦因等)。经济学家希尔克对尼克松政府就职时的基本经济政策作了综合分析,认为它是由以下成分所组成:弗里德曼的货币政策、目的主要在于削减开支而非稳定经济的财政政策、由企业和劳工自行决定价格与工资率的自由放任政策。

在分析两党政府的经济政策时,至少有两点是值得注意的(特别是对共和党政府)。一是必须把他们的观点、纲领、口号跟他们的实践区别开来。他们鼓吹"充分就业""平衡预算""物价稳定""稳步增长"等是一回事,但他们能否做到以及是否真的那么做又是另一回事。二是必须看到他们的实用主义。因为尽管两党各从垄断资产阶级的不同的政治和经济的需要出发,倾向于不同的经济学派别的理论和政策,但决不排斥它们在个别时期"反水"。这一点在共和党政府时期表现得比较明显。例如,艾森豪威尔政府的经济顾问委员会主席伯恩斯,据说是一位出名的实用主义者。他过去一向是凯恩斯理论的激烈批评者,但在1977—1978年危机期间,他又主张皈依凯恩斯主义的"赤字财政",并反过来对弗里德曼进行批评。然而,最典型的实用主义表现,莫过于尼克松的"新经济政策"。在20世纪60年代末期,通货膨胀主要由于越南战争费用增大而加剧,尼克松宣告通货膨胀为头号问题,并在1969年和1970年采取了一些紧缩政府开支的措施。可是经济转疲,1970年的国民总产值按不变价格计低于1969年水平,失业率连续上升,从1969年的3.5%至1971年上半年上升至5.9%。与此同时,消费品价格也不断上升。这时,1972年的大选日益逼近。尼克松政府慌了手脚。尼克松于1970年11月宣布"现在我也是凯恩斯主义者了",并于1971年8月宣布实行"新经济政策",一方面对工资和价格采取前所未有的管制,另一方面采取扩大政府开支和减税等扩张性措施。所以,两党政府的经济政策的区别,并不像两学派那么分明;然而,也不能因此而看不到:凯恩斯主义的"国家调节"和货币主义的"自由经营",是分别与"民主党的'新政'传统"以及共和党的保守倾向相适应。

在介绍两党和经济学两派之间的关系时,不能不说1968年大选中举行的弗里德曼和海勒尔二人的电视辩论。这次辩论之所以引人注目,正如辩论会的发起人纽约大学企业管理学院院长塔加特所说,是因为:弗里德曼既是芝加哥派(货币主义派)的首领,又是尼克松经济纲领的理论支柱;而海勒尔则既是新凯恩斯主义的著名代表,又是肯尼迪、约翰逊政府的经济顾问委员会主席。这两人既可作为两学派的代言人,又可作为两党经济政策的发言人。在这次辩论中,双方就财政政策和货币政策的作用问题相互攻讦。尽管这种辩论不可能获得什么结果,但人们却从电视屏幕上看到了经济学两派别和政界两政党之间的密切关系。

从大选看经济学的"新动向"

历史却在给这两派的理论和政策作出"结论"。本来按照凯恩斯派的学说,在达到充分就业之前,经济是处于需求不足的状态,不可能出现通货膨胀。然而事实上,通货膨胀在"二战"后却成了经常的现象或威胁。自20世纪50年代末到60年代,许多凯恩斯派经济学家利用英国经济学家提出的所谓"菲力普曲线",宣扬通货膨胀与失业率之间的"替换关系",即可用物价之上涨来"换取"失业率的下降。可是,70年代的"停滞膨胀"却使这种"替换"之说破产。许多经济学家承认凯恩斯主义的理论和政策都陷入了困境,但凯恩斯主义的失败,也决不意味着货币主义的胜利。因为历史表明:在共和党政府任内,每当经济危机袭击时,他们往往因货币主义政策失灵而不得不求助于"国家调节",甚至总统自己也宣布自己"是一个凯恩斯主义者"。所以,当前并不仅仅只是凯恩斯主义的危机,而是两大派都陷入了困境,谁都拿不出什么更好的办法来。

于是,20世纪70年代以来,出现了一批"新自由派"的经济学家,这一派现在还没有统一的或系统的理论,也还没有出版理论专著,但却在形成之中。他们中间不少人的理论被人称为"供给方面经济学"(或"供给经济学")。这是因为:他们总的倾向和货币主义派一样是倾向于"自由经营",但他们并不像货币主义者那么强调货币的作用,还是从总供给和总需求的关系来进行分析;然而他们又不像凯恩斯主义者那样从"需求方面"出发,而是从"供给方面"出发来考察经济的现状和寻求对策。如果说,以前两大派都是先有了理论，出了专著，然后才被搬上政治舞台（如凯恩斯的《就业、利息与货币通论》出版于1936年，至1944年才首次在美国政府发表的《就业政策白皮书》中被宣布为国策，1945年加拿大政府和澳大利亚政府也相继发表了类似文告，1946年美国通过了《就业法案》等），那么，这个所谓"供给经济学"却在专著尚未问世之前，就在今年美国大选中第一次搬上了政治舞台，成了共和党候选人里根的经济纲领的一个理论支柱。这是因为它十分迎合当前美国垄断资产阶级的需要，它比货币主义派还更露骨地维护大企业的利益，因而不少人认为它比货币主义派更富有保守色彩。

那么，里根在大选中提出什么重大经济政策呢？它们与"供给经济学"有什么联系呢？

共和党候选人里根承袭了所谓"自由经营"的倾向。他反对政府对经济进行过多"干预"，强烈反对管制物价和工资；主张取消最低工资保证法，认为它有助于增加失业率。他也声称要"平衡预算"，而且打算在增加军费开支的条件下于1983年做到"平衡预算"。他要削弱财政政策的作用，既要求紧缩联邦政府开支，又主张大幅度减税。有的报刊把他的经济纲领归结为"三少"："少调节、少开支、少税收"。其中曾一度引起轰动的，是宣布在他当政的头三年内把个人所得税每年降减10%。所有这些，都可归到这么一个出发点上：提高私人经济的储蓄能力，提高私人企业的投资能力。从这里，人们不难看出它们与"供给经济学"的联系，特别是他的减税主张与"拉法曲线"的联系。

"供给经济学"虽还没有一个系统的、统一的理论，但也还有一些基本线索可寻。他们从"供给方面出发"，认为美国经济所面临的问题，主要不是"需求不足"而是"供给不足"，特别是"资本供给不足"，以致技术设备更新差，生产率提高缓慢甚至下降，工业产品在国际市场上丧失竞争能力。结果，不但产品的成本和价格不断上升，而且有些部门（如汽车）因缺乏竞争能力而面临销售危机，工人失业增加。"资本供给不足"的一个重要原因是储蓄率低，而储蓄率低的一个主要原因，就是政府对企业和个人的收入征税过高。于是，"减税"便成了"振兴"美国经济的一个重要环节。

"供给经济学"重视研究"减税"的"生产性"。哈佛大学厄克斯坦在介绍"供给经济学"时，曾提到这项研究至少可以追溯到40年代的科林·克拉克。据说克拉克当时曾用经济计量方法提出了一个命题：税收负担若超过25%将导致通货膨胀，因为沉重的税务负担遏抑了人们储蓄和努力工作的积极性，减少了产品的供应。厄克斯坦教授说，克拉克的研究长期以来没有得到人们的重视，直到1975年才由拉法（南加利福尼亚大学教授）、万立斯基、罗伯特等人把克拉克的这一思想重新复活起来。这个思想的新体现，就是里根"减税"主张所依据的"拉法曲线"。

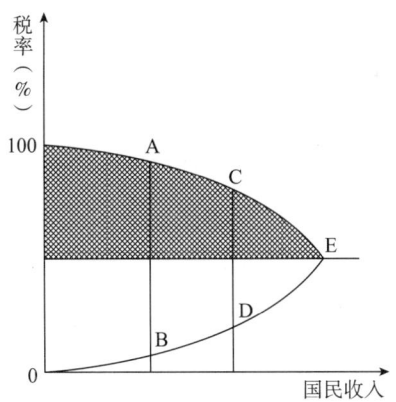

所谓"拉法曲线"，如上图所示。按照拉法教授的说法，曲线的两端，一端表示税率为100%，另一端表示税率为零。在一个商品经济社会里，若对生产者课以100%的税率，生产即将停顿，政府以后再也没有什么可"课"的，故政府收入为零；若税率为零，则政府收入也将为零。在这两极之间有一条曲线。先从曲线上半部分看，如税率从100%降到A点，生产者在纳税后略有剩余，可以进行生产，政府也可获得收入。如从曲线下半部分看，若税率为零时，政府因无收入而不能存在；但若人们愿意或需要有一个最低限度的政府，按很低税率纳税，政府也开始有了收入。故A点代表很高的税率和很低的生产，B点代表很低的税率和很高的生产，二者都提供同等数额的政府收入。C点和D点的情形也一样。政府如实行减税，如从A点降到C点，政府收入将由于生产之增加而增加。如用提高税率的办法，如从B点升至D点，政府收入也将增加同等数额。政府收入和生产最大限度的结合是E点。在E点上，政府如果降低税率，生产可以增长，但政府收入将减少；如果提高税率，则生产和政府收入二者均下降。故图中阴影部分，是政府税收政策的"禁区"，在这里税率高到不必要的程度，即减少了生产，又减少了政府收入。据他们说，这个E点并不一定是50%，而是人们所乐于接受的税率。至于如何确定这个最乐于接受的税率，他们说当以当时条件为转移。例如，在列宁格勒（现称圣彼得堡）被围困时，人们乐于把全部产品都贡献给前线，而且生产情绪很高；而在和平时期，稍高的税率都会损害人们的生产积极性。据说，可用民意测验来确定最合适的税率。只要确定了这个最合适的税率，即使是比过去下降了，但税率的下降可换取到人们更高的生产积极性，结果生产迅速增加，政府收入不仅未减，反而增加。

他们说，人们通常不懂得减税反而可以增加政府收入的道理，是因为他们把"苦干"跟"效率"弄混淆了。课以重税，只能逼使人们为保持原有收入水平而"苦干"，但他们的生产效率却丧失了。万立斯基举例说，譬如3个人若合作盖房子，3个月可以盖3座；若各人单干，则需6个月才盖起3座。如果政府这时的税率是49%，则他们还可从合作中得到1%的好处，这时政府不但有了收入，而且社会生产提高了效率；如果政府税率是51%，则人们宁愿各人单干，则政府的收入不仅落了空，而且社会丧失了效率。

他们说，"拉法曲线"的核心思想，可以用一句谚语来表述：

"用糖浆可以比用醋逮住更多的苍蝇。"他们说,苏联政府正是由于不懂得这个道理,把最深重的税务负担压在农民身上,结果政府不能从农民那里榨取更多的东西,反而把农村弄得枯竭了。里根在这次大选中宣扬减税反而可以增加政府收入,正是体现了"拉法曲线"的这个核心思想。其着眼点,就是提高私人经济的储蓄能力,提高私人企业的投资能力和投资积极性。

以上就是所谓里根竞选纲领中反映的经济理论的"新动向"。

至于民主党候选人卡特在大选中提出的经济纲领,仍代表着一条凯恩斯主义路线。他继续强调依靠政府"调节"来对付衰退和通货膨胀,并强调要同时与这二者"作战"。应该看到,卡特在担任总统的这几年间,原本遵循传统的凯恩斯主义路线,扩大政府支出,加速经济增长,提高就业率和收入水平;后来却招致严重的通货膨胀。所以近一年来,他的注意力都放在如何控制需求和逐步减少通货膨胀上。虽然通货膨胀率稍有减低,招致上半年出现新的衰退。在这次大选中,他虽然勉强接受了肯尼迪坚持的创造工作职位的"反衰退计划",表示要用120亿美元来增加30万人就业;但他本人更倾向于加强对青年的就业培训计划,以解决"结构性失业"问题。他还继续强调要控制联邦政府的开支。他在里根的减税压力下,也提出"减税"主张,但十分强调减税不应加剧通货膨胀。美国报刊把卡特的凯恩斯主义路线,称为"保守的凯恩斯主义"或"凯恩斯经济学的保守方面"。这条路线在选民中缺乏吸引力。

现在,大选已结束了。虽然卡特的失败,在某种程度上表明了人们对凯恩斯主义政策的失望和厌倦,但里根的胜利,并不意味着"新自由派"的胜利。今后,"新自由派"经济学的命运,在相当程度上取决于里根的这套经济政策能否有所"成就"。目前,美国企业界(特别是大企业)对里根的胜利,是欢欣鼓舞的。《纽约时报》报道说,"华尔街和企业界普遍欢迎里根当选","这位保守的胜利者将会给私人企业以相当大的鼓励,从而会在1981年引起经济活动的加强,引起企业厂房和设备的投资增加"。然而不少人对里根的经济政策存有疑虑。例如，哈佛大学加尔布雷思教授说，"没有任何东西可以表明里根的经济顾问们已经有了一个能够更好地提高就业跟物价稳定结合起来的公式，除非上帝也是一个保守派"。人们特别担心的是，他的减税与增加军费支出的计划会加剧通货膨胀。美国《新闻周刊》认为，里根要冒"加剧通货膨胀的危险"。尽管"拉法曲线"宣扬减税可以通过增加生产活动来增加政府收入；但不少经济学家，如著名经济学家杜森贝教授认为，即使减税可鼓励生产活动，但这只是若干年后的长期效果，却无济于事，而且反倒有助于加速通货膨胀。目前，连里根的某些经济顾问也承认，到1985年减税额将达1920亿美元，而这期间能够从经济增长中获得的财政收入将只有390亿美元。若再加上军费支出的增加，其通货膨胀的结果是显而易见的。在此情形下，若要减少赤字，缓和通货膨胀的压力，势必要削减联邦政府在教育、卫生、社会福利和救济方面的开支。这很可能会使得国内阶级关系紧张起来。所以，今后的四年，无论对于里根的经济政策，或者对于"新自由派"经济学来讲，都将是严峻考验的岁月。然而，即使里根的经济政策失败，所谓"供给经济学"也不至于被窒息在摇篮里。这不只因为这批经济学家将会致力于修漏补缺，也不只因在理论倾向上他们获得像弗里德曼这样的人物的支持，更重要的是，这个"理论"十分适合当前垄断资产阶级的需要。

（1980年11月15日写于哈佛，原载《经济学动态》1981年第3期）

供给学派与里根经济政策

美国的供给派经济学和里根经济政策之间有着密切的关系,前者是后者的一个重要理论基础,后者是前者观点的实际运用。由于里根及供给派经济学家们标榜要进行的是一场"革命"或"变革",而不仅是变换几项政策,因此,我们不仅必须了解这些政策的理论依据是什么,还必须了解这些理论和政策在现代条件下反映着什么样的经济要求,他们要把美国经济引向何处。一句话,就是必须考察一下:他们想要搞一场什么样的"革命"或"变革"?

总的说来,"供给派经济学"和里根经济政策的矛头,在理论上是指向凯恩斯派经济理论,在实践上是指向在凯恩斯主义影响下的美国政府长期推行国家垄断资本主义的某些政策与实践。照他们说,这一"变革",不仅涉及理论,政策与经济战略目标,而且还将影响到人们的生活方式与社会风尚。下面,我们进一步考察一下他们究竟想要"变革"些什么以及迫于什么样的需要。

第一,在理论上,他们鼓吹要用凯恩斯以前的所谓"古典派"理论,特别是"萨伊定律",去取代"二战"后盛行数十年的凯恩斯主义。

他们认为,凯恩斯主义的根本错误,就在于它的核心理论——"有效需求"学说,即:它在"供给"(或生产)与需求(或销售)的关系上把"需求"置于首位[1],相信"需求会自行创造供

---

[1] 在资产阶级经济学那里,所谓"供给",是指商品与劳务的供给,即指"生产"面而言。

给"，从而，既把生产过剩危机归咎于"有效需求不足"，又把人为地刺激需求作为"反危机"的基本手段。他们主张回到"萨伊定律"上去，宣扬所谓"供给会自行创造需求"的论调，奢谈什么"供给居于首位"，从而把当今美国经济所面临的种种困难都说成是由于美国政府长期以来只注重"需求"方面而忽视乃至严重损害"供给"方面所造成的。他们声称要把被凯恩斯主义弄颠倒了的东西再颠倒过来：是"供给创造需求"而不是"需求创造供给"，居于首位的是"供给"而不是"需求"。如供给学派的重要代表人物拉弗说，"萨伊定律"之所以重要，"一个主要原因就是它肯定了供给的首要地位，因为供给是实际需要的唯一源泉"。另一名供给派代表万里斯基则把拉弗称为"我们当代的萨伊"①。

我们知道，凯恩斯主义是 20 世纪 30 年代大危机条件下的产物，当时生产过剩极为严重，尖锐的问题是如何增加需求以挽救生产。凯恩斯正是错误地把这一特殊情况变成了所谓"需求创造供给"这个一般命题。因此，仅就这点讲，供给学派指责凯恩斯主义把二者的关系弄颠倒了，这一批评还是中肯的。

但是，供给学派大多数人（如拉弗、万里斯基、杜尔、罗伯茨等）在谈论所谓"供给（或生产）居于首位"时，却把它跟萨伊的"供给会自行创造需求"紧紧联结在一起。这就错了。所谓"供给会自行创造需求"，就是说一物的销售就是对另一物的购买，即所谓"卖即买"，实则把资本主义商品流通歪曲为"物物交换"，借以否定资本主义生产过剩危机的可能性。这一理论早已被 30 年代大危机否定了，也被凯恩斯摒弃了。今天，供给学派的一些人把"供给会自行创造需求"和"生产（供给）居于首位"这两个不同的命题捏合在一起，重新捧出"萨伊定律"，把凯恩斯的学说与"国家调节"说成是当今美国经济一切灾祸的渊数，是为了恢复人们对资本主义经济自身机制的"信心"，宣扬当今美国经济困境的

---

① 万里斯基：《世界运转的方式》，1979 年纽约出版，作者序。

症结是在"供给"而不是在"需求"方面,以把人们的注意力从"需求"方面转移到"供给"方面来。

还有一些供给派经济学家,如哈佛大学教授费尔德斯坦(美国全国经济研究局局长,今年(1982年)8月6日里根总统提名他接任总统经济顾问委员会主席),并不像前面所述那些人那样皈依"萨伊定律",也不全盘否定凯恩斯学说。他认为,凯恩斯主义是20世纪30年代大危机这一特殊条件下的产物,但其"诊断"与"药方"对当今的美国经济已不适用。他认为,凯恩斯派总把美国长期的高失业率归咎于过度储蓄和投资需求不足,而实际上美国的重要问题是:储蓄率和投资率很低,长期以来一直下降。例如,美国的储蓄率由1946—1955年的8.3%降到1956—1965年的7%、1965—1975年的6.5%、1977年的5.7%和1982年的4%左右。这个储蓄率不及西德或日本的一半。至于投资,据统计,长期来美国国内投资所获毛利率一般在11%—12%,这说明投资"需求"相当高而非"不足",但实际投资率之低下倒是表明投资"供给"之不足。据美国全国经济研究局统计,近20年来,每年GNP中约有15%用于投资,实际上其中9%是用于更新已消耗掉的固定资产,只有6%用于新投资;这个新投资中又有一半(3%)用于住宅投资,而实际上生产性投资只有3%。据此,他也和前面所述的那些人一样,认为问题的症结并不在"需求"方面而在于"供给"方面。不仅如此,他也同样认为导致这些问题的根本原因,乃是长期以来在凯恩斯主义影响下推行的"国家调节",因此他也主张从凯恩斯主义"退回"到那崇尚自由经营的"古典派"那里去。

第二,在政策上,他们鼓吹要恢复对资本主义经济的自我调节机能的信念,反对凯恩斯主义的"国家干预"。

他们认为,既然"供给"(或生产)居于主导方面,那么,处理"供给"问题的最好办法,就是依靠私人资本的积极性,依靠资本主义市场机制。按照庸俗经济学的"古典派"理论,失业和通货膨胀,无非分别意味着"过度储蓄"(即储蓄大于投资)和

"过度需求"（或投资大于储蓄）。只要让资本主义市场机制充分发挥作用，例如，让利息率和工资率随经济形势的变化而升降，则既可以确保把过度的储蓄也全部转化为投资，以增加就业和遏制衰退；也可以抑制过度的投资需求和增加储蓄，以遏制通货膨胀。这样，就可以实现一个没有通货膨胀的"充分就业均衡"的经济。

他们认为，当今美国经济之所以陷入"滞胀"的困境，主要就是由于凯恩斯主义的"国家调节"严重损伤了资本主义经济自我调节的机制而造成的。他们说，长期以来依靠人为地刺激"总需求"作为减少失业的主要手段，导致持续的通货膨胀及人们的通货膨胀心理，以致在"衰退"时期依然如此。政府在失业救济等各种社会福利设施上的巨额开支，再加以"最低工资法"的实施，既削弱了人们要求工作的热情，又阻碍了许多技术不熟练的青工获得工作，这是近20年来长期存在高水平失业的重要原因。只要人们恢复对资本主义经济的自我调节机能的信念，摒弃这类凯恩斯主义的"国家调节"，"滞胀"问题自可解决。

他们认为，这种"国家调节"之所以对于国民经济有损无益，是因为：（一）它贯彻的是一套以凯恩斯的短期分析为特征的宏观经济管理办法。它以"就业"问题为中心，只注重"需求"方面的短期效果而置"供给"方面长期利益（如生产率的提高、技术的更新等）于不顾，（二）政府的"干预"往往服从于政党之间的政治斗争，因而只有"短见"而无远虑。这种"国家调节"推行的结果给国民经济造成了深重的、长远的危害。他们列举最明显的一个例子，就是政府开支，特别是由各种社会福利"计划"组成的"转移性支付"迅速膨胀，造成社会资财的巨大浪费。

"二战"之后，美国政府财政开支迅速增加，其中所谓"转移性支付"比军费支出增长得还快，在联邦总支出中的比重从1948年的32.8%增至1978年的40.3%，超过了军费支出所占的比重。长期以来，美国报刊上常有人借这些宣扬什么"福利国家"降临；但也常有人揭露其间充满了浪费和舞弊，而真正的穷人获得的好处甚微。例如，里根总统在今年国情咨文中曾列举："几乎每一个在地方超级市场上买食品的美国人都知道，每天食品券计划所发生的舞弊行为，这15年来已增加了160倍。另一个例子是医疗照顾和医疗补助计划。这些计划虽有着崇高的目的，但其开支仅在10年内就从120亿美元增到将近600亿美元之多。浪费和欺骗成了严重问题。"加之这类"计划"名目繁多，招致官僚机构臃肿，效率低下，费用浩大。据说，仅联邦政府举办的各种"补助计划"，就从1960年的132项增至1980年的500项；而且仅为了监督这类计划的执行，国会里至少成立了166个委员会。供给派经济学家认为，政府开支中的巨额浪费，严重地损害了美国进行储蓄与投资的能力，严重地损害了生产率的提高乃至整个美国经济实力的增长。

第三，他们企图在人们的思想意识、社会风尚和生活方式等各方面来个"大变革"。

凯恩斯把危机和失业归咎于"过度储蓄"，致使"有效需求"不足，因而他主张鼓励消费，竭力想改变人们的"储蓄是美德"的传统观念。他在《就业、利息和货币通论》一书中引用了孟迪维尔的"蜜蜂寓言"，倍加推崇。因为该寓言说的是一个蜜蜂社会曾因崇尚奢侈生活而获得繁荣，后因厉行节俭而导致市场萧条和百业凋敝。一句话，"导致经济繁荣的，并不是储蓄而是消费"。第二次世界大战后，在凯恩斯主义的熏陶和影响下，一种"重消费轻储蓄"的思想，总是贯彻于政府的政策之中，浸透了人们的思想，并且改变了社会风气，"消费主义"蔚然成风。人们不仅乐于把现有的收入花掉，而且不惜背债，以便把未来的收入也提前消费。人们习惯于把负债看作是生活方式的一个理所当然的"成分"。于是，什么"消费信贷""分期付款""抵押贷款"等，到处盛行，而且急剧增长。例如，1977—1978年每人平均负有消费债务近5000美元。

然而，供给派经济学家则反对凯恩斯主义传播的这种害怕储蓄、鄙薄节俭的思想。认为正是这种思想和风尚每年夺走了千百亿美元的储蓄和投资。他们主张恢复"节俭是美德"的传统观念，要用这个传统观念来改变当前的社会风尚和千家万户的生活方式。

第四，在主要经济战略目标方面，他们也要求来一个"变革"，认为"失业"不应是头号经济问题，"充分就业"不应成为首位战略目标。

按照凯恩斯的学说，由于"有效需求不足"而造成的失业，是一种"不自愿失业"。如果长期地或大量地存在着这类失业，则它自然对资本主义制度的生存构成严重威胁。所以战争一结束，美国政府立即通过了以凯恩斯主义的战略思想为指导的《充分就业法案》；几十年来实施的宏观经济管理，基本上都是以"充分就业"作为头号目标。

供给派经济学家反对把"失业"作为头号经济问题，他们认为当今美国的失业主要不是像凯恩斯派所说的是由"需求不足"造成的。照他们说，在70年代后半期，失业率一般为6%，其中一半人失业不超过一个月，而且一半左右的人是青少年，他们多数是"待业者"而不是"失业者"，不少人还是做部分工作日的学生。已婚男子失业率只稍高于2%。照他们说，这6%的失业，与其说是由于对劳动的"需求不足"，不如说是由于劳动的"供给不足"。因为：（一）25岁以下青少年的就业困难，主要是由于训练不够。所以，一方面是有人寻找工作，另一方面则是有工作却无合格的人员应聘，存在着"失业"与"职位空缺"并存的情形；（二）更为重要的是，政府"优厚的"失业救济金和过高的所得税，降低了"失业成本"，人们宁愿暂时失业以等待好的工作。据全国经济研究局在70年代进行的一次调查说，一个有两个子女的工人的月工资为500美元，一旦失业，他所领取的失业救济金（包括子女生活津贴）只比他工作时的纳税后的收入低60美元。照他们说，如此低的"失业成本"，损害了一些人的工作热情，造就了一批新型的"自愿失业"者。这种"失业"自然与凯恩斯讲的所谓"不自愿失业"性质不同，自然也不应列为头号问题。

他们认为，就短期目标说，通货膨胀应优先于失业而成为头号问题。在他们看来，通货膨胀诚然是凯恩斯主义的扩张性经济政策带来的。通货膨胀率在 1966 年以前每年平均还只是 2%；而自 1967 年以来，却急剧增加，1969—1981 年每年平均为 7.7%，在 1979 年竟升到 13%。遏制如此急剧恶化的通货膨胀，自应成为刻不容缓的政策目标。

至于长期政策目标，他们则瞩目于生产率的增长率。他们认为，生产率的增长率连续下降，是一个关乎全局的根本性问题。因为，无论是经济的增长、收入与生活水平的提高，抑或国际竞争能力的增强，全都有赖于提高生产率的增长率。1979 年国会联合经济委员会主席本特森在一份委员会报告中着重强调："生产率的增长是 80 年代经济进步的关键。"至于生产率连续下降的原因，供给派经济学家，如哈里斯银行首席经济顾问伯里尔·斯普林克尔把它归咎于政府开支的增长快于整个经济的增长和资本支出的增长。政府开支的急剧增加损害了储蓄与投资以及科研经费开支。他们认为，只有从供给派经济学那里才能找到加速提高生产率的办法，而从凯恩斯主义那里只能找到生产率的增长率下降的原因。

综上所述，可以看出供给派经济学及其"变革"要求，实是美国资本主义基本矛盾的发展在当前历史条件下的产物。"二战"之后，美国统治集团基本上把凯恩斯主义奉为国策，想靠它来缓和资本主义基本矛盾的发展和避免国内阶级矛盾的激化。结果，资本主义基本矛盾却进一步深化，不仅自 70 年代以来导致"滞"与"胀"同时迸发，使凯恩斯主义遭到破产；而且出现了一些新的忧患：储蓄率与投资率下降、生产率增长率下降、竞争能力下降及社会性"浪费"巨大等。"需求"（消费）方面过分"肿胀"而"供给"（生产）方面趋于萎缩，这一趋势若发展下去，将威胁美国资本主义制度的生存。美国统治集团迫切需要寻找一条既能摆脱"滞胀"，又能"重振"美国经济的"新路"。供给派经济学及其倡导的种种"变革"，正是反映了美国统治集团的这种需要。

那么，为了实现上述四方面的"变革"，应从何处下手呢？供给学派把"减税"奉为扭转颓势的基本手段。因为，他们的基本主张是：立即把庞大的社会基金从政府的支配中"解放"出来交给企业和私人自由支配，把它从用于追加社会"总需求"（或消费）转入用于增加储蓄与投资，以遏制通货膨胀和减少人们对政府开支的依赖（包括减少所谓"自愿失业"），以加速技术进步，提高生产率增长率和提高竞争能力。而实现这战略性"转变"的基本手段，就是"减税"。诚然，为了使"减税"的效果将导致提高储蓄与投资而不导致增加消费，他们还要求严格控制货币供给，减少政府开支和实现平衡预算。但"减税"无疑是他们整个措施中的中心一环。为了渲染"减税"的效应，南加州大学拉弗教授提出了一条用以描绘税收与税率之间函数关系的"拉弗曲线"。这条"曲线"所申述的中心意思是：减税，从短期看，会提高储蓄率与投资率，以增加商品及劳务的供给；从长期看，随着商品和劳务的供给（即生产）增长，税收总额将可较减税前增加。因为这条减税"曲线"十分适合垄断资本集团的需要，所以当它于1974年刚一提出，报刊就为之广泛宣传，而且很快就成了肯勃—罗斯减税议案以及里根竞选经济纲领的中心支柱。随着里根当选，整个供给学派经济理论和政策主张，也就成了里根政府经济政策的主要思想工具。

里根总统一上台，就在其就职演说里宣告要彻底改变过去的经济政策，以医治过去几十年染上的痼疾，接着又提出了一个以四项基本方针为基础的"振兴"美国经济的所谓"经济复兴计划"，目标是"恢复一个没有通货膨胀的持续的繁荣"。这四项"基本方针"就是：（一）降低个人和企业的税率，以鼓励人们储蓄、投资、努力工作和提高生产率；（二）降低联邦政府开支的增长率；（三）减少联邦政府对私人企业"不必要的干预"；（四）支持一种温和的、稳定的货币政策，以便控制通货膨胀。很明显，里根经济复兴计划及其政策完全反映了供给学派的观点，有些人把它称为

"里根经济学"或"行动中的供给派经济学"。

里根上台已一年多,他的"复兴计划"的执行也快一年了,但美国经济未见"复兴",倒陷入了深重的经济危机。工业生产指数从去年(1981年)8月以来下降,失业人数持续上升(7月失业率高达9.8%,创第二次世界大战以来的最高纪录),劫贫济富的政策引起国内外哗然。一些凯恩斯派经济学家及持类似观点的人,则直截了当地把这次危机归咎于里根政府的紧缩性财政政策与货币政策。而供给学派的另一重要代表人物费尔德斯坦虽极力维护里根"经济复兴计划"的基本方向,坚决支持从凯恩斯主义政策的轨道转变到供给派政策的轨道上来,但也批评里根听信了某些极端供给学派分子(如拉弗、罗伯茨等)的逸言,过分相信"减税"会很快增加生产与税收的"效应",以致把"减税"或"削减政府开支"都搞过头了。而里根本人近几个月来一再为其政策辩护,说美国的经济困难是"过去近40年来累积起来的",不应苛求在短短几个月内取得"速效";同时炫耀一年内把通货膨胀率从1980年的12.4%降到1981年的8.9%的成绩,1982年2月里根政府曾预测通货膨胀率1982年将降至5.7%。其实,经济危机的根本原因,在于资本主义所固有的基本矛盾,若把它完全归结于里根的政策,未免夸大了其作用。然而,不能不看到里根的政策,确实加速了经济危机的到来(距离第7次危机的结束仅12个月)。这主要是这些政策自身的矛盾及其带来的恶果所造成的。

里根政策体系本身充满许多矛盾,主要有:第一,财政政策本身的矛盾。里根政府一方面为缩减社会总需求而大力削减政府开支,并宣扬它一年来的重要"政绩"之一就是把政府开支增长率从1980年的17.4%降到1981年的10.4%。这显然是"紧缩性"的措施。另一方面它又大幅度增加军费开支,最近众议院还同意把军费开支从本年度的1910亿美元左右增到下年度的2126亿美元;同时,里根的减税法案(1981年8月经国会通过)规定在此后三个财政年度内降低所得税率25%,预计在此后五个财政年度内共减税7500亿美元。这些措施无疑又是"扩张性"的。一趋"紧缩",一趋"扩张",二者相互矛盾。第二,财政政策与货币政策之间的矛盾。按供给派的设想,一项紧缩性货币供给稳定化政策,可使"减税"将导致增加储蓄而不增加消费。事实上这不过是一厢情愿的想法。因为,财政政策中的"减税"与增加军费开支是"扩张性"的,它们与"紧缩性"的、反通货膨胀的货币政策相矛盾。上述两个政策上的矛盾给美国带来了两大恶果。前一个矛盾导致赤字激增。里根在预算咨文中承认,赤字已从1981年度的579亿美元增到本年度的986亿美元(国会估计逾千亿美元),并把实现预算平衡的年份从1984年拖延到1987年。后一个矛盾是导致利息率上涨。因实行紧缩的货币政策,虽有助于抑制通货膨胀和改善国际收支状况,却带来了高利息率。利息率不仅在1980年曾高达21%,而且高利息率持续了很长时间,最近虽略有下降,仍在14%以上。

必须指出,高利息率与巨额赤字,又是相互影响的,一方面上升亿美元的赤字,是靠财政部门发行新公债(今年公债累计总额已突破万亿美元大关)来弥补的,因而,使得货币需求激增,利息率猛升而持续难降。另一方面,高利息率反过来又加重了预算中的公债利息负担,进一步扩大了赤字。据估计,本年度美国要支付的公债利息将达830亿美元,超过了1958年全年联邦预算。里根总统在预算咨文中承认巨额公债利息支付是赤字扩大的重要原因之一。还有,高利息率的上升和政府开支的缩减,严重打击了投资,特别是严重打击了汽车业和建筑业,从而加速了这次经济危机的到来。而这次危机的袭击,据里根总统说,又是使1982年赤字扩大的最主要原因。因为,这次危机将使今年政府的税收减少310亿美元,而政府开支倒增加80亿美元,"这是因为企业活动减少和与失业有关的开支增加了"①。

---

① 里根总统1982年2月8日提交国会的预算咨文。

上述一切表明，如果照此趋势发展下去，则美国经济势必面临一个恶性循环：

赤字扩大 → 公债增发 → 利息率上涨 → 投资下降 → 危机加剧 → 税收收入减少和失业救济开支增大 → 赤字进一步扩大
└─────────── 公债利息支付增大 ───────────┘

如何才能摆脱这个恶性循环呢？现在美国国会和政府中不少人认为，如要摆脱经济危机使经济重新增长，有必要再降低利息率；而要降低利息率，又非减少赤字不可。减少赤字和降低利息率，看来是美国经济的当务之急。一种降低利息率的办法，是扩大货币供给。这个办法，看来里根政府既不能接受，因为它将导致通货膨胀率上升，会毁掉里根唯一可用来"炫耀"的"政绩"；也不易做到，因为主管货币供给的联邦储备系统对政府保持有一定"独立性"。里根政府看来只能在缩小赤字方面多下工夫，以期减少公债的发行以缓和货币需求和抑制利息率。里根已提出了一个"三年内减少2390亿美元赤字的计划"。里根指出从进一步削减政府在社会福利设施、研究费用（农业和能源）、住房津贴等方面的开支来减少赤字。可是，这些方面的开支已几经削减，可供缩减的余地很有限了；况且随着危机的发展，有些开支（如失业救济等）还不得不增加。至于军费开支，不仅维护军火商的利益的里根政府不愿削减，而且美苏对峙的格局也不允许它那么做。总之，里根政府想完全指靠进一步削减政府开支来实现其"减少赤字计划"，是非常困难的。是否可望增加政府收入以减少赤字呢？按照"拉弗曲线"，减税可望导致增加税收收入，即使所言不误，这个过程也需要一个长时间。而目前危机深重，再加以美国中期选举的日期日益逼近，当前政治、经济的形势都不容许里根政府等待"拉弗曲线"的"效应"了。为此，里根政府除了进一步削减社会福利设施方面的开支外，将很可能不得不诉诸增税。据最近报道，美国会已通过里根提出的三年内共增税980亿美元的计划。无论对里根的"经济复兴计划"抑或对供给派经济学来讲,这个打击虽不一定是致命的,但也将是极其沉重的。

一些美国经济学家认为,根据经济循环的规律,美国经济可望于今年第二季度末或第三季度初开始回升。最近美国副总统布什和商务部经济学家,根据目前存货与销售额的情形,认为经济复苏已现端倪。果真如此,也许将如美国某些经济学家所说的:经济的回升将可帮助里根的"经济复兴计划"与供给派经济学逃脱这次厄运。究竟如何,我们将拭目以待。

上面对供给派经济学与里根经济政策的初步分析,倒给我们提出了一些值得进一步研究的问题。

第一,前面已提到,"二战"后,"社会福利"和军费支出都增长很快,而且前者在预算开支中的比重已超过了后者。这些政府支出在一个时期曾对经济危机和阶级矛盾起过一定的"抑制"和"润滑"作用,现已走到了它的反面,以其巨大浪费性而严重损害了储蓄、投资和生产率。甚至曾被标榜为缔造了"福利国家"的"转移性支付",也被认为是日益承受不起的"负担"。而且,所谓"福利国家"的危机与破产,不仅发生在美国,也发生在欧洲国家(如英国、瑞典等),同时与这个过程相应发生的,是保守主义思潮抬头。这已是一种国际现象,是国家垄断资本主义现阶段的一个普遍性问题。对于所谓"社会福利开支"的性质与结果以及与之相联系的这些问题,无疑值得我们进一步研究。

第二,供给学派理论及里根的"经济复兴计划",都鼓吹反对国家对私人企业的"干预",宣扬资本主义的"自由经营",那么,这是否意味着他们将摒弃国家垄断资本主义呢?我认为否。从他们的政策主张及实践来看,它们反对的,主要是政府在分配与再分配方面对垄断资本有所限制的那些"干预"(主要是转移性支付),并不反对国家(甚至还主张)政府对垄断资本的扶助(如加速折旧,限制某些外国商品进入美国市场等)。不能想象现代资本主义可以抛掉"国家调节"这根拐杖。尽管里根到处宣扬资本主义的

"自由经营",但他在"经济复兴计划"中只是提出废弃一些"不必要的"干预。至于说他们皈依庸俗资产阶级古典派（如萨伊）的"自由经营"理论，只是表明他们在理论上还拿不出足以与凯恩斯理论相抗衡的东西，只好借助古人来进行现代的斗争。虽然如此，但今后"国家干预"的形式和程度，无疑也会与过去有所不同，值得注意。

第三，供给学派之兴起及其目前的困境，表明它和凯恩斯派一样，都各自陷于片面性：一个强调"供给"，一个突出"需求"。如果供给派理论和里根政策一旦失败，是否凯恩斯主义会卷土重来呢？我的看法是，历史的发展不会是简单的重复。因为供给学派所突出强调的储蓄、投资与生产率等"供给"方面问题，仍不容忽视，它们并不会随供给学派和里根政策的失败而消失。既然片面强调"需求"和片面强调"供给"都为历史所否定，那么，资产阶级宏观经济学今后将会朝着更加综合的方向"发展"。事实上，这种"综合"的趋向已有苗头。目前，有些凯恩斯主义者已主张在坚持"有效需求"学说的前提下加强对"供给"的分析，也设计一些资源供给模式；而有的供给派经济学家（如费尔德斯坦）对凯恩斯主义的"总需求"分析也不全盘否定。这一"综合"趋向，又和已出现的宏观分析与微观分析相互渗透的趋向交织在一起。这类理论上的"综合"，自然都是局限在资产阶级视野内进行的，其目的是维护现代资本主义的统治。然而，这可能是今后一个越来越重要的趋向，而且它或迟或早也会反映到政府的政策上去，值得我们密切注视。

（原载《世界经济》1982 年第 9 期）

积极倡导经济管理体制改革的经济学家——孙冶方

孙冶方同志是我们党的老一辈的革命家，老一辈的马克思主义经济学家。难能可贵的是，中华人民共和国成立以来，他一直站在我国社会主义经济战线和理论战线的最前沿，成为我国经济理论界中关于社会主义经济管理体制改革的一名创导者。作为一名"改革"的倡导者，他既从社会主义经济建设的伟大实践中提出了问题，从理论的高度探讨了问题；而且还较早地明确地提出了我国经济管理体制改革的基本方向。

从实践中提出问题

在我国社会主义经济建设的伟大实践中，孙冶方同志从一开始就坚持理论与实践相结合的原则，深入工厂和农村，进行调查研究，以马克思主义为指导，研究新情况，探讨新问题，阐发新观点，提出新创意，创造性地开展经济理论研究工作。

随着"三大改造"在1956年基本完成，大规模的社会主义经济建设全面开展。但社会主义经济建设究竟如何搞，我国社会主义国民经济究竟应如何管理，这是当时摆在全党和全国人民面前的一个具有重大历史意义的课题。当时我国在一切方面都学习苏联，是不是我们可以照抄照搬苏联模式而坐享其成呢？孙冶方同志有很深的理论素养，有丰富的经济工作经验，而且还是通晓苏联经济理论和实践的专家，但他不唯书，不唯上，也不唯"洋"，积极开展科学探索，进行了广泛的调查研究，敏锐地从社会主义建设的腾腾热气后面，揭示出一系列惊人的矛盾现象：明明社会主义制度为技术的革新和生产力的发展开辟了广阔的前景，可是为什么一些企业却在干"复制古董，冻结技术进步"的蠢事呢？在技术进步一日千里的今天，为什么我们的企业在处理固定资产折旧时会忘了"无形损耗"呢？明明知道企业利润是社会主义积累的重要来源，为什么我们的企业却不敢谈"利润"，更不敢理直气壮地抓"利润"呢？为什么我们的企业一方面积极向国家争投资，另一方面又不去充分利用资金呢？社会主义经济本应是生气蓬勃的，但在实际生活中供求关系常脱节，反应不灵敏，调整不灵活，造成巨大浪费，其原因又何在？1956年孙冶方同志在赴苏联考察中也发现类似的一些问题。他坚定地认为中国必须探索自己的社会主义经济模式，必须消除这种种弊病，才能使社会主义制度的优越性充分发挥出来。

经济管理中的这些弊病是从何产生的呢？通过大量的调查，他首先从政策上提出问题，认为它们是由于经济管理中某些错误的政策造成的，并相应地提出了新的政策建议，例如，他发现，由于经济管理的权力过于集中，而且这个集中统一的领导又过分强调抓"总产值"指标（实是物量指标），因而造成不讲究经济效果、不计工本、不抓利润等严重浪费现象；主张中央抓"大权"而把"小权"交给企业；主张以"利润"指标取代"总产值"指标并作为"中心"环节来抓，以便带动考核企业的其他指标，把经济效果原则贯彻到一切经济活动中去。他发现，由于在管理中实行固定资产无偿供给制和考核成本利润率，因而造成企业既争投资又不充分利用固定资产的现象；主张代之以固定资产有偿占有制，考核资金利润率以及采用生产价格制。他发现，由于对固定资产的重建重置实行的财政控制失当，以致出现"复制古董，冻结技术进步"的现象；主张把固定资产更新的"权力"交给企业而与新投资问题分开处理。他还极力主张用社会主义流通来取代经济管理中流行的"物资调拨"办法，以克服各部门、各企业不注重经济核算、不讲究经济效果和"吃大锅饭"等弊病。总之，从 1956 年他发表《把计划和统计放在价值规律的基础上》一文始，直至 1964 年他被剥夺发表文章的权利这几年间，他的全部文章、讲演和研究报告，都是围绕着现实经济问题和经济政策问题进行的。

作为一位理论经济学家，孙冶方同志不仅要把人们的视线从实际生活中的问题引到政策上来，而且还要进一步引到理论的高度上来，即引导到社会主义制度下价值和价值规律的作用问题上来认识。因为，无论是片面强调"总产值"（物量指标）而忽视"利润"指标在经济管理中的作用，还是在固定资产折旧问题上只看到"有形损耗"而无视"无形损耗"，无论是否定生产价格和资金利润率在计划经济中的作用，或者用"物资调拨"取代产品流通，用"吃大锅饭"的办法取代经济核算和经济效果原则，归根到底，都是否认或忽视社会主义中价值和价值规律的客观性和重大作用问题。而这一切所造成的人力、物力、财力的损失，归根到底，都是社会劳动或"价值"的损失。他在 20 世纪 50 年代就发表了好几篇（如《论价值》等）理论性、战斗性非常强的文章，力图从理论和实践的结合上阐述社会主义经济中价值规律的作用问题。他从来反对无谓的"概念之争"，但为了深入阐明实际问题，主张有些"概念"则必须争一争，不应回避。他说，"重视'价值'概念，在我们社会主义社会中，就意味着重视经济效果"①。正是高度的理论性，使他的著作特别具有战斗性。

批判"自然经济观"

为什么我们的一些同志会否认或忽视价值规律在社会主义经济中的客观存在和重大作用呢？孙冶方同志把对当时国民经济管理体

---

① 孙冶方：《社会主义经济的若干理论问题》，人民出版社 1979 年版，第 121 页。（以下引文凡出自该书，只在引文后面注明页码）

制中某些弊病的分析，进一步引向深入。他认为，一个重要原因，就是这些同志自觉或不自觉地接受了这么一种观点，即错误地把社会主义经济关系（特别是全民所有制经济的内部关系），看作"像原始共产主义社会一样的实物经济"，从而把价值、价格、货币、利润等概念，实际上"当作资本主义商品经济的专有物"而抛弃了（第60页）。这种观点，不仅片面强调统一集中的管理，而且把社会主义计划化误认为和原始部落经济中首脑管理差不多，认为生产关系已"一目了然"，产品的流通不过是从左手到右手，价值的计算，等价交换已无实质意义（第60页）。因而，在他看来，"政治经济学的任务，无非是计算和计划国民经济中各个部门之间和各种产品之间的实物量的比例关系的一门科学而已"（第60页）。孙冶方同志把这个错误观点，称之为"自然经济观"。他认为，正是这个"自然经济观"，在五六十年代对我国经济理论界和经济工作产生了严重的影响和后果；只有在理论上肃清这个观点的影响，才能推进经济管理体制的改革工作。因而他在20世纪五六十年代的全部著作，就是把"自然经济观"及其影响作为理论上的主要批判对象。最近他在病中的一次谈话中，再次强调了这一点。

这个"自然经济观"是从何而来的呢？孙冶方同志曾提到当时苏联经济理论与实践对我国的影响，但这毕竟是"外因"。他又进一步分析了产生"自然经济观"的客观基础和主观原因。

孙冶方同志认为，"自然经济观"之所以能在我们的一些同志中间产生影响，一个重要客观原因，就是"私有制的消灭，以及由此而引起的盲目自发的市场商品交换的消失，使人会发生一种错觉"，认为整个社会（至少全民所有制经济本身）已经成为一个统一的工厂，"社会分工已经与工厂内部的技术分工等同化"。他大声疾呼这是一个"莫大的误解"。因为，技术分工是发生在一个独立核算单位的内部，而社会分工却发生在各个独立核算单位之间。如把二者等同起来，自然看不到经济核算、价值规律、等价交换和

流通的必要性了。（第 205—207 页）

孙冶方同志还进一步认为，思想意识上的"唯心论"（或"唯意志论"）乃是"自然经济观"得以流行的一个主观原因。他认为，这个"唯意志论"的实质，就是根本否认经济规律的客观性，不用客观的经济规律而用思想上和政治上的原因来"说明"经济现象和问题。有这种"唯心论"观点的人，就会以为有了"公有制"和"计划化"、盈亏全在"大锅"里，就可以不搞经济核算，而用"政治账"去取代"经济账"；就可以不考虑价值而去制定价格，就可以搞"物资调拨"而无须"等价交换"；就可以追求物量而不讲经济效果。一句话，就可摒弃"价值规律"而为所欲为，无须担心会受到客观经济规律的"惩罚"。这种"唯意志论"的观点以及与之密切联系着的"自然经济论"，在 1958 年的"大跃进""共产风"中表现得特别尖锐。孙冶方同志对此痛心疾首，挺身逆潮流而上，在《要懂得经济必须学点哲学》一文中，特地把这个"唯心论"观点跟"自然经济论"联结在一起批判。

其实，"自然经济论"以及上述"唯意志论"的观点，都是当时"左"的思潮在经济理论和经济工作中的一种反映。为什么这类"左"的东西容易在我们这个社会里掀起轩然大波呢？孙冶方同志在六十年代初期的一次学习会上，试图回答这个问题。他认为，这是因为"左"的东西在国内有着较深厚的社会基础——小资产者或小生产者的"汪洋大海"。他的这个看法是有道理的。因为小生产一方面固然有资本主义自发倾向，另一方面却又有一种害怕商品经济发达而要求返回到"自然经济"中去的心理。小生产者一方面随着资本主义的发展而趋于两极分化，另一方面却由于害怕这个"分化"而表现出"绝对平均主义"的倾向，由于害怕经济地位的沦落而向往有一个"吃大锅饭"的"保障"。如果感染了这种思想和心理，自然会把与"自然经济"相对立的价值规律、等价交换等连同资本主义一道，当作"罪恶"的渊薮而加以摒弃；也自然会把与"自然经济"相适应的不核算、"平均化"、"吃大锅饭"、无偿调拨等,误认为是社会主义"优越性"的表现,误认为是社会主义公有制经济应有的"气魄"。

所以,孙冶方同志坚持认为,为了端正我们的理论和思想,推进经济管理体制的改革,就必须肃清政治经济学中的"唯意志论"和"自然经济论"。

探讨"改革"的基本方向

孙冶方同志在自己的著作中,尽管经常讨论具体政策,但他从一开始就提出,他所讨论的问题绝不只是个别的、具体的政策问题,而是一个管理体制问题,即一个关于抓什么"中心"环节去带动一切的问题。

他认为,国民经济管理体制的关键,并不在于中央与地方的关系,而在于国家(中央和地方)与企业的关系。这里的中心问题,乃是企业作为一个独立核算单位所应有的权力和它对国家所应承担的相应责任的问题。事实上,他的一切建议,无论是他那把简单再生产的决策权力交给企业的主张,或者关于把"利润"作为考核企业经营好坏的"中心"指标来抓的主张,或者关于实行资金利润率和按生产价格定价的主张,或者关于企业有权与原协作单位订立供销合同的主张,还是关于提高固定资产折旧率的主张,都是环绕着国家与企业之间的关系问题进行的,即环绕着企业的权力与责任的结合问题进行的。其目的就是使企业作为一个独立核算单位,在权力与责任相结合的基础上产生出一个"励精图治"的经济"动力"。

孙冶方同志提出,一切经济问题的秘密,就在于如何以最小的劳动消耗去取得最大的经济效果。但决定社会必要劳动的消耗的,既不是生产者的具体劳动,也不是个别生产者的抽象劳动,而是社会平均必要劳动。照他说,价值规律的重大作用,乃是"通过社会平均必要劳动量的认识和计算来推进社会主义社会生产力的发展"（第5页）。据此他认为，"价值""价值规律"不仅存在于资本主义社会，而且还存在于社会主义和共产主义社会；所不同的是，价值规律在不同社会起作用的形式不同。在资本主义商品经济中，它是自发地对生产进行调节的。孙冶方同志把这个自发地起调节作用的价值规律称为"市场价值规律"。对于资本家来说，这个市场价值规律"有时变成了蚀本或破产的恶魔威胁着他"，有时又变成了额外利润"像一个迷人的妖精引诱着他"。结果，它形成了一个巨大的经济"动力"，一方面推动他不断改进经营和革新技术，以期以最少的成本取得最大的利润；另一方面又驱使他盲目地调整生产，因而导致经济危机、失业和侵略战争。而在社会主义计划经济中，价值规律不再自发地发挥作用，而可以由人们自觉地加以利用，因而"也就消除了它的消极、破坏的一面，而保留并且发挥它的建设性的一面"，从而不断推进社会主义社会生产力的发展（第5页）。孙冶方同志认为，当时管理体制中各种弊病的症结，就在于在"自然经济观"的影响下，没有也不懂得自觉地利用价值规律去推动社会主义企业和整个社会的生产。而他所创导的"改革"，就是在国家计划的指导下，在赋予企业以必要的权力与责任的基础上，通过抓"平均资金利润率"，推动企业不断实现以最小的劳动消耗取得最大经济效果的任务。一句话，在自觉运用"价值规律"的基础上给企业装配一个强有力的经济"动力"机。

值得指出的是，在"文化大革命"以前，孙冶方同志主张的这个在"价值规律"基础上形成的企业经营的"动力"，只是与企业的"权力"和"责任"相联系着，却未曾与企业自身的经济利益相联系。这是可以理解的。当时，他为了让更多的人更好地理解他的理论和政策主张，他极力把他心目中"价值规律"在社会主义经济中应起的作用，跟它在资本主义经济中的作用区别开来；极力划清社会主义利润与资本主义利润的"界限"。曾主张企业的利润全部上缴国家，不主张"企业利润留成"和"奖金制度"。在粉碎"四人帮"之后，他改变了这个观点，并公开作了严肃的自我批评。说自己过去"一般地否定奖金制度和企业留成，主张把利润一个不留，全部上缴，是错误的，是不利于促进生产的"。是一种"左"倾思想（前言第3页）。从这时起，他便实际上把企业的经济"动力"建立在权力、责任、利益三者相结合的基础之上，从而进一步明确了经济管理体制改革的基本方向。

孙冶方同志几十年来从理论和实践的结合上，较深刻地阐明了经济管理体制改革的必要性和基本方向，对于这个"改革"要"破"什么、"立"什么以及如何着手"立"等问题进行了有意义的探讨。这一切，使他成为经济理论界在经济管理体制改革领域中的一位"开拓者"。如果联系国内外经济理论的发展来看，则可对他的理论贡献获得更深一步的认识。

第一，社会主义的宏观经济与微宏经济的结合问题。孙冶方同志之主张国民经济管理体制必须"改革"，而且"改革"的重点应放在国家与企业的关系上，这里谈的实际上是社会主义制度下的"集权"与"分权"或"集中"与"分散"的问题。国民经济计划化是社会主义经济的一个优越性，但计划化过于"集中"，便会把经济管"死"了，使之失去经济"动力"，丧失效率。如何正确处理集中与分散，把国民经济计划化和经济"动力"结合起来的问题，乃是几十年来世界上各个社会主义国家都在进行探索、力求解决的问题。人们还记得，在十月革命后的一个长时期内，马克思主义者大多认为，依靠国民经济计划化就足以确保社会主义经济高速度、无危机地发展；忽视了社会主义企业的内在动力问题。同时，一些西方资产阶级经济学家则把微观经济问题只跟资本主义私有制相联系，攻击社会主义公有制和计划化扼杀了企业的"动力"，扼杀了以企业活动为中心的微观经济。一些马克思主义者在此影响下也担心"过多"地强调企业的地位与作用会"瓦解"公有制与计划经济。然而，"二战"之后一些社会主义国家的建设实践，不断地提出了如何把国民经济计划化与企业经济动力相结合的问题；许多国家的经济学家也围绕着这个问题进行探索。孙冶方同志鉴于国内外的实践，总结出一条非常重要的经验，这就是：只局限于宏观经济范围内调整中央与地方之间的"权限"，往往只会重复"一抓就死，一死就放，一放就乱，一乱就抓"的循环，解决不了经济"动力"问题；这个问题，只有通过建立社会主义微观经济，使国营企业在权力、责任、利益结合的基础上成为独立核算单位才能解决。按照他的设计，由国家掌握改变企业生产方向、改变原有协作与供销关系和进行新投资的"大权"，而把在原协作与供销关系内订立供销合同、确定供销数量和品种规格、更新固定资产的"小权"交给企业。国家通过保证合同的严肃性来贯彻计划化；通过抓资金利润率和按生产价格定价，在比较经济效果的基础上决定生产与投资。这样，就能做到"管而不死，活而不乱"，也就是把社会主义计划化跟企业经济"动力"结合起来。他所主张的把计划放在"价值规律"的基础上，实际上就是要为社会主义宏观经济建立一个与之相适的微观经济的基础，使二者结合成一个生气蓬勃的整体。

无独有偶。近十多年来西方资产阶级经济学家也经常讨论现代资本主义制度下，宏观经济与微观经济的"结合"问题。战后美英等主要资本主义国家，一向把注意力放在宏观经济管理上，推行凯恩斯主义政策以遏制经济危机。但 70 年代以来，随着凯恩斯主义的失败，新的经济困难迫使一些经济学家不得不重视宏观经济与微观经济的"结合"问题，例如，（一）70 年代的能源危机表明，个别商品市场的波动，不仅能对一国的宏观经济管理，而且能对整个西方世界经济造成巨大震荡；（二）资源的合理分配与运用，要求研究宏观经济政策的微观效果，如公共支出的部门选择或部门优先问题、巨额"福利"设施带来"吃大锅饭""低效率""高缺勤率"之类的"泄气"（disincentive）问题，等等。于是，不少人提出要为现代资本主义的宏观经济建立一个"微观经济基础"，才能使宏观管理"行之有效"。诚然，西方学者所提出的这个问题，在性质上与我们讨论的社会主义经济管理体制问题根本不同，但在一定程度上是可以互为借鉴的。

第二，计划与市场的结合问题。孙冶方同志提出的把国民经济计划化放在"价值规律"的基础上的问题，从另一个意义说，也是计划与市场的结合问题。这也是社会主义国家长期进行探索以求解决的问题。从马克思主义经济理论发展的历史看，人们对这个问题的认识至少经历了三个阶段：①马克思、恩格斯阶段。他们设想的社会主义经济是在生产力高度发达的基础上、在世界范围内同时建立的，是没有商品生产和市场机制的；认为计划化与市场机制互不相容。②列宁、斯大林阶段。苏联在20世纪70年代初曾在"战时共产主义"时期作过消灭商品生产与商品交换的尝试，不久代之以"新经济政策"。在整个斯大林时期，马克思主义者大多把价值规律看成是社会主义经济所不得不暂时容忍的"异己物"，或者认为社会主义制度下生产资料仅只具有商品的"外壳"。③战后阶段。特别是70年代后期以来越来越多的马克思主义者认为，对于社会主义经济来说，商品生产、价值规律与市场绝不是"异己物"，而是它本身应有的一个有机的组成部分。孙冶方同志的理论有其特点。他一方面把商品生产、商品经济与自发起作用的价值规律相联系，认为社会主义经济不是商品经济，而是一个能够自觉尊重价值规律的计划经济；另一方面他坚决反对把价值规律、等价交换、商业看成是"资本主义的残余"（第67、79—80页），坚持认为它们是社会主义经济本身所固有的，甚至认为"价值规律"在共产主义阶段也存在。他和国内外某些学者有一不同之处，即坚持认为价值规律、产品流通是实现计划化必不可少的工具。

总之，关于社会主义国民经济管理体制问题，是世界范围内广大学者长期进行探讨的重大课题。孙冶方同志是我国经济学理论界的杰出代表之一。他数十年如一日为探讨和解决这个课题而呕心沥血，他的理论研究是有成绩的。虽然如此，他从来不认为他的理论和模式是"完美"的，事实上，在我看来，他的理论体系还有着不少的矛盾未能解决（如他所定义的"价值规律"与"商品生产"

脱钩，等等），他的一些论点也是有争议的。他在病中常为自己未能完成一个理论体系而深感遗憾。而其实，他个人是无由取咎的。因为，社会主义的实践，自苏联十月革命以来仅只经历了六十多个春秋，我国的社会主义经济建设实践的历史只有三十多年。历史还不够长，经验还不够丰富，在这个基础上自然还很难形成一个完备的经济理论体系或一个完备的社会主义经济"模式"。就国民经济管理体制来说，我国和其他社会主义国家一样，都还在进行探索，各自都在寻求一个适合本国国情的"路子"或"模式"。孙冶方同志的这个不完备的理论体系，正是我们这个时代的产物。它正好反映了我们这个时代经济的特点和当今我国国情的特点；也正因如此，它才更显得可贵。孙冶方同志在理论工作中取得的成就，固然值得我们尊重；但更加值得我们学习的，是他所坚持走的理论与实践相结合的科学道路，和他那敢于坚持真理、勇于修正错误的科学精神。我们应该学习他的这种学风和科学精神，在他既有的成绩基础上继续勇敢地向科学的巅峰攀登。

（原载《经济研究》1983 年第 2 期）

里根政府的新国际经济战略初析

美国第二届里根政府成立以来已就一些重大国际经济问题倡导了一系列国际行动和动议，其对外经济战略表现出突出的主动性，跟第一届里根政府似有所不同。这是当前国际经济领域内一个值得注意和研究的动向。它对今后一个时期内国际经济的格局无疑会产生重大影响。本文拟就这个新动向产生的背景、主要表现和实质进行初步分析，并就产生的影响以及我们的对策提出一些看法。

一

第一届里根政府把它的经济政策的重心放在国内经济方面。里根 1980 年竞选，1981 年组阁。当时，美国在经历了十五年的"停滞膨胀"之后，又进入了第二次世界大战后最严重的一次"衰退"。通货膨胀率在 1980 年高达 12.6%；失业率在 1980 年为 7.8%，至 1982 年年底升到 10.8%，创 40 年代以来的失业率纪录；生产率增长率在经历长期下降之后，于 80 年代初降到不足 1%，远远落后于日本、联邦德国等主要经济伙伴国。高通货膨胀率、高失业率等紧迫的国内经济问题自然成了第一届里根政府悉心关注的重心。

第一届里根政府的经济战略是以供给学派理论作为它的一个重要理论基础。供给学派把 70 年代的"滞胀"主要归咎于美国在"二战"后长期推行凯恩斯主义理论与政策，指责它为追求"充分就业"而滥用财政、货币手段去人为地扩张总需求，既削弱了储蓄与资本形成，导致生产率的增长率下降，竞争能力削弱，又过度刺激了需求，加剧通货膨胀，造成国民经济既"滞"又"胀"的局面。为此，里根及其主要幕僚无论在竞选期间还是在执政之后，都大声疾呼要在经济路线、政策，理论方面改弦更张，把经济政策的重心从"需求"方面移到"供给"方面来，大力推行所谓"经济复兴计划"。他们为鼓励储蓄与投资而厉行减税，不惜冒扩大财政赤字的风险；他们把遏制通货膨胀置于比"充分就业"更为优先的地位，坚持紧缩的货币政策而不惜加剧经济衰退和失业；他们还把国内经济问题置于优先地位，认为贸易逆差主要靠提高竞争能力来解决，美元贬值主要是国内通货膨胀的加剧造成的，对外经济地位的改善主要取决于国内经济情况的改善。所以，第一届里根政府主要关注国内经济问题的缓解，而在对外经济方面则主要采取"守"势。事实上，这时被高通货膨胀率、高失业率弄得焦头烂额的美国也没有力量在国际上采取重大的或有影响的经济行动。

第二届里根政府成立（1985年），正值美国和西欧的经济都已先后复苏，美国的投资迅猛增长，通货膨胀率和失业率连续下降，通货膨胀率从1984年的4.3%降到1985年的3.6%，失业率从1984年的7.4%降到1985年的7.1%。尽管预算赤字高达2000亿美元，但高实际利息率每年吸引着800亿—900亿美元的外资流入。长期的美元贬值已转为美元连年升值。美国国内经济形势总的说来比前期是缓和多了。与此同时，美国在对外经济关系方面面临着一些紧迫问题。国际债务问题不仅危及美国金融资本的利益，而且威胁着美国"后院"（拉美地区）的政治安定；美元超值严重削弱了美国的出口；保护主义的盛行加剧了美国与其主要伙伴国的矛盾。在此情况下，美国既迫切要加强它对第三世界（特别是拉美地区）的经济控制，也迫切要调整它与主要伙伴国之间的经济关系，并借此修葺自布雷顿体系崩溃以来被削弱了的美国在西方世界的经济领导地位。为了实现这些战略目标，里根政府便把自己很大一部分注意力转向对外经济方面，并急切地倡导了一系列国际行动。1985年9月美国财政部长贝克推动西方五国达成"纽约协议",集体干预美元汇率;同年10月贝克提出解决国际债务问题的"新战略";1986年4月美国又推动西方主要货币国家集体采取降低利息率的行动;5月底里根和贝克通过西方七国东京会议达成"协调"宏观经济政策的协议。真是紧锣密鼓,一幕接一幕出台!贝克6月3日在美国银行家协会上直言不讳:"纽约协议所开始的进程表明了这个事实:美国在制定国内政策时可以把对外经济关系的考虑置于次要地位的时代,业已过去了。"[①] 一种急于推行新的对外经济战略的热切心情,跃然纸上。

现在,我们从国际债务问题、国际货币制度问题这两个方面来考察美国对外经济战略的主要表现、内容及其实质。

二

据世界银行最新统计,1985年年底发展中国家的外债总额为9500亿美元,预计1986年年底将增到10100亿美元[②]。这近万亿外债有以下一些特点:(1)其中积欠工业发达国家私人银行的私人债务约占60%,积欠债权国政府及多边机构的官方债务约占40%。而私人债务所占的比重在20世纪70年代初只占10%—15%。(2)从地区分布看,拉美地区债务达3680亿美元,加上非洲地区债务(约1300亿美元),两个地区占到外债总额的56%。最大的几个债务国家在拉美地区:巴西债务逾1000亿美元,墨西哥债务达980多亿,阿根廷债务约500亿美元。(3)拉美债务中2/3属私人银行提供,而非洲国家债务则多属官方债务。80年代初期爆发的债务危机主要发生在这两个地区。正因如此,贝克的"债务战略"也把重点放在拉美和非洲这两个地区。

[①] 参见《华盛顿邮报》1986年6月4日。
[②] 参见世界银行《债务报》(1986),第11页。

那么，为什么20世纪80年代初会爆发国际性债务危机？它跟美国有何利害关系，值得贝克为之提出"战略"并为之奔走呼号？

债务危机爆发原因可以从内外两方面看。首先，从债务国自身看，一个重要原因是外债管理失当，表现在：（1）20世纪70年代外债增长过快。据统计，在1973—1982年，发展中国家外债的年增长率平均为20.5%，大大超过其国内生产总值和出口的增长率[1]。（2）债务国政府缺乏必要的外债统计与控制，一旦出现支付困难，便不可收拾。（3）债务结构失调。15个重债务国的债务中，短期债务所占比重在1981—1982年高达25.3%，可变利率债务占70.8%[2]。70年代末和80年代初的利率高涨大大加重了债务国的利息支付负担。例如，1981年巴西和智利的本息支付额占到它们当年出口收入的50%，墨西哥和阿根廷的本息支付也占到当年出口收入的35%，而国际公认的安全水准是15%。其次，从外部条件看，世界经济危机的发展，贸易条件的恶化，国际金融市场的利息高涨，对于债务危机的爆发起了更为重要的作用。

债务危机于1982年8月首先在墨西哥爆发。墨西哥政府宣布由于财政经济极度困难而暂停支付1400家有关商业银行的195亿美元到期的本息支付。接着，其他国家也宣告支付危机。到1983年春，先后有15个国家（主要是拉美国家）与商业银行谈判推迟900亿美元的本息支付，占它们积欠商业银行2100亿债务的43%。国际债务危机的发展在国际金融界引起严重惊慌情绪，美国银行业和美国政府尤表焦虑与关注。这是因为债务危机不仅会加剧美国"后院"的政治动乱，而且直接威胁美国自身经济利益。第一，拉美债务国所积欠的很大部分是对美国商业银行的债务。据英国《经济学家》报道，仅美国大通、花旗、美洲等10家大商业银行给巴西、墨西哥、委内瑞拉三国的贷款就达375亿美元，相当于这

---

[1] 参见国际货币基金组织《世界经济展望》（1986），第87、88页。
[2] 同上。

10家银行自有资金的132%①。正如《债务震荡》一书作者尖锐指出的:"真正令人恐慌的是一旦大通或花旗被债务国拖垮,其冲击波会导致许多银行和公司崩溃。"美国《南方》杂志载文说:"几家美国大银行借出相当其自有资本100%—200%的资金给少数拉美国家。一旦第三世界发生重大债务拖欠,就足以引起一次古典式的银行倒闭风。"② 第二,拉美的债务危机或困难迫使这些国家不得不削减它们从美国的进口,严重打击了美国商品的一个重要国外市场,加剧了美国的失业。据报道,1982年拉美债务危机使美国增加了160万人失业③。无怪乎美国报刊提出"债务危机究竟是谁的危机"的问题,它们引用美国一位商务官员的话说:"他们的债务危机,实是我们的贸易危机。"④

正因为第三世界(特别是拉美地区)的债务危机如此深深地牵动美国的政治、经济利益,所以墨西哥一发生支付危机,美国政府立即支持国际货币基金和国际金融界采取对策,除提供应急资金(如美国给墨西哥预付10亿美元石油预付款)外,还一方面通过双边或多边谈判重新安排还款期限,另一方面迫使债务国执行"基金"组织(指"国际货币基金"组织,下同)传统的经济调整方针:紧缩需求(减少消费、投资以及进口)和减缓增长,作为取得新贷款的条件。经过这些安排,债务紧张形势有所缓和。1983—1985年共有31个债务国就1400亿美元债务再安排问题与商业银行达成协议⑤。特别是随着美国和西欧经济相继复苏和扩大进口,一些拉美重债务国由于出口扩大和进口减少而1983—1984年获得了巨额顺差,债务形势进一步缓和。但随着1984—1985年美国等主要工业国家的增长速度放慢以及保护主义的流行,特别是初

---

① 英国《经济学家》1983年4月30日。
② 《南方》杂志1984年8月号。
③ 参见《债务危机损害美国经济》,《华盛顿邮报》1986年3月20日。
④ 同上。
⑤ 参见国际货币基金组织《世界经济展望》(1986),第92页。

级产品的价格下跌,发展中国家的出口下降,债务支付问题又再度尖锐起来。

债务形势通过从危机到缓和以及再度尖锐的曲折过程,使债务问题以及人们对它的认识,有若干新的发展。(1)经过这几年的努力,支付困难虽有所缓和,15个重债务国的债务结构有所改善(其短期债务对出口收入的比例从1982年的68%降到1985年的38%),但它们的债务总额对出口收入的比例却从1982年的263%增到1985年的286%[①]。债务形势依然很严峻。(2)由于一味贯彻紧缩方针,许多债务国的国内生产总值、投资和消费水平都下降。据统计,1980—1984年,17个重债务国(其中拉美占11个,非洲占4个,亚洲占1个,东欧占1个)的国内生产总值年平均增长率为-0.3%,年平均投资增长率为-9.7%,年平均每人消费水平的增长率为-1.8%。(3)这种片面强调"紧缩"经济的传统方针遭到债务国(特别是拉美地区)政府与人民的强烈反对。秘鲁、巴西、阿根廷等国领导人都先后正确地指出,解决债务问题的根本途径是促进经济增长以提高偿付能力。秘鲁总统曾愤慨地表示:"我决不能让人民饿着肚子来还债",并在1985年7月宣布秘鲁每年最多只能用10%的出口收入来偿付债务本息。债务国与债权国、"基金"组织之间的矛盾一度激化。经过斗争与折冲,各有关方面逐步取得比较一致的认识:没有债务国的经济增长就不可能确保债务问题的根本解决,经济调整应以促进增长为目标。"基金"总裁德拉罗西埃先生在1985年汉城举行的"基金"年会的报告中强调了这一点,反映了国际社会对债务问题的认识的进步。(4)近几年来,债务问题的各有关方面还在以下问题上取得比较一致的认识:债务危机的原因除了债务国自身政策失当和管理不善外,还有国际经济环境的恶劣(如贸易条件恶化、保护主义、实际利率上升、国际市场价格波动等);债务问题的解决,不能只靠债务国单方面

[①] 国际货币基金组织:《世界经济展望》(1986),第92页。

努力，还须靠国际金融界、债权国、国际金融组织通力合作，创立良好的国际经济环境。但这只是认识上的某些进步。实际上，自债务危机爆发后，债务国的资信下降，债权国和国际银行界近几年贷款锐减，1985年近乎中断，而发展中国家虽急需资金融通，却告贷无门。一旦再次触发债务危机，势必危及美国及其他债权国和银行界的经济和政治利益。这就加剧了要求有关各方就缓解债务问题进行通力合作的迫切性。所谓"贝克债务战略"（或"贝克计划"），就是这种历史条件下的产物。

"贝克计划"从提出到现在已经历了一个发展过程。现在看，它至少包括两个部分：（1）以15个中等收入的重债务国家（主要是拉美国家）为对象的所谓"支持增长计划"。其中心内容有三点：支持这些国家采取广泛的宏观经济政策和结构调整政策来促进经济增长和国家收支平衡；国际货币基金组织、世界银行等国际金融组织提供资金支持它们推行有效的结构调整计划，世界银行等国际组织三年内将在原计划贷款（110亿美元）基础上增加90亿美元；动员私人银行三年内增加200亿美元贷款。在讨论过程中，各方面都主张有关国家政府应当积极参加。这实际上是主要由商业银行提供资金而由国际机构和有关政府非正式地提供国际"保证"的一个缓解债务问题的"计划"。而美国政府却未提供分文，贝克只是口头许诺：只要该"计划"获得各方支持，美国政府将可要求国会拨款资助。（2）以低收入的主要债务国家（主要是非洲国家）为对象的所谓"结构调整基金"计划。其中心内容是：利用原"信托基金"的27亿特别提款权（SDR）回收资金建立该项"计划"，但可结合相应数额的世界银行优惠贷款（TDA）一道运用，贷款条件与原信托基金相同，借款国须在"基金"、世界银行共同监督下实行"结构调整"计划以促进经济增长。美国政府企图通过这两个"计划"，首先使拉美和非洲，从而使整个债务问题得到缓解。

"贝克计划"有以下几个特点：（1）它强调以促进经济增长作

为债务国经济调整计划的主要目标。（2）它强调债务国、债权国、国际金融机构、私人银行四方面合作处理债务问题。以上两点反映了近几年来国际社会在债务问题的认识上的进步，也是发展中国家长期斗争的结果。（3）它强调以推行"结构调整"作为债务国调整计划的中长期目标，并突出强调这个"结构调整"是以"市场经济"为方向，对内对外实行经济"自由化"政策。（4）贷款的条件趋于苛重，原优惠贷款的"优惠"性质趋于减退。

上述几个特点反映出"贝克计划"的复杂性质。一方面，为了维持债务国对债务的一定偿付能力，"贝克计划"不能不在一定程度上反映债务国关于经济增长的要求，并给予一定的资金融通。就这个意义说，债务国可以对这个"计划"加以利用。另一方面，这个"计划"本质上是以美国为首的国际金融资本对第三世界加强控制的手段，因而会在一些根本问题上与债务国发生冲突。例如，该"计划"在强调"经济增长"上跟发展中国家似乎观点一致，但内在的分歧仍带有根本性：（1）发展中国家的经济发展要求改变单一经济结构，而"贝克计划"用以支持经济发展的"结构调整"则是以市场经济为蓝本，将一切公共企业转卖给私人资本；（2）债务国要求美国等工业化国家开放市场，以便增加它们对工业化国家的出口并提高偿债能力，而该"计划"则首先要求债务国在"结构调整"中实行贸易自由化政策，对美国及其他工业化国家的商品倾销开放市场。所以，该"计划"虽在一定条件下可供发展中国家利用，但其整个过程势必充满控制与反控制的冲突与斗争。

那么，究竟"贝克计划"能在多大程度上"解决"拉美、非洲的债务问题呢？（1）贝克主要用以缓解拉美地区债务问题的"计划"提出后，西方国家政府和银行界纷纷表示支持，热闹过一番。迨至落实200亿美元贷款计划的资金时，则各商业银行相互观望、裹足不前。目前，关键问题是："钱"在哪里？若没有商业银行的积极参加，贝克关于拉美债务的"计划"势必落空。这种可能性是存在的，此其一。再则，即使商业银行承担 200 亿美元贷款得以实现，世界银行等也能在原有 110 亿美元贷款计划基础上增加 90 亿美元新贷款，则这个"计划"三年内可用资金的总额最多不过 400 亿美元，一年不过 130 亿美元左右，还不到 15 个主要债务国家每年对商业银行支付利息总额（450 亿美元）的 1/3。[①] 其余 2/3 的利息支付还须来自这些国家的出口收入。事实正如《幸福》杂志的一篇文章所说，"贝克计划"对 15 个重债务国来说，充其量"不过是举新债来给旧债付息，从而使债务国和债权国之间债务关系越来越深"[②]。（2）至于主要用于非洲的"结构调整基金"计划，即使它的筹资计划全部如愿以偿，低收入国家每年可望得到的新贷款不过 15 亿—20 亿特别提款权，也只相当于对旧债的利息支付额。总之，"贝克计划"对于债务国来说，其实际意义只是帮助它继续进行利息支付，但须以增加新债务和加重贷款条件为代价。而对于美国金融资本来说，"贝克计划"的重大意义则是给它们在这些地区的金融资本注入生命的活力，因为资本的生命在于运动，只有利息支付得以维持，金融资本的生命才能维系，从而它们对这些地区的政治、经济的控制与影响将得以加强。"贝克计划"之所以得到里根政府的全力支持，盖出于此。至于与"贝克计划"相伴随的"结构调整"计划，究竟会在多大程度上促进这些债务国的经济健康发展，则需要一个较长时期来观察，暂且存而不论。

三

　　干预汇率并主张改革现行货币制度，是第二届里根政府在国际经济领域内倡导的另一个重大国际行动。

　　自从布雷顿会议确认的"双挂钩"固定汇率制于 1973 年崩溃

[①] 参见《贝克债务计划不起作用》，《幸福》杂志 1985 年 12 月 23 日。
[②] 同上。

之后，以美国为首的主要货币国家都采用了浮动汇率制。尽管此后浮动汇率制给国际金融市场带来多次剧烈波动，但美国政府一直维护浮动汇率制，因为在这种货币制度下美国可利用通货膨胀和美元贬值来改善自己的贸易地位和减轻债务负担。有着严重保守倾向的里根政府在其第一届任期内，自然也恪守汇率自由浮动。那么，为什么第二届里根政府竟指令贝克研究现行国际货币制度的改革，并一再倡导主要货币国家对汇率、贴现率采取共同"干预"行动呢？一个重要原因，就是从 1981 年开始，美元由长期贬值转为不断升值，持续了四年，致使美元超值达 40%。美元的持续升值和超值虽在一定程度上给美国带来政治、经济的好处，却严重地削弱了美国商品的竞争能力，打击了美国的出口，致使美国国际收支经常账户从 1980 年和 1981 年的顺差（分别为 19 亿美元和 63 亿美元）转为 1982 年以来的连年逆差，从 1982 年的 81 亿美元增到 1983 年 460 亿美元、1984 年 1074 亿美元和 1985 年 1177 亿美元（占 1985 年国民生产总值的 2.8%）①，而与主要贸易伙伴日本连年顺差（1985 年顺差达 500 亿美元，占其国民生产总值的 3.7%）② 形成鲜明的对照。这种情况迫使当局不得不正视当前国际货币制度的严重缺陷并急于谋求美元贬值。于是，在美国倡议和坚持下，西方五国财长在纽约商定共同干预美元汇率。从 1985 年 9 月至 1986 年 5 月美元对日元的汇率降低了 30%。

里根政府在国际货币制度问题上，从一向反对干预市场力量转到诉诸政府干预，这的确是一个重要的、战略性的转变。这个转变导致理论、制度、政策上一系列的改变。

其一，里根政府的货币政策长期以来主要受货币主义的影响，而现代货币主义的基本理论思想是相信市场经济能够依靠自身的机制来自行调节。因此，现代货币主义首领弗里德曼教授也是浮动汇

---

① 国际货币基金组织：《世界经济展望》(1986)，第 212、40 页。
② 同上。

率制的倡导者。但长期实践的结果表明，汇率自行浮动却导致美元过度增值，国际货币体系失衡，而且这种失衡已非市场力量所能自行纠正，只有求助于国际性的政府干预。美国报刊有的把里根政府的这个"转变"描绘为从原"货币主义"立场转到贝克的"实用主义"立场①。无论怎样，这对于货币主义的基本理论思想确实是个打击。

其二，与这个转变相适应，美国近年来也开始承认现行国际货币制度有严重缺陷，需要认真考虑许多国家关于改革现行货币制度的要求。但问题是：如何改？

国际社会关于现行货币制度的改革问题多年来存在着严重分歧。法国一向主张用"汇率指标区"（Target Zone）（或称"汇率参考区"，Reference Zone）制度来取代现行的浮动汇率制。所谓"汇率指标区"，是指允许汇率在一定区间内波动，规定区间的上下限指标，作为进行干预或调节的指示器。他们认为，这种制度既确保汇率的基本稳定，又允许一定幅度的浮动，还可借此促进各主要货币国家之间的宏观监督与政策协调。法国显然企图借此来改变过去在浮动汇率制下世界金融市场在很大程度上受美元波动所支配的局面。许多发展中国家也支持"汇率指标区"制，认为浮动汇率制带来的汇率波动常给发展中国家造成巨大损失。但日、英、联邦德国坚决反对"汇率指标区"的主张，理由是：给汇率波动规定一个幅度十分困难，规定得过宽或过窄都无实际意义。他们极力维护现行的浮动汇率制，认为它即使有"不足"之处，也可以修补。美国则想把浮动汇率制跟 1973 年以前的固定汇率制二者结合起来，实行一种所谓管理浮动制；在这个制度下，汇率也可浮动，但有一定程度的制约。据报道，贝克在今年（1986 年）5 月于东京举行的西方七国首脑会议期间所兜售的并终于为各国普遍接受

---

① 参见《华盛顿邮报》1986 年 5 月 11 日。

的，正是这个管理浮动制①。

美国官员承认，贝克的这个管理浮动制，跟法国一向主张的"汇率指标区"制度虽很相近，但也不尽相同。据说，不同的是：在"汇率指标区"制度下，如一国的货币汇率偏离区间，其他伙伴国将迫使它采取"纠正"措施，而该国政府也有责任事先"防止"或事后"纠正"这个偏离；但在"管理浮动"制下，并没有给任何货币的汇率规定一个"区间"，只是对它的变动作过预测，如果偏离预测指标，只需相互解释一下其原因。诚然，也会劝说有关政府采取"纠正"措施，但不像在"汇率指标区"条件下那么带有"强制性"②。但据熟悉贝克的想法的美国官员说，这个"管理浮动"制实质上就是"汇率指标区"制。他说，某些西方国家虽反对"汇率指标区"，但一俟财长们来开会，他们总讨论各自货币的汇率不能高于或低于这个或那个水平，其实，他们谈的正是"汇率指标区"。③ 看来，我们也许可以这么说，贝克的管理浮动制实际上是一种软性的"汇率指标区"制。最重要的一点是它用西方主要货币国家的"集体干预"来取代汇率的自由浮动。

其三，这个"管理浮动"的实施依靠主要货币国家的"集体干预"（监督与协调），跟"自由浮动"依靠市场自发力量不同。

"监督"什么？这次东京会议在贝克的策动下，同意七国（特别是主要货币国家）相互对汇率、经济增长率、通货膨胀率、利息率、失业率、财政赤字、外贸差额、货币增长率以及储备状况等9个宏观指标进行"监督"。为什么要进行比较广泛的宏观监督呢？因为近几年来人们通过讨论达到如下一点认识：汇率的变动是宏观经济活动的一个综合表现，因此只监督汇率一个指标是不够的，必须对一系列主要宏观经济指标进行"监督"。这次东京会议的有关决议反映了这一点认识。

---

① 《贝克的东京创议，目的是建立"管理浮动"》，《华盛顿邮报》1986年5月11日。
② 同上。
③ 《商业周刊》1986年4月28日，第73页。

东京会议达成如下协议：七国每年都各自就本国经济的上述各项宏观经济指标提出自己的设想，相互协调，每3—4个月会商一次，讨论世界经济形势以及各国经济的发展是否偏离已商议的稳步增长的轨道。如发现某一国出现偏离，可要求它说明情况或劝说它采取纠正的措施，但不能强制一个成员国接受它所不愿接受的东西，各国主权严格受到尊重。其实，从东京会议的实际情况看，美国的意见与利益起着支配的作用。所有这些"监督"与"协调"的会议都是秘密的，虽然有时会邀请国际货币基金组织总裁列席会议，但这些活动整个说来都是由七国首脑或财长在国际货币基金组织以外进行的。

在这里，有必要分析一下近年来美国在宏观监督与政策协调问题上的态度变化，从中窥视里根政府的对外经济战略的实质与意图。长期以来，国际金融市场上主要货币（特别是美元）的剧烈波动，严重损害了世界经济的稳定与发展。许多国家特别是广大发展中国家认为汇率波动主要应归咎于主要货币国家的宏观经济失调，应对这些国家的宏观经济及其政策实行国际监督。在债务问题上，广大发展中国家也认为，债务问题之尖锐化，除了债务国的政策失当和债务管理不善等内部原因外，外部条件（如世界经济危机、贸易条件恶化、世界市场上价格和汇率的波动、保护主义盛行等）的恶化也是一个重要原因，工业化国家对此应负有不可推卸的责任。所以，在历次国际会议上，发展中国家都强烈反对国际监督的"非对称性"，批评只有对发展中国家（指债务国）而没有对主要工业化国家和主要货币国家进行国际监督的这种不公平现象，强调国际监督的"对称性"。美国和其他主要工业化国家一道，拒绝接受来自任何方面（发展中国家或"基金"）的监督，对于发展中国家关于"监督对等化"的要求根本不予理会。近来，美国的态度有所改变。它奢谈监督的"对称性"，但着重在国际货币制度方面强调主要货币国家之间的相互监督与协调，还特地把"对称性"作为改进汇率管理的一项准则，要求逆差国与顺差国"对称地"进行"监督""协调"和经济调整,其矛头主要指向日本、联邦德国这两个最大贸易顺差国。所以,美国所侈谈的"对称地"监督与调整,与发展中国家要求的"对称性"原则不是一回事,主要是要求其伙伴国接受美国的"监督",并通过所谓"协调"而服从美国的利益。据外电报道,在东京会议期间美国的态度咄咄逼人,在各国利益的折冲中美国的利益居于主导地位。从中不难看出,美国正是企图利用所谓"监督"与"协调"作手段,既缓解其目前美元过度超值、贸易逆差过大的困境,又重振近十多年来遭到严重削弱的美国在西方世界经济中的领导地位。美国《华盛顿邮报》直言不讳地说,"纽约和东京协议表明两点:一是美国具有重新确立其对国际经济的领导地位的意图,二是西方国家具有为国际目标而和谐地工作的能力"[1]。英国《金融时报》也说,美国想运用监督、协调等手段,通过缓解债务问题和美元超值问题而"走向一个新的世界秩序"[2]。但可以想象得到,在这个走向"新秩序"的过程中,美国与其主要经济伙伴之间将不会那么"和谐地"工作,而将是充满了各种利益的冲突。

前面所述贝克"债务计划",纽约协议和东京协议等重大国际行动,都充分表现出本届里根政府的对外经济战略的很大主动性。那么,里根政府可能还在哪些方面采取重大国际行动呢?依我看来,为了缩减贸易逆差,里根政府有可能至少在两个方面采取行动。(1)为了扩大出口,它将反对主要伙伴国家搞保护主义。它已提出早日召开新一轮贸易谈判的要求。估计在9月举行的七国财长会议上,美国可能会在所谓"反保护主义"方面提出某些动议,并争取达成某些协议。问题是,美国自身就采取了不少保护主义措施(如限制纺织品进口等),现在要反对别人对它搞保护主义,自然难以理直气壮。但里根政府也可能拿自己的某些保护性措施作为

---

[1] 《贝克的东京创议,目的是建立"管理浮动"》,《华盛顿邮报》1986年5月11日。
[2] 《金融时报》1986年5月22日。

与其主要伙伴国家进行讨价还价的筹码。(2)从 1985 年年底以来,美国自己为了削减预算赤字而放慢增长速度,却要求日本、联邦德国提高经济增长率,发挥带动西方经济增长的"火车头"作用,实则希望借此促进其主要伙伴国家扩大其从美国的进口,以缓解"顺差国""逆差国"之间所谓的"世界失衡"问题。美国的这一要求一直遭到日本、联邦德国的反对,因为它们担心会因此而招致通货膨胀加速。尽管里根、贝克在东京会议期间未能迫使日本、联邦德国屈从自己的要求,但会后不久,里根总统在 5 月底的一次演说中就明白表示,在美元超值问题得到基本纠正之后,美国政府要把注意力移到"世界失衡"问题上来[①]。贝克 6 月 3 日在美国银行家协会上针对联邦德国银行行长关于把美元汇率至少稳定 6 个月的建议表示:除非日本和联邦德国加速经济增长以克服世界性贸易失衡,"否则美国仍须依靠降低美元汇率这一着"[②]。实际上,美国巨额贸易逆差不可能靠降低汇率来消除,贝克的用心无非是以此要挟日本、联邦德国等加速其经济增长以扩大其从美国的进口。究竟美国会在迫使日本、联邦德国加速增长方面采取什么行动,值得我们密切注意。

总之,从里根政府近年来在国际经济领域所策动的一连串活动看,它的对外经济战略至少包括两个方面。一是通过所谓"债务计划",动员各有关方面的力量来缓解拉美和非洲地区债务国的利息支付困难,从而加强它对这些地区的经济控制与政治影响;二是以解决当前主要货币汇率失衡、贸易失衡等问题为契机,在主要工业化国家之间逐渐形成美国居于主导地位的宏观经济"监督""政策协调"制度,强化美国在西方经济中的领导地位。这套战略无疑反映了美国垄断资本集团的基本利益和迫切愿望。至于它究竟能在多大程度上实现,则取决于世界经济形势的发展以及各国之间的

[①] 弗列明:《里根正把解决美国贸易逆差问题的重心从美元问题移向世界失衡问题》,英国《金融时报》1986 年 5 月 30 日。

[②] 《华盛顿邮报》1986 年 6 月 4 日。

冲突与斗争。

四

根据上面对里根政府对外经济战略的初步分析，本文拟就它所带来的新形势以及我们的对策谈一些个人看法。

其一，一般说来，既然"贝克计划"动员各有关方面来缓解拉美、非洲的利息支付困难，既然以美国为首的主要货币国家接受所谓管理浮动制，并就宏观经济指标进行"监督"与"协调"，则一般说来，债务形势和金融市场美元汇率有可能在一个短时期内（半年到一年）大体趋于稳定。

但就债务形势说，"贝克计划"所带来的"稳定"将十分脆弱。首先，资金力量薄弱。用于15个中等收入国家的贷款资金只够每年利息支付的1/3，大部分利息支付仍仰赖于这些国家的出口收入或其他收入。其次，这些国家的出口收入受制于外部的许多不确定因素，一旦其出口收入受到巨大损失，"贝克计划"也难以保持其利息支付的充分进行。目前，墨西哥（其70%的出口收入来自石油）由于油价下跌过半而损失了30%的出口收入和25%的财政税收，需要举新债50亿—60亿美元才能进行全年的本息支付。如果运用"贝克计划"，仅墨西哥一国就用去它当年可用资金的一半。目前墨西哥正与国际货币基金组织、商业银行进行艰苦谈判。一旦谈判不成，年内由墨西哥再次燃起拉美债务危机的可能性是存在的。近来美国进行紧张活动，里根总统公开表示，美墨两国利害相关甚多，美国一定尽力帮忙[1]；联邦储备委员会主席沃尔克私访墨西哥；贝克也表示"我们正为此积极工作并相信墨西哥局势能稳定下来"[2]。估计在各方面努力下，这次债务危机将得以避免；

---

[1] 洛威：《里根立誓说美国一定帮助墨西哥》，《华盛顿邮报》1986年6月5日。
[2] 同上。

即使这样，只要发展中国家的出口形势不得到改善，债务支付困难随时可能发生。最后，重要的问题是"贝克计划"目前仍是纸上谈兵，如果商业银行不承担 200 亿美元资金，"贝克计划"本身将陷入致命的危机，国际债务形势的发展堪忧。

近期内主要货币汇率是否趋于大体稳定，在很大程度上取决于美元汇率在近期内是否会大体稳定。过去美元对日元超值 40%，自去年（1985 年）9 月以来美元回跌了 30%。看来超值情况大体消除。人们现在关心的是，美元是否继续下跌。贝克希望再跌一些以促进美国出口，但对于他心目中的下降目标却讳莫如深。依我看来，美元即使进一步下跌，幅度也不会大，因为美元继续下跌对美国并不有利。它会在国内产生通货膨胀压力，强化人们的通货膨胀预期，迫使美国降低利息率，减少外国资金流入美国，而每年几百亿美元外国资金的流入，是美国目前在累积巨额预算赤字条件下为维持美国经济的稳定和增长所必要的。美元进一步下跌，在缩减美国贸易逆差方面的收效甚小，而在其他方面付出的代价甚大。更何况日本当局已扬言要对美元进一步下跌做出反应。联邦储备委员会主席沃尔克担心美元进一步下跌会触发通货膨胀而加以反对。其他主要货币国家也要求煞住美元跌势。我认为，近期内美元对日元或其他主要货币的汇率将大体趋于稳定，当然，这并不排斥美元略有下跌。特别是最近一两个月增长率减慢而失业率趋于上升，加上美国议会选举在即，里根政府迫于政治、经济压力而可能进一步降低利息率，导致美元汇率进一步下降。这种可能性是存在的。即使如此，汇率进一步下降的幅度不会很大，也不会持久。

其二，关于东京会议确立的西方七国之间宏观"监督"与政策"协调"，尽管美国主观上企图利用它作为钳制其伙伴国的手段，但这种"监督""协调"在一定程度上也确有助于国际汇率和世界金融市场的稳定。对此，不宜简单地一味否定。

问题是：东京会议只是赋予西方七国进行这种"监督"与"协调"的责任，广大发展中国家依然被认为无权参与对主要货币国家的宏观经济的监督，尽管发展中国家往往受累于一些主要货币国家的宏观经济政策所造成的不利的外部条件。

问题还在于：这种"监督""协调"也与国际货币基金组织无关，"基金"被撇在一边而无权参与其间，尽管"基金"被公认是一个负责国际货币合作事务的政府间的机构。

这种状况应予改进。发展中国家长期要求在经济监督、经济调整中贯彻"对称性"原则。但在目前，要求将西方七国的"监督""协调"置于"基金"的监护之下或者让发展中国家以适当方式直接参与"监督"，均不现实。西方七国不会接受。不过，作为第一步，可以提出并争取做到这一点：国际货币基金根据各国政府公认的权威性，理所当然地应该参与西方七国首脑或财长会议，由"基金"总裁代表"基金"参与会议并对"基金"执行董事会负责。"基金"参与其间是有充分理由的：（1）"基金"本身就是各国政府之间关于货币事务的合作机构；（2）七国会议中各国均本着本国利益行事，而"基金"则应超脱一国的局部利益而本着"基金"的"总协议"所规定的目的行事，在各种利益冲突中充分发挥其调停、催化的作用，以促进各国在货币制度方面的合作。既然美国也主张"监督""协调"并侈谈"监督"的"对称性"，我们和发展中国家便可利用它的呼吁来加强自己关于"对称性"原则的斗争，逐步争取发展中国家参与对主要货币国家进行宏观监督的权利。

其三，根据前面对"贝克计划"的分析，既然它既有美国用来加强其对拉美、非洲的经济控制的一面，也有可供发展中国家利用的一面，则我们应采取的方针是：既批评其强化对债务国的经济控制（如贷款条件苛重化、交叉条件等），又支持发展中国家在合理的条件下利用这些外部资金来发展本国的经济，支持发展中国家在外部资金利用中维护主权的要求与斗争，并对某些发展中国家迫于特殊经济困难而接受某种条件较苛刻的贷款给予充分理解与同情。在目前"贝克计划"缺乏私人商业银行的资金支持而面临困境的形势下，可以利用这种形势要求美国国会和政府提供部分资金。

应该看到，今后一个时期内，许多发展中国家对外部资金的需求仍很迫切，而贷款条件却趋于苛重，甚至一些国际金融机构（如"基金"等）的无条件的贷款也变得有条件了，过去的优惠贷款也变得不那么优惠了。因此，我认为，在有关国际债务问题的斗争中，以贯彻"有理、有利、有节"的方针为宜。不宜支持个别债务国单方面提出的减免债务的要求；但欢迎债权国与债务国通过双边谈判而达成减免债务协议。事实上，联邦德国等少数债权国也曾与某些债务国达成过这类协议。但就目前情况看，某些债务国提出的降低旧债利息率的要求比较现实，对许多债务国也有实惠。特别是对个别重债务国（如墨西哥）来说，利息率降低一个百分点，意味着一年可少支付 10 亿美元利息。然而，目前最为迫切的是要加强发展中国家之间，特别是债务国之间的团结与合作。近年来，债务国在国际会议上曾提出过降低旧债利率、增设利息补偿贷款、增设石油与初级产品跌价补偿贷款、增加特别提款权的分配等建议，大多因为发展中国家（特别是债务国）出于各自的考虑未能在有关问题上形成统一的立场，因而为工业化国家所挫败。诚然，在许多国际组织的现行体制下，由于工业化国家在表决方面拥有优越条件，债务国即使统一了立场，也不一定能够左右局势。尽管如此，发展中国家之间的合作，仍然是它们在国际斗争中最有力的斗争手段。

总之，本届里根政府的对外经济战略既表现出很大的主动性，也表现出其复杂性质；它既有实现其经济扩张的一面，也有值得我们和其他发展中国家加以利用的一面。可以利用所谓"贝克计划"来缓和某些债务国的支付困难以及压美国国会和政府为该"计划"提供资金；可以利用美国关于"顺差国"和"逆差国"之间的宏观经济"监督"的"对称性"的呼吁，来加强发展中国家关于主要工业化国家与发展中国家之间实行经济"监督""调整"的"对称性"的主张;还可以利用美国关于反保护主义的口号来反对包括美国在内的西方主要工业化国家的保护主义措施,等等。至于发展中国家能够在多大程度上对它加以利用,则在一定程度上取决于发展中国家能否实现广泛的团结并采取明确的方针和统一的立场。

(1986年6月写于华盛顿,原载《经济研究》1986年第8期)

股 份 制

——社会主义全民所有制的好形式

　　我国城市经济体制改革，已从企业管理体制的改革进入到企业公有制形式的改革，从扩大企业自主权进入到"承包制""股份制""租赁制"等形式的试验。这无疑标志着改革的深入发展。我认为，在社会主义初级阶段，股份制是最适合于全民所有制采取的一种形式，这不仅因为股份制本身所固有的"所有权与经营权的分离"（以下简称"两权分离"）这一特点，便于贯彻"政企分开"原则，而且更重要的是由于这一事实：西方国家的股份制经济经过200多年的发展，造就了一种以证券资本（股票、债券等）为经营对象的金融业，出现了资本（证券）经营与企业经营的分离，培育出以资本市场为中心的一套经济机制；倘若把这套机制连同股份制移植到社会主义公有制的基地上来，则它们定将成为使全民所有制通过千百万群众的自主活动而得以贯彻的有效手段，从而使得全民所有制变得名副其实。为了阐明这一点，还得先从股份制的某些特征谈起。

一

　　股份制有许多重大特征，其中一个人所共知的方面就是企业所有权与经营权的"分离"，值得强调的是，这个"二权分离"是与社会化大生产相联系的。在历史的不同发展阶段上，都曾有过"二权分离"之类的经营方式。例如，在封建土地制下，住在都市里的"不在地主"（Absentee landlord）多将土地转交给"二地主"经营，按契约收取议定的地租（实物或货币的），而不管是丰收或歉收。随着商品经济的发展，出现了借贷、租赁、承包等多种经营方式，它们均在不同程度上实行了"两权分离"。在资本主义经济中，借贷资本家与产业资本家之间的"两权分离"，按照马克思说法，其实质乃是借贷资本家在一定时期内将资本的所有权让渡给产业资本家，而后者则在一定时期内享有对借入资本的完全支配权，并承担其经营的经济后果（盈或亏）。上述的种种"两权分离"，虽有不同的社会经济性质，却有一个共同特点，即它们实际上都发生在两个不同的经济主体之间，或者说所有权在不同主体之间的"分离"。但股份所有制下的"两权分离"则不同，只发生在一企业内部。生产社会化程度的提高以及生产技术的复杂化，已使得资本所有者难于执行高级管理职能，而不得不委诸具有专业知识、技术或经营管理经验的经理人员，经理们虽拥有决策权，但他们毕竟受雇于股东，是工薪赚取者。二者属于同一经济主体内部的雇佣关系，而非两个经济主体之间的契约关系。①

股份制的另一重大特点，乃是资本的价值形态与实物形态相"分离"。资本实行股份化，其股份价值形态脱离其实物形态而各有其独立的物质存在形式和运动规律。实物形态的资本，一般以厂房、设备等生产手段作为它的物质存在形式，并在企业内（物质生产过程中）不断地运转、折旧和更新；价值形态的资本则以股票、债券等作为它的物质标志，在证券市场上不断易手，却不流回企业。不仅如此，作为实物形态的资本，即任何设备及各设备组合的生产线路，必须保持其技术上的整体性或不可分割性；而作为价值形态的股份资本，则具有可分性，一家亿万资产的公司，其股份可发行到几百万股，股票面值可以很小。

---

① 关于这一点，吴敬琏同志在《"两权分离"和"承包制"概念辨析》一文中作过详细论述（见《经济学动态》1988年第1期）。

与上述特征相联系，股份制还有一特征，即股权与产权相"分离"。随着小额股票的发行，股权在分散，但这决不意味着产权分散，相反倒是资本的集中。股权为股东所持有，但产权却由企业法人所掌握，企业的法人机关乃是董事会，企业产业的占有及营运完全被置于董事会的支配之下。只有当你所持股份增加到足以让你或你的代理人置身于董事会时，你才有可能参与对企业产业的支配权力。

以上仅就单个企业内部来考察股份制的特征。但西方国家经历了长期的发展，建立了一个成熟的股份制经济，特别是促成了一系列"金融中介机构"（Financial Intermediaries）和"证券市场"（Securities markets）的发展，实现了"资本经营"与"企业经营"的分离。这是较之一般讨论的所谓"两权分离"更有深远意义的一种发展，为我们在所有制改革中完善全民所有权提供了新思路，很值得我们高度重视和进一步分析。

第一，"证券市场"。当代的"证券市场"，一般都由初级市场（Primary Markets）和第二级市场（Secondary Markets）所组成。前者是指公司或政府部门首次发行有价证券（股票、债券）的市场；后者是指业已发行的有价证券在各投资者之间进行买卖的市场。

一般来说，股票、债券的发行，首先是由发行者（公司或政府代理人）卖给投资银行（Investment Banks），而不是直接卖给公众（居民与企业）。故初级市场上有价证券的买卖，往往是在公众背后进行的，公众并不知情；而初级市场上的这些"投资银行"的重要任务之一，就是将它们从"发行者"那里购得有价证券，通过它们的销售网络很快地卖给公众。在美国，这类"投资银行"有上千家，但大银行不多，知名的有"第一波士顿公司"（First Boston Corpor：ation）、梅丽尔·林奇公司（Merril Lynch）、摩根·斯坦莱公司（Morgan stanlay）、梭罗门兄弟公司（Soloman Brothers），等等。

股票、债券一经"投资银行"出售给公众后，便离开"初级市场"而进入了"第二级市场",在各投资者之间易手(买或卖)。"第二级市场"有两类:一类是有组织的证券交易所(Organized Securities Exchanges),另一类是"场外市场"(Over – The – Counter – Markets)。前者有如"纽约证券交易所"(The New York Stock Exchange)、"美洲证券交易所"(American stock Exchange)、"中西部证券交易所"(Midwest Stock Exchange)等。其中以"纽约证券交易所"规模居首位,1981年它囊括了美国全部有组织的市场上股票交易量的80%,"美洲证券交易所"只占10%,其余占10%。"场外市场"与其说是一个交易场所,不如说是一种交易方式。它并不像交易所那样有个供投资者或经纪商进行证券交易的场所,而是由千百个分散在全国各地的证券经纪人(Brocker – Dealers)所组成。这些经纪人手头都有证券贮存。他们按自己根据证券市场供求状况所确定的价格,将证券出售给任何投资者,或从证券持有者那里购买证券。信息对于他们至关紧要。他们全靠电话、电传网络和电脑系统相互联络以及跟交易所、客户联络,买卖都是通过电讯进行的。很大一部分政府债券和公司债券是通过"场外市场"交易的,近1/3的公司股票也在这里买卖,这些公司多是由家庭或家族经营而未在纽约证券交易所注册的中小企业。

尽管上述各证券市场已成为在全社会范围内组织资本(证券)经营所必要的经济机构,为资本经营提供信息、咨询、场所、代理人等项重要服务,但它们毕竟不是资本经营活动的主体(或投资者)。那么,谁是证券投资者呢?所谓"金融中介机构"便是主要者投资之一,而且近一二十年来起着越来越重要的作用。

第二,"金融中介机构"。它包括三种类型:(1)"存款机构"(Depository Institutions),包括商业银行、储贷协会、互助储蓄银行、信贷协会等;(2)"合同储蓄机构"(Contractual Saving institutions),包括人寿保险公司、养老金基金、火灾及意外保险公司、州及地方政府雇员退休基金等;(3)杂类金融机构,包括互助基金、金融公司、货币市场互助基金等。

"二战"后,所有"金融中介机构"的资产增长都很快,如"合同储蓄机构"的资产总额以 1960 年的 2000 亿美元,增长到 1970 年的 4210 亿美元和 1985 年年初的 19240 亿美元;杂类金融机构的资产总额从 1960 年的 450 亿美元,增长到 1970 年的 1110 亿美元和 1985 年年初的 6630 亿美元。① 这些金融机构的资金来源不同,资金的用途(或经营的金融资产种类)也各有不同。② 按照美国法律、商业银行等存款机构只能经营信贷或政府债券,不得经营私人公司股票。虽然如此,仍有一部分贷款被借款人(企业或个人)用来购买公司股票或公司债券。至于其他"金融中介机构",都直接经营股份投资和债券,是股票及其他有价证券的重要投资者。

由上可见,证券市场和"金融中介机构"的基本活动内容,就是经营证券化的资本和为这种经营提供服务。这个行业的规模不小,据不完全统计,美国私人金融业的从业人员在 1978 年已超过 400 万人,其中至少一半左右从事于这个以证券资本为经营对象的行业。此外,美国还有大量的非营利性的基金,其中既有学校、科研机构、文化机构(如博物馆)、慈善机构等用各方的捐赠建立起来的基金,也有资助公益事业(如教育、科研等)的私人基金。这些"基金"为了使自己的资金保值和增值,都投资于股票、债券等金融资产,以便用资本利得(capital gains)来资助各公益事业,因而它们实际上也致力于证券化资本的经营。可以说,在当代西方经济中,资本(证券)的经营业已发展成为一个与企业的经营相独立的、人数众多的专门行业。

---

① 密希金:《货币、银行及金融市场经济学》,布朗出版公司 1987 年版,第 48—49 页。

② 同上。

二

正确认识这个与企业经营相分离的资本（证券）经营行业，不仅对于我们认识当代西方资本主义经济至关重要，而且对于我们认识股份制对社会主义公有制经济的适用性也至为重要。

我们过去长时期内囿于列宁"帝国主义论"中的某些观点，总把证券资本跟"剪息""寄生""腐朽"联系在一起。现在有必要加以重新认识。美国著名经济学家梅耶（T. Mayer）、杜森贝里（J. Duesenberry）和阿里伯（R. Aliber）在其 1981 年出版的著作中，认为"金融中介机构"的重大积极作用表现在：节省了筹集资金的费用，增大了资金流动性，分散了投资风险，等等。我认为，"金融中介机构"与"证券市场"等机制结合在一起，还带来了一个重大的社会经济效果：造就了资本（证券）经营与企业经营的分离，促成了一种以证券资本为经营对象的金融性行业。这是在资本主义范围内生产社会化进一步发展的产物。因而它对西方社会经济的发展有积极的方面。这一点，至少可从以下两个方面看出。

第一，实现资本经营社会化。那些以证券资本为主要经营对象的金融机构及个人，借助于证券市场等经济工具，对所有发行有价证券（股票、债券）的企业履行监督、奖优惩劣的社会经济职能。在股份制的初期发展阶段，股份持有者（企业或家庭）为了赚取更多的资本收益和避免亏损，都必须密切注视各有关企业的经营行为，并各自在证券市场作出决策。在这里，监督企业行为并作出反应，完全是股份持有者个人的事。现在不同了：各种"金融中介机构"从千家万户集中了巨额社会资金并加以经营，代表社会对企业履行监督、奖惩的职能。资本（证券）的经营，或者说投资行为，也社会化了，值得指出的是，在股份制出现之初，马克思曾就股份资本的形成打破了个别资本所有权的局限性这一事实，高度评价这一生产社会化的新发展，认为这是在资本主义范围内对资本私有制的"扬弃"。现在，不仅资本的筹集，而且连资本（证券）的经营或投放也社会化了。资本经营（或投资）已不再像过去那样，资本一经投入便把一生命运委诸一家企业，它已突破了单个企业范围的局限而面向全社会和全世界，以全社会甚至全世界的企业的股份作为随时可选择的经营对象（只要它们的股份是上市的）。这一发展对生产社会化发展的要求有其适应的一面，从而对经济、科技的发展有明显的推动作用。"二战"后电子通信、电脑信息技术的发展，就跟"二战"后国际金融事业的发展有密切的关系。

第二，资本（证券）经营与企业经营的分离。这是资本（证券）经营社会化的结果，正是它促使着资本证券经营发展成一种独立的行业：在过去，人们往往通过经营企业来经营资本，因而投资者（毋论是持有有价证券的个人、家庭或金融机构）都力图通过控股来控制企业的经营，热衷于"参与制"。现在，这些从事资本（证券）经营的"金融中介机构"已有所不同，它们不愿为控制某企业或某部门而倾注巨额资本于一个企业，相反为了追求高资本收益或减少风险，它们宁愿将资金分别投入不同的企业或部门，而且极力使自己资本保持高度灵活性与流动性，以便将其不停地转向"收益"更高的企业或部门；至于企业的经营，则完全由一群有专门学识、技术和经验的高级经理和工程师去进行。因此，广大投资者个人或"金融中介机构"一般总是依靠先进的信息手段，注视着社会上尽可能多的企业的经营行为，比较它们的盈利能力与前景，从而决定资本的"投向"或"改向"。投资者个人或金融机构就是这样通过不断投进（购股）或撤出（售股），来表示自己对企业经营者（经理们）的信赖与否，从而通过股票价格涨落来对企业和经理们从经济上进行奖励（企业盈利）或惩罚（企业亏损），迫使经理人员竞竞业业地力争把企业经营好。

第三，社会化的资本经营，对于合理分配资源，提高全社会投资效益起着有力的推动作用。一方面，一个成熟的资本市场提供了巨大的灵活性，便于投资在企业之间、部门之间、地区之间甚至国家之间转移；另一方面，无论是"金融中介机构"，还是非营利性的慈善机构设立的基金，都争相把资金投向投资效益高的部门或企业，从而提高全社会的投资效益水平，优化了资源分配。要做到这一点，一个成熟的资本市场是必不可少的。正如美国经济学家们所说："一个有效的资本市场，可定义为一个可把资本及时而准确地输送到可以给全国带来最大的效益的地方。例如，一位能干的妇女发明了一种高效灭鼠笼并获得了专利。她办起了一家灭鼠笼公司，并将股份售给投资公众。一个有效的市场便会把资金从劣等企业中导出而重新投放，被用来购买生产灭鼠笼的公司的有价证券。……总之，有效的证券市场使得投资具有更大的流动性和灵活性，从而有助于实行资源再分配，使之能得到最有效的利用。"

综上所述，可以得到这么一点认识：资本（证券）经营与企业经营的分离以及资本经营的社会化，给当代资本主义经济组织带来了某些深刻的变化。一方面，企业的经营因与资本的经营相分离而具有很大的独立性，结果使某些股份分散程度很高的企业中出现这种现象，即作为雇员的高级经理人员摆脱了股东的支配而成了企业的实际支配者，个别企业还可能出现"不是股东选用经理，而是经理选聘董事"的情形。"两权分离"有了进一步的发展。这也就是某些西方经济学家所谓的"经理革命"或"经理社会"。另一方面，尽管股份所有者（大股东）"脱离"了企业经营，似乎放弃了对所投资企业的直接支配权，但资本经营的社会化以及证券市场的作用，却又确保投资者（主要是大股东）在总体上仍牢牢支配、制约着企业的经营，迫使它们服从自己的调节，使自己的所有权能得以贯彻和实现。正因如此，在当今主要西方国家里，股份制和金融制度的新发展不仅没有损害，反倒成了维护垄断资本的统治的重要手段。顺便提一下，自 50 年代以来，美国的一些"经理革命论"者，一方面研究了"两权分离"的新发展，另一方面又宣称这个"分离"业已导致经理们对资本家权力的"剥夺"，使现代资本主义"变质"。我在 60 年代初曾批评过"经理革命"论,现在检查起来有错有对。我当时在坚持"两权分离"并没有改变当代资本主义经济制度的本质这一正确论点时,却完全忽视了它在"二战"后的发展中所带来的资本经营与企业经营的分离,资本经营社会化等新现象,完全漠视了西方资本主义框架内生产社会化进一步发展的情况,这是当时缺乏深入分析的结果。① 诚然,对于当代西方经济中股份制的发展,国内外学者的看法均有不同,这里姑且不去讨论。但必须强调的是,西方股份制经济中这套既贯彻"两权分离"以及资本经营与企业经营的"分离",又确保资本所有者对企业的有效支配与制约的机制,对于社会主义经济常用,它不仅是我们贯彻"政企分开"原则的有用手段,而且也为我们在社会主义商品经济中贯彻全民所有制提供了恰当形式和有效机制。股份制在社会主义经济中的生命力的一个重要源泉便出于此。

三

为什么说,股份制是贯彻社会主义全民所有制的最恰当形式呢?根本原因在于,生产资料所有制,决不仅只是一个"归属"问题,它需要一套经济机制来确保其在各主要经济过程中得以贯彻和实现,传统的社会主义国家所有制未能提供这套机制,而以发达的商品经济为基础的股份制却能办到:

我所说的传统的社会主义国有制,是指改革以前行之数十年的那种中央集权的国有制。因为我认为不应对社会主义国有制作一般的、全面的否定。关于我国传统的国有制的种种弊端,国内经济学家们多有论述,认识比较一致。《经济研究》1979 年第 1 期发表的董辅礽同志《关于我国社会主义所有制形式问题》的文章,就我所知,可以算是从理论上揭示这些弊端较早较深刻的少数文章之

---

① 参见拙作《人民资本主义的反动本质》,《红旗》1962 年第 13 期。

一。他阐发了马克思主义关于所有制问题的一个重要观点：所有制决不只是一个"归属"问题，而须借助于一系列经济机制在生产、流通、分配、消费等过程中得以贯彻和实现，否则无法表明这种所有制的行之有效。如果地主不能自主地支配其土地并用以获取地租，则他的封建土地所有制的存在实属可疑；如果资本家不能支配其企业并借以获取利润，则资本主义私有制将是名存而实亡（我国过去对私人资本主义工商业改造，就是先通过逐步废止资本家对企业的支配权力、利润获取权力而后达到事实上废除资本主义私有制的目的）。所以，所有制的贯彻与实现问题，实际上关系着所有制本身的存亡问题。

我国传统的国有制不正是也面临着这么一个极其严峻的问题吗？在传统的国有制下，名为全民所有的生产资料，却往往不能按照人民群众的意志来使用。一方面人民群众的消费需要得不到满足，另一方面大量的资源和物资不断地变成次品、废品或积压仓库的滞销品，而人民群众眼睁睁看着这种情况却无能为力。至于广大消费者在商店或服务部门的柜台前遭受白眼、冷遇、呵斥的情形，更是比比皆是。作为生产资料所有者的人民群众，在这里似乎不是实现他们应有的权利，而是在乞求什么"恩赐"。这种种"怪"现象对于社会主义全民所有制来说是一个莫大的讽刺。人民群众无法感受到他们自己就是生产资料的"主人"。诚然，这里也许有决策失误问题，也有思想作风问题，然而长期得不到解决，且有愈演愈烈之势，这只能表明：在传统的国有制形式下全民所有制有着严重的缺陷。在这里，生产资料的"归属"虽经"宪法"宣布为"全民所有"，可是"全民所有"却无法在生产、流通、分配、消费过程中得到贯彻与实现。名为"全民所有"的生产资料，却变成越来越"疏远于"人民群众的一种物质力量，有时甚至成为凌驾于人民群众头上的一种物质力量。这种传统的国有制实际上在逐渐丧失其"全民所有"的社会经济性质。

然而，要完善社会主义全民所有制，并不意味着要根本摒弃社会主义国有制，而只是必须根本摒弃传统的那种过度集中管理的国有制。一般来说，在社会主义初级阶段，国有制作为社会主义公有制的一种高级形式，有其存在的客观依据。因为：（1）在社会主义初级阶段，必然存在全民、集体（企业）、个人三者经济利益的区分。这就要求不仅在宏观决策或微观（全民所有制企业）决策中，必须贯彻"全民利益"并兼顾企业、个人利益，而且企业的资产也必须由"全民"的"代理人"来支配和运用。东欧国家以及我国自己的改革经验都表明：在全民所有制企业的决策中若把"企业利益""职工集体利益"，突出地置于"全民利益"之上甚至取代"全民利益"，都将有损于企业的全民所有制的性质，导致企业"短期行为"。"全民"的资产理所当然地必须由"全民"的"代理人"来支配和运用。那么，谁最有资格来担任"全民"的"代理人"？还是社会主义国家。这就决定了社会主义初级阶段全民所有制采取国家所有制的形式的历史必然性。（2）传统的国有制的种种弊病，并非来自国有制本身，而是来自把作为"政治实体"的国家与作为"经济实体"的国家的"混同"或"合一"。"政治实体"和"经济实体"的社会性质截然不同，各自遵循着不同的规律。在人类文明史的长河中，国家一向作为"政治实体"而存在着，其经济支柱乃国家财政，而财政则一向遵循着"无偿征收"，"无偿拨付"的非经济原则。然而，在社会主义初级阶段，国家又同时代表"全民"掌有社会资产的绝大部分而成为"经济实体"。作为"经济实体"，本应遵循"经济核算"、"等价交换"或"等价补偿"原则行事；但在传统的"政治实体"与"经济实体"的"合一"情形下，经济从属政治，而且从属于一个过度集中化管理的政治，结果，经济活动中"等价补偿"的原则被"无偿调拨"的原则所取代，经济手段被行政手段所取代，商品经济被产品经济（或自然经济）所取代，企业只不过是国家这个大工厂里的一个车间而不是独立生产者，经济活动丧失了内在经济动力而仰赖于上级的"指令"。传统的国有制经济的种种弊端便由此而滋生。

　　为了健全社会主义全民所有制，首要的一点就是要在维护国家所有制的同时，将那作为"经济实体"的国家跟作为"政治实体"的国家彻底分开，以便把以国家为"代理人"的全民所有制经济从各级政府的行政羁绊中彻底挣脱出来，而完全纳入商品经济的机制与轨道。作为"政治实体"的国家的组织形式，就是各级政府。政府对于国有企业，跟它对于其他企业（私人企业、合营企业、外资企业）一样，都只有经济行政管理职能与权力，包括：工商行政管理和国有资产登记；宏观经济调控与经济发展计划；经济立法与法规；土地和自然资源的保护；自然环境保护等。其目的是为所有企业创造一个良好、稳定的宏观经济环境，确保公平竞争。这类职能纯属经济行政管理性的，而不是经营性的。然而，作为"经济实体"的国家的组织形式，主要是从中央到地方分别设立"国有资产管理委员会"分别向各级人民代表大会常务委员会或专门委员会负责，接受其领导及监督，但不接受政府行政部门的干预。这些"国有资产管理委员会"的主要任务，就是指导和监督各种"国有资产经营公司"（或"国营投资公司"）的经营活动；而各"国有资产经营公司"完全实行企业化经营，其主要任务就是对各企业进行投资并代表"全民"掌管"国有资本"。为了彻底破除"资金大锅饭"的恶习，各企业应对投资公司及其投资负责，并以独立法人身份进行独立经营。这样，"国有资产管理委员会"、"国有资产经营公司"跟企业之间的关系，实际上成了"所有者"与经营者之间的关系。这种"两权分离"既适应商品经济中生产社会化发展的要求，也将促进"政企分开"原则的彻底实现。

　　把作为"经济实体"的国家跟作为"政治实体"的国家分开，由前者（"国有资产管理委员会"等）以"全民"的名义作为企业的"所有者"，还只是确定一个法律上的归属问题。只有把股份制移植到社会主义公有制基础上的商品经济中来，在促进股份制发展过程中建立起证券市场，"金融中介机构"（主要是各种以群众性"缴纳"为来源的社会保障或保险"基金")以及事业性"基金"(如教育基金、科研基金),跟国家计划和各项政策对社会主义市场活动的指导与调节相结合,就能在一系列重要经济过程中缔造出"生产者主权""投资者主权"和"消费者主权"等经济制约机制,确保广大人民群众对全民所有制经济实行有效的支配或调节,使"全民"对生产资料的"所有"在整个社会经济过程中得到有效的贯彻与实现,而决不只是名义上的"归属"。这是因为,在社会主义初级阶段,组成"全民"的广大人民群众(或社会公众),既是物质生产的担当者,又是国有资产的投资者(或所有者),还是物质产品的消费者。而"全民所有制"的本质内容是:人民群众有权并且能够做到根据自己的意志和利益来处置"全民"所有的生产资料,确定生产什么、生产多少以及为谁生产,"生产者主权""投资者主权""消费者主权"等由发达的商品经济和股份制经济所提供的机制,可以被用作在不同经济过程中贯彻、实现全民所有制的重要手段。

(一)"生产者主权"(Producer's Sovereignty)

既然全民所有制采取国家所有制形式,自然也由国家代表"全民"行使其"生产者主权"。它由两部分所组成:(1)全民所有制企业(股份公司)中的"国有股份"所赋有的对企业的支配权力。所有企业中的国有股份当然由"国有资产管理委员会"或"投资公司"行使所有权。由于股份制有股权与产权相分离的特点,只要"国有股份"占到公司股份总额的51%以上,就是以确保"全民"(由作为"经济实体"的国家所代表)对企业产业的支配权力;而且股权分散导致资本集中,不仅不会削弱反倒会增强"全民企业"的经济实力,就像西方垄断资本企业通过分散股权,集中资本来壮大自己一样。(2)作为"全民"代表的国家所制订的经济发展计划、经济政策、经济立法与法规,应该是集中地反映"全民"的利益与意志。这属于政府的一部分职能。总之,全民所有制确定了由国家计划和经济调节部门在宏观经济方面,由国家股份代表在企业方面履行其"生产者主权"。就生产什么、生产多少和为谁生产作出决定。这种"生产者主权"虽然是贯彻"全民所有制"的必要条件，但不是充分条件。因为，无论企业中国有股份"代表"抑或国家经济部门工作者，都只是"所有者"或"全民"的受托人或雇员，他们的宏观决策或企业决策究竟能在多大程度上反映全民利益和意志，以及能在多大程度上反映宏观经济规律，则取决于这些人的品德、素质、能力、作风、知识、经验等因素。为此，还需要另有一套或几套制约机制，能对宏观决策和企业决策做出灵敏、有力的"反馈"。一个以发达的商品经济为基础的股份制，则至少可提供两种制约机制：一种是与资本（证券）市场相联系的"投资者主权"，另一种是与商品市场相联系的"消费者主权"。

（二）投资者主权（Investor's Sovereignty）

在发达的股份经济中，若股份分散面广，则企业的经营决策和管理行为无论是贯彻了抑或违背了广大群众的意志和利益，后者均可以通过踊跃购买或抛售该公司股票，以示对企业经营者的支持或抗议，奖励或惩罚。对于政府的宏观决策（如税率、利率的高低等），持有股份的公众（金融机构、企业和家庭）也可以通过购进或抛售股份做出反应。这是一种群众性的、有效的反馈机制或制约机制。它赋予"投资者"一种能对企业决策或宏观决策进行"反馈"，以贯彻其意志的权力——"投资者主权"。若将股份制以及这种制约机制引进到社会主义公有制经济中来，则除了"国营投资公司"和投资公司对全民所有制企业进行投资，持有其控制股份外，还可将公众（各种基金会、保险公司、企业、家庭）卷进到股份投资的网络中来。这些进行股份投资的公众并不想借此"参与"个别企业的经营，却宁愿置身于企业经营之外而专门致力于资本（证券）的经营，履行投资社会化职能，即以全社会范围内的企业为投资对象，为追求高投资效益而不断将资本从一个企业、部门转移到另一个企业、部门中去，支持资本效益高的企业，丢弃资本效益低的企业，从而迫使全社会企业服从于群众性的"投资者"的意志。广大投资的公众对于企业、政府的错误决策、官僚主义、怠工、劣性经营不再是无能为力的了。这种有制约力的"投资者权力"便成为贯彻全民所有制的一种有力机制。

有的同志主张用西方企业推行的"职工持股计划"（Employee stock ownership plan）来改善我国企业的全民所有制，甚至认为"职工股份占有"是全民所有制的最好形式。我不以为然。我们知道，美国一些学者和企业家早在50年代就曾在所谓"人民资本主义"口号下鼓吹"职工持股计划"，迄今已有21个州议会通过立法来支持这类"计划"，约有15000家企业在不同程度上以不同方式实施"职工持股计划"，参加"计划"的职工约有150万人。[①]有的将企业股票按低价（如半价）售与职工，但大多数是通过减税办法来鼓励企业将部分股票售予与职工。当时一些"人民资本主义"鼓吹者本想借此宣扬资本主义已"变质"了。而其实，这种"职工持股计划"在当代西方条件下既没有也不可能改变当代西方经济的资本主义性质。因为：（1）由于股权与产权的分离，职工获得区区股权，却丝毫未能触及产权或对企业的支配权，除非职工持有股份在企业全部股份资本中的比重超过了50%或达到足以控制董事会的程度；（2）据报道，推行"职工持股计划"的企业中间，除了少数亏损企业或濒临破产的企业将大部分甚至全部股份都卖给本企业职工外，大多数企业为了防止职工直接"干预"企业经营而带来的短期行为（如过高的工资、福利要求），都蓄意将职工股份限制在一定程度内（一般不超过企业股份总额的10%），不使职工染指企业产权；（3）仅就"职工持股"的性质而论，即使企业股份100%为职工所有，这种所有制实则是劳动者之间的"合作"制。在社会主义制度下，这种"合作制"虽是公有制的一种形式，但不应该将这种"合作"制等同于"全民所有

---

① 美国《幸福》杂志，1988年12月5日。

制"。我认为,"全民所有制"企业也可以推行"职工持股计划",因它有助于改进企业内部关系(如职工与经理部门的关系等),但也应加以控制,以免职工中间泛起的"福利主义"干扰企业决策。我更倾向于把职工的投资活动从本企业引向社会,鼓励他们投身到投资社会化网络中去,或由职工本人或通过"金融中介机构"进行有价证券的投资活动,充分履行其"投资者主权"。

(三)"消费者主权"(Consumer's Sovereignty)

它是指在商品与劳务市场上各生产者为多销、快销而争夺市场,努力迎合消费者的需要,致使消费者成了市场上商品和劳务供给的品种、样式、数量的决定者。我在10年前发表的一篇文章曾初步提出把与商品经济、市场竞争相联系的消费者主权这一机制引进到社会主义经济中来。① 我当时的着眼点是,借助于消费者主权这一机制来确保社会主义生产目的的实现,但没有将这一点跟所有制的实现联系起来。随着社会主义商品经济的发展和买方市场的建立,"消费者主权"将愈来愈发挥作用,并和"投资者主权"一样成为贯彻、实现全民所有制的又一重要机制。

总之,"生产者主权""投资者主权""消费者主权"是"三位一体"的,都是同一主体在三个不同经济过程中的表现形式。这个"主体",就是"全民"(或公众)及其所有制。它首先是通过"生产者主权"来贯彻的,主要先由国家代表"全民"通过计划、政策、法规来行使。同时,它通过"投资者主权""消费者主权"来贯彻,即从资金供给、产品销售方面对企业行为和国家宏观决策实行有力的"反馈",加以制约。"生产者主权"是以间接方式委托国家和聘用企业负责人行使的,而"投资者主权""消费者主权"则是由广大人民群众自己直接行使的。这"三位一体"的结合,使得广大人民群众在国家决策或企业行为有悖他们的意志或利益,"生产者主权"一时贯彻不力或受到损害的时候,便不再

---

① 参见拙作《"消费者权力"刍议》,《经济管理》1979年第2期。

像在旧体制下那样束手无策或无能为力,而是能够直接、主动地行使"投资者主权"和"消费者主权",及时地通过"反馈"作用给予制约,使政府有关部门及时获得信息以便调整政策,推动企业不断提高资金利用效益,不断改进生产与经营,尽可能充分地满足广大消费者对消费品及劳务的需要。生产和经营的最终决策权不属于国家或企业,而属于"全民"或社会。这样,便不只在口头上或法律名分上,而且在真正意义上实现了生产资料"民有、民治、民享"。谁都知道,"民有、民治、民享"最早是美国伟大政治家林肯在一篇著作演说中为美国资本主义的发展提出的一个目标模式。至于在资本主义私有制基础上能否实现或在多大程度上能够实现"民有、民治、民享",这个问题我想留待以后再来讨论,但我笃信在社会主义公有制基础上发展股份制经济,确立"生产者主权""投资者主权"和"消费者主权",就一定能够建立起名副其实的全民所有制经济,一定能够建立起一个真正"民有、民治、民享"的社会主义的经济。

四

最后,我想再扼要地谈两个问题。

第一,在社会主义初级阶段要建立一个"生产者主权""投资者主权""消费者主权"相结合的机制体系,不可能一蹴而就,需要进行长足的培育与准备。(1)须在大力发展商品经济和股份经济的基础上建立成熟的市场体系(商品、货币、资本市场),特别是资本(证券)市场。目前,我国正试行股份制,股份公司有6000多家,股份集资额有60多亿元。但证券市场尚未形成,主要表现在:股票缺乏第二级市场,股票的流通受到很大限制,股票价格无升降,股票市场有行无市,等等。这表明股份制和证券市场尚处于萌发阶段。(2)确保市场竞争。没有竞争,就没有成熟的市场,也就没有"投资者主权"和"消费者主权"。只有形成了企业为角逐产品销售、投资而竞争的局面，广大消费者、股票持有者才能处于"举足轻重"的"主权者"地位。但市场竞争，又必须以合理的价格结构和统一的国内市场为前提，而这又有待于治理宏观环境、整顿经济秩序的任务的完成。此外，竞争者又必须是真正独立经营的企业，而企业的这个独立经营地位则须通过政企彻底分开和管理体制改革来实现。（3）必须确立一套完备的经济立法和各种法规（如"银行法""公平竞争法""股份公司法""证券交易法"，等等），以确保正常的经济秩序和市场上的公平竞争。目前，由于法规不明，在实行股份制、发行股票等方面出现许多混乱现象，不少地方将现代的股份公司跟历史悠久的"合股经营""合作入股"等混为一谈。这些混乱现象亟待纠正。仅从上述荦荦大者的几项准备条件，就可看出"生产者主权""投资者主权""消费者主权"相结合的机制体系的建立，实则是治理整顿、全盘改革的结果，其艰巨性和长期性是可想而知的。目前在贯彻"治理环境、深化改革"方针时，大规模推行股份制既有困难也不适宜，但可以在小范围内试行并逐步推广，试行中出现的各种混乱要及时纠正，使之从一开始就建立在健康的基础上。

第二，关于全民所有制的形式问题。一个以"生产者主权""投资者主权""消费者主权"相结合为特征的股份经济，是一个以国有股份占主导地位的股份经济，即是说，在全民所有制企业中国有股份无须占到全部股份资本的100%，也不一定要超过50%，而只要足以确保其对企业经营的支配权即可。股权分散了，资本集中了，全民所有制企业的经济实力不仅未削弱反而增强了。我把这种股份制形式下的国家所有制，称之为"国家控股制"，以别于传统的国有制。与传统的国有制相比较，这种"国家控股制"的优点在于："投资者主权""消费者主权"的行使，使生产资料的主人——社会公众获得了对企业行为加以制约的机制，使国家计划、政策的制定与执行获得了灵敏的信息与反馈机制。但它有严重的缺陷：作为"生产者主权"的物质担当者的国有股份，由"国有资产管理委员会""国有资产经营公司"或"国家投资公司"对它行使所有权,而与社会公众没有直接联系,不易为社会公众所认同。这表明:"国家控股制"虽是全民所有制的一种较好的形式,但还不完美,有待进一步发展。

值得重视的是,随着股份经济和金融制度的发展,各种群众性"金融机构",如"退休金基金"、"医疗保险基金"、各种保险基金、残疾人基金、儿童妇女福利基金以及各种教育基金,等等,不仅会日益增多,而且会在一些全民所有制企业中持有主要股份。西方国家战后的发展历史,也向我们预示了"金融中介机构"将发挥日益重要作用这一历史趋向。问题是:这类由各种基金持有主要股份的企业会不会改变企业的全民所有制性质呢?不会。因为:(1) 这类基金本身不是私人金融机构,它们建立在群众性的定期缴纳(如各种保险基金)或社会的捐赠资金上,提供社会性服务;(2) 它们通过经营资本来使自己保管的社会资金保值增值,从而执行着投资社会化的重要职能;(3) 它们宁愿不渗入企业经营以避免风险,而把企业交给一批有专门知识和经验的经理去经营,它们所努力争取的不是哪一家企业的盛衰,而是全社会的投资效益和资本收益是否高,哪里高就把资金投向哪里。所以,这种由基金持主要股份的企业仍属于全民所有制,而且是一种比国家控股制更为完善的全民所有制,因为这些基金是直接受社会各阶层居民委托而经营这一部分社会资金的,它们在企业中所持有的股份跟千家万户的经济利益息息相关。全民所有制在这里获得了更完善的表现形式。我把这种由这类"金融中介机构"居主导地位的股份制,称为"社会所有制"。[①]

应该说,这个"社会所有制"的主张,并非我的发明。它类似于瑞典著名经济学家阿萨·林德伯克(A. Lindbeck)的"公民

---

① 参见拙著《瑞典"福利国家"的实践与理论》,上海人民出版社1987年版,第198—202页。

基金"（Citizen Fund）所有制[①]。林德伯克主张社会各阶层、各行业、各界（如工会、农民协会、小企业协会、教师协会、工程师协会、退休者协会，等等）分别建立各自的基金（称为"公民基金"）。每位公民都可通过购股、储蓄、定期缴纳等方式加入各自的"公民基金"。由这些"基金"向各企业大笔投资，从而把资本的所有权与支配权移植到广泛的社会基础上来。特别值得重视的是，他认为各种基金虽然执行着同样的社会化投资职能，但不必也不应该隶属于某个统一的组织（国家或总工会），以免形成从上而下的官僚制度（如政府官僚、工会官僚等），而应是各自独立经营的实体，相互竞争。他直率地声称他的这个"公民基金"社会贯彻的是一种"多元主义"（pluralism）原则。

我倒颇为赞赏这个"多元主义"。客观世界本是"多元的"，既相互促进，又相互制约。在社会主义初级阶段，由于生产力水平低下和劳动依然是人们的谋生手段，个人之间、企业之间，地区之间乃至个人、集体、国家之间，在经济利益上都存在着你我之分。而经济利益的"多元性"，决定了他们之间的关系是既相互促进，又相互竞争或制约，不仅社会主义经济结构是一个以全民所有制经济为主导、多种经济成分并存的"多元"结构，而且各种经济机制（如市场与计划）、各项经济政策（如财政、货币、收入等政策）、各种政策工具（如预算、信贷、货币供给等）之间，也都既有相互促进的一面，又有相互制约的一面。我们从改革以前几十年的经济实践中深深体会到，旧体制之所以僵化，其原因归根到底是在经济实体方面根本抹杀了经济利益的"多元性"，只强调能动性的机制（如国家计划、政策等），而否定了相应的制约性机制，以致社会公众对企业行为的背悖无能为力，面对着全民的生产资料却有着"失落"之感。一个国家控股制经济之所以优越于传统的国

[①] 参见拙著《瑞典"福利国家"的实践与理论》，上海人民出版社1987年版，第198—202页。

有制，主要在于它有一套"制约"机制，即使作为"能动性机制"的"生产者主权"有时失于盲动（即计划、政策、企业决策失误），广大公众并非无能为力，他们可以援用"投资者主权"、"消费者主权"对它们加以制约。随着社会所有制逐渐取代国家控股制而居于主导地位，则这种"社会所有制"会使"全民所有制"的股份企业绽出"多元化"花瓣，作为"全民"股份代表的不是单一的"国有资产经营公司"，还有各种受国家计划指导的、独立经营的、执行投资行为社会化职能的"基金"。它们之间相互竞争和制约。这么一来，无论是能动机制——"生产者主权"，抑或是制约机制——"投资者主权"和"消费者主权"，都进一步"多元化"了。各种机制相互作用的结果，社会公众的意愿与利益，不仅能够及时、确切地反映到国家计划、政策与企业决策上来，而且还能够及时、切实地在各经济过程中得到贯彻和实现。这时候，全民所有制企业便不只在"名分"上，而是名副其实地为"全民"所有。于是，社会公众会自豪地在这些企业的旗帜上写着六个金光闪闪的大字："民有，民治，民享"。

（原载《经济研究》1989 年第 4 期）

建立全社会统一的社会保障制度[*]
——关于成立社会保障委员会的建议及其他

一 建立统一的社会保障制度的客观依据

人们对于社会保障制度乃是实施企业改革所不可缺少的配套措施这一点是比较容易理解的，但对于要把各地分别进行的社会保障制度纳入全国统一的社会保障体系却不那么理解。有的人甚至认为，改革的核心是"下放"权力，是把微观经济搞活，若把各地企业都纳入一个全国统一的社会保障体系中去，岂非与经济改革的潮流"背道而驰"？这显然是一种误解。

历史说明，统一的社会保障制度，是适应生产社会化、市场经济二者发展的需要而产生和逐步建成的。它在西方资本主义国家已有了较长时期的历史。

首先，社会保障制度的设立，是生产社会化发展的要求。在小生产经济中，企业的生产与经营基本上都在家庭范围内进行，主要劳动力是家庭成员，因而成员的生老病死也都属于家庭的责任。资本主义企业则不同。社会化生产的发展突破了个体经济的家庭小天地，其雇员主要是家庭以外的社会成员。企业的职能只是组织生产与经济，不能不把其雇员的生老病死作为一项专门的社会化事业从

---

[*] 本文是作者根据1992年12月在海口市召开的"中国社会保障与经济改革国际研讨会"上的发言的基本观点整理的。

企业活动中分离、独立出来，交由社会举办，社会保障制度便是适应这一需要而产生的，并且成为一项面向全社会、覆盖全社会的社会性事业。

其次，社会保障制度的确立，也是市场经济发展的要求。在资本主义市场经济中，劳动力作为一种生产要素，也同其他生产要素一样既有市场，更有竞争，能够在企业之间、部门之间、地区之间自由流动，这就要求在全国范围内建立一个统一的劳动力市场，并且相应地要求在全国范围内建立一个统一的社会保障制度，以免社会保障制度在企业、部门或省市之间的严重差异形成对劳动力流通的严重障碍，致使统一的劳动力市场遭到分割。

再次，社会保障制度的建立，还是调节收入分配、维护社会安定的需要。社会保障设施，最早可追溯至资本主义初期某些国家所通过的"济贫法"以及教会举办的"孤老院"之类的慈善设施。劳动者的社会保障问题之所以逐渐得到社会的关注，还是劳工运动进行长期斗争的结果。有些西欧社会党从20世纪末和21世纪初就一直把建立统一的社会保障制度作为纲领性目标之一。20世纪30年代经济大危机后，社会保障制度成了西方各主要国家为了对付经济危机和维护社会安定，而借助"国家干预"来调节收入分配的主要渠道。实践表明，尽管在"二战"后的几十年里，社会保障制度在实施过程中出现了"平等与效率"的矛盾而须认真处理，但一个统一的社会保障制度，作为收入调节手段和"社会稳定器"对于维护经济的、社会的稳定是必不可少的设施。

上述关于建立一个统一的社会保障制度的客观依据，无论对于资本主义市场经济抑或对于社会主义市场经济，都是完全适用的。对于社会主义市场经济来说，核心问题是要建立一个与社会主义公有制相适应的微观基础，即把全民所有制企业变为一个自主经营的企业，因为只有这种企业才能成为社会主义市场经济的主体或"细胞"，为此，就必须"政企分开"、下放权力给企业去自主经营。另外，社会主义市场经济又迫切需要在全国范围内，建立统一的市场，统一的市场规则，统一的货币发行及管理，统一的商品质量标准，以及统一的税法、劳动法、企业法、银行法，等等。任何地区割据、分割市场的做法都是不允许的。所以，社会主义市场经济的建立，既有"放权""分散化"方面的要求，也有"统一化""规范化"方面的要求。如果把社会主义市场经济的要求只归为"分散化""下放"之类的取向，而看不到它关于"统一化"方面的要求，那无疑是片面的和不应该的。我们既要为落实企业的自主权大声疾呼，也应理直气壮地为全国市场的"统一性"而大声疾呼。一个统一的社会保障制度，正是与一个统一的全国劳务大市场相伴随的产物，二者相依为命。

二 我国社会保障制度的现状

目前，在我国建立一个统一的社会保障制度，特别是统一的养老保险制度，尤其有迫切的意义。

1984年以来，我国对于传统的养老退休制度进行了一系列的改革。一是开始改革过去那种由国家、企业把全民企业职工的生老病死"包揽"下来的"大锅饭型"的做法，因这种做法是和传统的财政上统收统支的中央计划体制相适应的。二是对全民企业和大集体企业的职工实行了以县市为单位的退休金社会统筹，其中北京、天津、上海、江西、福建、山西、河北、吉林、四川、陕西、宁夏等省、自治区和直辖市实行省级统筹；铁道部、水电部、邮电部、中国建筑工程总公司、中国电力企业联合会等部门直属的国有企业实行了全系统统筹；许多地区对合同工也实行退休费用统筹。有些地区对三资企业中的中方职工、私营企业职工和城镇个体劳动者也试行养老保险办法。三是各地实行养老退休费用社会统筹时，一般也贯彻"国家、企业、个人"共同负担的原则，职工个人的缴纳多数不超过本人标准工资的3%，企业一般按工资总额的一定比例提取缴纳。据 1991 年年底统计，参加退休金统筹的国营企业固定工达 5200 万人；1991 年收缴养老保险基金计 200 多亿元，支付退休费用 170 多亿元，积累养老保险基金 150 多亿元。退休养老设施开始了逐步从企业经管向社会化管理转变的进程。

用这种退休费用社会统筹办法来实施职工养老保险，取得了一定的积极效果，保障了职工老年生活，使一些老企业因减轻了退休费负担而有财力去更新设备和技术，促进国营企业转换机制，维护了社会安定。

然而，还有一些深层次的问题有待解决，例如：

——退休金统筹的社会覆盖面小，制度不统一。许多地区只限于在国营企业中实行退休金社会统筹，城镇区、县的大集体企业以及外资企业只参照执行，至于小集体企业、私营企业和个体企业基本被留在外面。有的省、市（县）虽注意扩大覆盖面，但不同经济成分的企业之间退休金统筹办法及提取比例也不相同。加之财政分灶吃饭体制的局限性，难以在地、市、县之间调剂资金，更难谈省与省之间、部门与部门之间的资金调剂。这表明：目前的社会统筹办法的社会化程度很低，与社会保险制度本身所应有的社会化性质很不适应。特别是在试办退休金社会统筹中，不同地区多各搞一套，不同部门也自立制度。这种"各自为政"的养老保险制度，势必在地区与地区之间、部门与部门之间、不同经济类型企业之间造成对劳动力流动的严重障碍，使统一的劳动市场被有形地或无形地割裂了。

——养老保险基金多头管理，各据一方。仅从中央一级看，养老保险基金似乎形成这种局面：劳动部经营城市企业职工的养老保险，民政部经管农村养老保险基金，某些部门（如铁道部等）也各自经管本系统职工的养老保险基金。至于某些市县，则更是多头经管，例如厦门市 30 万职工的养老保险基金曾由 13 个部门经管，各家的政策办法也不相同，仅三资企业的职工养老保险基金就有 3 个部门 4 个单位在经办。这种多头经管格局把本应统一经管的职工养老保险基金弄得四分五裂。

——养老保险基金的保值增值问题，急待解决。养老保险统筹资金是一笔数额不小的资金，目前已有数百亿元，随着覆盖面的扩大和年年滚存下去，特别是随着新开发区增多，养老保险金的收缴一般都大大超过养老金的支付，养老保险统筹金的积累金额会迅速增大。这里的一个严重问题就是保值增值。这不仅因为每年需要支付400亿—500亿元的养老费用，而且还因为预计到2000年退休职工人数将高达3500万人，退休金费用支出将达到1000亿元，届时，养老保险制度将面临相当严峻的挑战。若不及早解决养老保险金的保值增值问题，后果堪虑。至于有的地方和部门把统筹来的养老保险金挪用来建造楼堂馆所，甚至浪费，更是对下一代或下几代人的犯罪。

这一切表明：建立一个全国统一的社会保障制度，并建立一个专门的经管社会保障事业的机构已是刻不容缓。养老及其他各种社会保险统筹金必须管理好、营运好，决不允许再有流失。

三　统一的社会保障制度的基本模式

首先，建立一个全国统一的社会保障制度，就要在中央一级建立一个主管社会保障部门，尽快改变社会保障项目分别由不同部门分管甚至同一项目（如养老）也由不同部门各自主管的分散管理局面。

由于社会保障事业除养老保险外，还有医疗、失业、工伤等各方面的保险事业，以及对困难家庭、残疾人扶助等福利事业，涉及许多经济部门和事业部门（劳动部、卫生部、民政部、财政部、总工会等），若由其中一部门来统管各项社会保障，难免有失偏颇。只有建立一个主管全国社会保障事业的专门机构，才能摆脱局部的狭隘性，而从长远的、全局的观点进行决策。

又由于社会保障方面的决策与执行，不仅关系到国家、企业和个人的利益，而且关系到各个部门、地区之间的利益关系，这个主管全社会保险事业的机构又必须拥有足够的权力与权威来协调政府各个部门、地区的利益与政策。为此，这个专门的主管机构最好不是在国务院各部（总局）之外再增设一个社会保障部，而是在有关部（局）之上再增设一个直属国务院的社会保障委员会，由一位副总理兼任委员会主任。

这个社会保障委员会的主要职责就是研究、制定、执行有关政策，对有关部（局）进行政策协调，监督社会保险积累金的营运。该委员会有一个从中央、地方到基层的体系，地方和基层机构负责社会保险的收缴与发放。

其次，不仅要为社会保障制度确立统一的原则，"国家、企业、个人"三者合理分担，目前利益与长远利益相结合，注重效率、兼顾平等原则，而且还适应社会保障费用的缴纳与支付规定的统一的标准和办法来体现这些原则。

由于各地经济发展程度差别大，养老保险制度应实行基本保险、补充保险和个人保险等多层次养老保险制度，但在某些重大标准方面应保持全国一致。

基本养老保险金只保证退休者的基本生活费，人人均等，不管退休者退休前的工资水平及劳动贡献如何。这个基本生活费标准加上物价调整每季度或半年由中央和地方社会保障部门公布。

补充养老保险金。社会补充养老保险金，主要反映退休者退休前的劳动贡献。可按退休前15—20年平均工资计算。这项社会补充养老金的意义就是把退休者的养老金额，从基本养老金金额提高到退休前平均基本工资的85%—100%水平。这个比例究竟多高合适，仍须研究确定；但一经确定，全国必须一致。

基本养老金和社会补充养老金二者由国家的社会保障机构直接经管。保险费的缴纳按照"国家、企业、个人合理分担"原则，由国家和企业承担大头，个人承担小头。二者合理分担的比例，应全国一致，在基本方面保持统一性。

此外，还鼓励企业为职工实行企业补充养老保险金，鼓励职工个人根据自愿原则参加个人储蓄性养老保险。这使全国统一的养老保险制度增加了一定灵活性。

再次，也许是重要的一点，社会养老保险费的收缴及支付，必须与养老保险累积基金的营运分开，也就是说，要在社会保障委员会之外建立一个社会保障基金会组织。前者乃政府代理机构，其职责是制定和执行有关各项社会保险（退休、医疗、失业）的政策与办法；收纳发放保险项目的缴纳与开支；而且各项保险费一经收集，除保留一定数额流动资金应付日常支付外，其余均立即存入社会保障基金会，全权委托基金会营运。社会保障基金会由社会保障委员会赋予独立法人资格，作为一个"中介金融机构"，负责在资本证券市场营运这笔基金以保值增值，有权拒绝任何政府部门（包括社会保障委员会）非正常的支付要求。

建立统一的社会保障制度，把统筹得来的巨额社会保障缴纳金，从社会保障行政管理系统中独立出来，交由基金会（中介金融机构）作为金融性资金营运。不仅大大促进企业改革和劳动力流动，而且有更深远的战略意义。

首先，这笔巨额资金掌握在社会保障基金会，最便于接受政府意向，特别是产业政策的指导，投向产业结构中的瓶颈部门（基础设施和基础产业）。在我国投资市场尚未成熟和健全的时候，这笔资金为了减少风险，可主要用以购买各级政府和企业为了改善产业结构、进行技术更新换代而发行的债券和其他证券。

其次，社会保险基金组织将和其他基金组织一样，决不只是一种融资机构，也不只是合理分配社会资源的重要机制，而且还为全民所有制的发展提供一种新形式。

西方国家近几十年来的历史表明：随着金融制度的发展，不仅出现一批包括社会保障基金会在内的各种"基金会""保险公司"等"中介金融机构"，而且它们积累着巨额资金并对社会进行投资，成为某些产业部门或大企业的主要投资者。它们有以下特点；(1) 这种金融资本跟股份制发展初期的金融资本不同，已不再像过去那样热衷于利用自己的资金优势通过"参与制"去直接控制工商企业，而是更关心自有资金的增值；为了减少风险，宁愿将投资分散化，投资于多种有价证券，并通过买进和卖出，不断地把资金在企业之间、部门之间、地区之间进行转移，以追求投资的更高效益。(2) 这类"中介金融机构"（从社会保障基金组织到各学校、研究机构、慈善机构的基金组织），已组成一支队伍庞大的、以各种有价证券为经营对象的专门化行业。其社会职能是在全社会范围改进资源合理分配，不断提高全社会的投资效益。

上述情况对我们很有启迪。可以预计到，随着我国市场经济和金融制度的发展，社会保障基金组织等各种"中介金融机构"，不仅会在资本市场中起着越来越大的作用，成为各项建设事业的主要投资者，而且会成为许多企业的主要股票持有者（大股东），成为许多全民所有制企业的"所有者"。由于"养老基金组织""医疗保险基金组织""失业保险基金组织"以及"残疾人基金组织"等"中介金融机构"，均面向全社会、依托于全社会并直接受政府的政策指导，这些"中介金融机构"所特有的企业，理所当然地也是全民所有制企业。这些企业的全民所有制形式摆脱了"国有"形式，而采取了这种"社会所有"制形式。随着市场经济和股份制、金融制度的发展，我国的社会主义全民所有制的形式也将逐步从"国有制"向"国家控股制""社会所有制"过渡。关于这个问题，我过去曾发表多篇文章加以论述，[①] 这里就不再赘言。

总之，把各地区、各部门分别建立的社会保障制度变成一个全国统一的社会保障制度，乃是当务之急。这不仅是推进企业改革，把国有企业变成真正自主经营的企业所必不可少的配套措施，也是

---

① 黄范章：《股份制——社会主义全民所有制的好形式》，《经济研究》1989 年第 4 期。

为建立统一的劳务市场、确保劳动力流动所必需的，而且还会为发展全民所有制的新形式铺平道路。建立统一的社会保障制度的重大现实意义和战略意义就在于此。

（原载《中国工业经济》1993 年第 4 期）

宏观经济、微观经济均属市场经济的范畴

宏观经济与微观经济，都是市场经济的经济范畴。独立自主的企业构成市场经济的微观基础，而各企业外部联系的总体构成一个覆盖整个社会经济的宏观环境。没有微观基础，就谈不上什么宏观经济和宏观管理；反之亦然。所以，宏观经济、微观经济二者是市场经济中两个相互依存的范畴。重要的是，不仅应该了解宏观经济、微观经济二者的依存关系，而且还必须牢牢记住二者可以说是市场经济固有的经济范畴。也就是说，非市场经济便谈不上宏观、微观经济有范畴。这里需要澄清一个观点和明确一个观点。需要澄清的一个观点是：误认为计划经济体制下也有宏观经济（和宏观经济管理）和微观经济；需要明确的一个观点是：是否只有在私有制基础上才能建立起市场经济。

宏观经济、微观经济作为市场经济的范畴，在计划经济中是不存在的。这一点，在不少人的观念中并不清晰。他们一般把宏观经济与微观经济之分，简单地理解为大小之分或国民经济全局与基层单位之分。这种认识是非常片面的。它忽略了最重要的一点：微观经济之所以能充当市场经济的"基础"，决不因为它是什么"基层"（或"基本"）生产经营单位，而是因为它有"灵魂"或生命线，这就是它有自主的经济行为和独立的经济利益。一个企业或一家厂商，必须有了这个"经济灵魂"或"经济生命线"，才会有"成本—收入"这根中枢神经，才会有内在的激励机制和约束机制，所有微观经济规律（价值规律、竞争规律、边际规律等）才起作用。没有这个经济"灵魂"和"中枢神经"，企业便成了没有

"灵魂"的躯壳,成了没有经济活力的生产单位,铸造不成"微观经济"。计划经济中的企业便是这样。

在计划经济中,企业既无独立的经济利益,也不能在生产经营上自主决策,一切按上级指令行事,资金耗用无须"成本",盈亏全在国家的"大锅"里,企业没有"硬性财政约束"。既无内在的经济动力,也无"自制"能力,微观经济的一切规律在这里均无用武之地。凡此种种弊端,早已昭然若揭,无须多加赘述。不仅如此,企业还充当政权、社会的基层单位,承担了许多社会责任(如负责职工及其家属的生、老、病、死、学、住、娱乐)以及行政职能(如市政建设、环境卫生及治安等)。这就是人们常说的"企业办社会"。从这个意义上说,企业已不是什么"微观"组织,而是一个"小宏观"。

在计划经济中,对国民经济实行的管理是计划化管理,而不是宏观管理。因为,这里没有"微观经济基础",这里各企业之间的经济联系不是靠商品、货币金融等经济关系编织起来的,而是靠"计划""指令"铸造的;它们的生产、流通、资源分配不是靠市场机制而是靠计划化来调节的,因而在全社会范围内不存在以自主企业为"微观基础"的宏观经济,所有宏观经济规律在这里基本不起作用。例如,利息规律本是市场经济中对投资需求极有影响的一项宏观经济规律,可是在计划经济体制下,企业资金由国家调拨,企业要求尽可能多地占用资金而无须考虑资金成本,这里虽存在企业却无"微观经济",这里的企业不是一个有独自的经济利益并能自主决策的独立生产者和经营者,因而利息率规律在这里根本不起作用。另外,在计划化经济所实行"政企结合"的体制下,各级政府部门通过计划形成在投资、生产、供销、信贷等许多方面,越俎代庖地替许多企业进行决策。许多本来应该在公司经理会议或董事会上讨论、决策的事情,都被送到政府会议上来讨论、决策,从这个意义上讲,政府实际上把整个国民经济当作一个"大微观经济"来管理。当时,一些经济学教科书经常引用的一句名言："计划经济制度下整个国民经济是个大企业,而各个企业不过是车间。"这里所描述的正是"计划化"把整个国民经济变成一个"大微观"。

所谓计划经济体制下的"大微观""小宏观"等,正是表明微观经济、宏观经济不是计划经济的范畴。计划经济用计划化手段取代市场经济作为实行资源分配的基本手段,其要害在于剥夺了企业的独立经济利益和自主经营的地位,扼杀了企业作为"微观经济"的灵魂和生命线,使其无法建立起"微观经济",更谈不上由各种市场关系合成的宏观经济。

由此可知,宏观经济、微观经济属于市场经济的范畴。正因如此,在我国经济体制改革的诸多项目中,企业改革成为其间的中心环节。企业改革的成功将可确保在公有制基础上成功地塑造微观经济基础,公有制成功地与市场经济相结合。

尽管塑造"微观基础"的企业改革至关重要,但若无宏观经济体制(如价格、计划、银行、财政等)改革与之相配套地进行,则"微观基础"的孱弱生命将被窒息,难以成活。所以,微观方面和宏观方面的改革,也就是微观基础塑造和宏观构架(经济的、金融的联系网络)的建设,应配套推进,二者相辅相成,互相支持。这就是我国实现从计划经济到社会主义市场经济的伟大转变的基本内容。转轨时期的各种经济问题,多数是与新旧体制交叉、摩擦、消长过程相联系的,它们在传统的计划经济中不存在,在成熟的市场经济中也不会存在。它们带有转轨时期的特征。对这些问题的研究,将构成转轨时期经济学或转轨经济学这一专门学科[①]。

明确了宏观经济、微观经济二者均属市场经济的范畴。对于我们认识、处理转轨时期的经济问题,改进我们的经济工作,具有十分重要的意义。

[①] 1994年年底我在《中国当前的新型通货膨胀——"转轨型"通货膨胀》一文(国家计委研究报告)中,曾对转轨期经济问题做了初次探讨。该文于1995年分别在《改革内参》《国际贸易》等刊物以不同题目转载。

第一，既然宏观经济、微观经济是市场经济的范畴，宏观经济管理是一种以市场经济为基础、以经济政策（财政、货币等）为手段、以间接调控为特征的国民经济管理方式，与计划化的国民经济管理方式根本不同，这就迫切要求我们经济工作人员尽快转变观念，用宏观经济管理的观念来取代计划管理的观念。有些同志由于对宏观经济、微观经济均属市场经济的范畴这一点并不很明确，难以摆脱计划管理的传统观念，难以区分宏观经济管理工作的对象——市场经济跟国民经济计划化管理工作的对象——计划经济之间的根本区别，将二者混沌地归于国民经济管理一般。有的人却把宏观经济管理和国民经济计划管理都抽象地归为"国家干预"，从而泯灭了二者的根本区别，把运用"国家干预"变成保留传统的计划经济体制和行政干预手段的托词，其认识根源，也在于对宏观经济、微观经济乃是市场经济所固有的经济范畴这一点缺乏明确的认识。

第二，在从计划经济转向市场经济的转轨时期，其特点是新旧两种体制貌似"并存"，实则一长一消。但是在目前，一方面，建立在公有制上面的"微观基础"以及新型的宏观管理还很不成熟、不完善、不扎实有力；另一方面，旧的计划经济体制虽被冲破多处缺口，但其躯干部分（如"政企不分"等）还依然存在，有些计划手段在一定时期内仍然有力、有效。然而，新旧体制并不是长期"共存"，而是处于一个消长的动态过程之中。我们既不要因为计划化体制将被市场经济体制所取代，而忽视在一定时期或一定条件下它的某些措施或做法仍然有效，值得借重；也不要因为它的某些手段与做法仍然有效而对计划化体制"顶礼膜拜"，甚至对经济体制改革产生疑虑；更不要把由于新的市场经济体制不成熟、不完善而产生的某些弊端一味地归咎于市场经济体制本身。总之，转轨时期新旧两种体制交叉，情况极为复杂，我们必须保持清醒头脑，坚持建立社会主义市场经济的大方向，把经济体制的改革不断稳妥而大步地向前推进。

我国经济管理体制的改革已进行了十多年，如今已进入"攻坚"阶段，前面的路既长又艰巨。但中国决心在20世纪末建立起初步的社会主义市场经济，到2010年建成一个比较完善的社会主义经济；届时，社会主义市场经济具有不同于一向以私有制为基础的市场经济的重大特点，成为人类历史上首创的公有制经济与市场机制的成功结合。鉴于苏联、东欧国家先后宣布通过私有化走向市场经济，则在全世界范围内唯独中国坚持有中国特色的社会主义事业；而这个社会主义事业的最重大的特色，就在于它是公有制跟市场机制的结合而跟以往理论上的、实践中的社会主义不同。所以，我们可以说，是邓小平的改革开放路线拯救了中国，是邓小平的有中国特色的社会主义理论拯救了世界社会主义事业。只有从这个意义上讲，才能更充分地认识当前我国改革开放事业的伟大历史意义，才能更充分地认识邓小平关于有中国特色社会主义理论的世界性的、划时代的伟大意义。我们一定要高举邓小平关于建设有中国特色社会主义理论的伟大旗帜，排除来自"左"右两个方面的干扰，努力拼搏，奋力前进。

（原载《改革》1997年第2期）

经济全球化与金融监管国际化

一 经济全球化与金融风险

经济全球化或国际经济一体化，已成为当代一股不可阻挡的潮流。这是社会化生产和高科技迅猛发展的结果。但如何认识经济全球化或国际经济一体化的这一历史趋向呢？

首先，经济全球化或国际经济一体化最明显的表现是：各个国家和地区之间的经济联系和相互依赖性日益加强，特别是随着电子技术的普遍应用以及资讯业的快速发展，整个世界变得越来越小了。在这个过程中，有两大因素起着非常突出的作用。一是电子技术、计算机网络技术和资讯业的发展，通过电脑网络把全世界紧密地联结在一起；二是经贸的发展，特别是金融业的发展，以成千上万的有价证券，各种货币及利率、汇率、股价等组成的金融网络，也把全世界紧紧地联结在一起。一个信息网络、一个金融网络，二者要比任何其他网络（商品的、货币的）都更快、更有效地把世界各地联结在一起。这两个网络的发展，又是相辅相成的。据说，第二次世界大战后通信技术的迅速发展，除了适应军事科技发展的需要外，便是在国际金融发展的需要推动下实现的。这两个网络的发展，就像两个滚动的轮子，推动着经济全球化向前迅速发展。可是，经济在走向全球化，问题也出在全球化。当一个国家的利率、汇率、股市发生异常波动，就会很快波及其他国家影响全世界经济的正常运行。这次亚洲金融危机始起于泰国，累及东亚，震撼世界，就是最近的一个例子。

其次，经济全球化或国际经济一体化是市场经济在世界范围内发展的历史趋向。其本质要求，就是把全球作为一个统一的自由市场，充分依靠市场机制在全球范围内实现资源的合理、有效分配。为此，经济全球化就要求推行经济自由化（贸易自由化、投资自由化），为其实现全球化统一市场扫清道路。世界贸易组织（WTO）、国际货币基金组织、世界银行等国际组织，欧盟、亚太经济合作组织（APEC）、北美自由贸易区等，都把"贸易自由化""投资自由化"作为自己的目标。可以说，"贸易自由化"和"投资自由化"是开拓全球统一市场的风火双轮。

然而，现实的情况是：全球化的统一市场还未建立。目前市场上不仅有国别的分野，而且各国之间以及各种资源、要素、货物之间的开放程度有很大差别，各种资源、要素、货物不能在各国之间自由流通。并且，各国之间货币不同，各国货币汇率并不稳定，即使一时稳定也不一定符合"购买力平价"，也就说，相对于自由流通情况下或均衡条件下的汇率来讲有"扭曲"或"差异"，就有可能产生"波动"，存续时间一长就易导致"风险"。不仅如此，而且各国的经济发展阶段不同，就是各经济大国之间发展也不平衡，各国财政状况（盈余或赤字）、贸易状况（顺差或逆差）也很不相同，各国通货膨胀率和利息率水平高低不等，这就使得利率、汇率、股价、房地产价不时地在不同地方出现与实业经济下有较大的差异，市场经济关系被"扭曲"了，给"投机"留下了"活动空间"。例如，一国为了抑制通货膨胀而实行紧缩政策，把利息率提高到不恰当的程度；或者为了防止衰退而实行扩张政策，把利息率降到不恰当的程度。那么，在资本自由流通的条件下，都有可能导致境外游资大量涌入，进行套利的活动，一旦情况有变，游资迅速撤离，致使该国陷入国际支付危机。这说明，即使是市场经济很成熟的那些国家，只要有国家之分，就有各自的经济利益和各自的财政金融政策，就难免在某些金融资产资源的供求关系中出现"扭曲"现象、出现金融风波的"涌洞"。

这类事件,在近20年里的国际金融风云中屡见不鲜,90年代初德国实现了统一,但德国为"统一"而承担了巨额财政赤字,担心高赤字招致通货膨胀加速而引发政治、社会问题,遂一意孤行地提高利息率,立即在欧洲货币市场上引发了一场抢购德国马克而抛售英镑、意大利里拉的金融风潮。当时西欧国家的经济处于不景气。七国首脑会议决议降低利息率以振兴欧洲经济。可是德国出于本国经济和政治的需要竟不顾欧盟的要求,也不顾七国会议决议,断然采取提高利息率的措施,招致抛售英镑、里拉的风潮,迫使一些国家中央银行注入上百亿英镑,意大利政府耗费了40亿里拉外汇储备,也都无济于事,最后迫使英国和意大利政府不得不在1992年9月中旬宣布暂时退出欧洲货币体系,一度把欧洲货币联盟推到了危机的边缘。

又以1998年8月香港金融风暴为例,国际投机家利用日元连续趋疲和香港经济低迷的时机,兴风作浪。他们利用外汇、股票和期货三个市场的互动作用,采取"声东击西"的手法,先狙击港元,在8月初的短短三天抛出港元460亿元,冲击联汇制,以期银行利率升高,致使股市、楼市暴跌,然后再通过抛售恒生期货指数合约来牟取暴利。一时香港金融形势吃紧。然而,这次香港特区政府应对得当,并没有像投机者所预期的那样一味地靠提高利息率来维护联汇制,而是主动出击,一方面动用外汇基金,在市场上用美元购回港元,将港币存放在银行体系备用,使折息率大体稳定;另一方面政府也适时地直接进入股市与股指期货市场,大批购进大盘股,使股市及股指期货飙升。结果,国际投机者大失所望,据说亏蚀了20亿美元。

上述两个事例表明:(1)两次金融风暴均起因于利率、汇率或股价被"扭曲"到一个不应有的水平。(2)这两个事例虽都起因于"扭曲",但两个"扭曲"却有不同,前一事例的"扭曲"是由于政策"失误"或由于国际"不协调";而后一事例的"扭曲"则是投机者为牟利而人为地制造出来的，无疑这后一种"扭曲"更具破坏性。（3）经济全球化通过利率、汇率、股市把世界置于金融网络之中，而国际游资则像一个游弋世界的"幽灵"。防范金融风险将是全世界面临的重大挑战。随着经济全球化，问题也全球化，风险防范与监管需要国际化。

二 东亚经济与金融风险

从上述事例中可能提出一个问题：既然像英、意及中国香港等市场经济非常成熟的国家或地区，金融风波也难免发生，那么，市场经济还很不成熟的广大发展中国家，发生金融风波的概率是否更大呢？我认为，一般讲是如此。这次亚洲金融风暴就是一个例证。东亚发展中国家和地区在金融风暴中所显示出的脆弱，主要与它们自身经济发展的特点有关。

东亚地区的经济，基本是采取"赶超型"经济发展模型。为了实现"赶超"，东亚地区在体制上多采用"政府主导""夹生的"机制和制度工具、外向型经济这三大手段。这三大体制手段曾在过去几十年有助于创造"东亚奇迹"，但这些手段用得过度、过滥甚至妄用，使得东亚经济在其市场经济体系的培植、发展过程中常易出现各种"扭曲"或"不协调"现象，有可能成为金融风险的"涌洞"。

第一，政府"主导"作用。这是东亚地区经济发展中的一个重要特点。在东亚经济发展中，"政府干预"已不仅仅是"弥补"市场经济的失灵，而是起了更加积极、有力的作用。这不仅因为在建立现代工业中，有必要运用政府力量动员财政、金融的资源服务于产业政策，大力发展基础产业和主导产业（如石化、汽车、造船、电子等），实现比发达国家更高的速度；而且还因为在东亚这个世界新兴市场的建设中，全部基础设施以及许多制度工具（如银行、保险等）都须靠政府的力量或政府的支持去创建。国际社会为了显示政府在东亚经济发展中的突出作用,遂把东亚经济称为"政府主导型"经济。但也不能不看到,政府的作用(或国家干预)对经济发展也有负面影响,即它可能把某些经济关系(如利息率、汇率、股市等)弄"扭曲"了;而这种"扭曲"的程度过度或持续时间过长,就容易出现金融风险。

以韩国为例。韩国政府几十年来不仅动员财政力量而且动员金融力量,组建大企业集团。在发展重化工工业的70年代,政府通过它所拥有的国家银行控制利息率,"指导"大部分贷款以优惠利率分配给重化工工业,特别是大型重化工工业集团。同时,政府还动员了国外信贷资金给大企业集团。按理说,为了加速重化工工业的发展,提供某些优惠贷款,本无可厚非。问题是:长期给少数大企业提供优惠资金的做法,必然会伴随产生大量"租金"和"寻租"行为,企业不惜耗费财力和人力来取得政府的优惠与照顾,官商勾结之类的腐败亦随之而生。况且,大量信贷被分配给经营实际并不成功的企业,造成银行呆账剧增,迫使政府不得不通过货币扩张来救助企业和银行。大企业和银行的负债率都很高,金融资源的配置被"扭曲"了,一些大企业和银行建立在脆弱的基础上。正如韩国财税研究所的赵润济先生所说,若不是政府多次对大企业采取挽救措施,韩国早已经历了多次金融危机了[①]。

20世纪90年代,国内经济关系的"扭曲"进一步累积了,企业和银行都积债如山。韩国前30家大企业集团的自有资本比例仅占18.2%,平均负债率高达499%;而全国1200亿美元的外债中,有三分之二为银行的债务。企业和金融机构这样的资金结构,实难以抵挡重大的金融风波。加以韩国连年贸易逆差不断扩大,国际收支不断恶化,外汇储备剧减。结果,1997年10月韩元大幅贬值和股市暴跌,外汇储备在12月仅有60亿美元,而年内到期的债务有

[①] 青木昌彦等:《政府在东亚经济发展中的作用》,中国经济出版社1998年版,第259页。

200亿美元，形势危急，迫使韩国政府向国际机构求援。

第二，市场机制和制度工具"夹生"。这是东亚"赶超型"经济的另一重大特点。

东亚发展中国家和地区，大多仍在建立、完善市场经济制度的过程中。从发达国家的市场经济发展历史看，它们从商品市场、货币市场、债券市场、证券市场、期货市场到衍生品市场，经历了二百年的历程。每种市场，每种机制和制度工具，都经历了萌芽、发育、成熟的漫长过程，而东亚发展中国家却必须在短短30—40年内完成发达国家两百多年所完成的事[1]。当经济货币化的进程尚未完成时就已开始证券化，证券制度还未发育成熟甚至有关运行法规还未确立时又出台了期货及衍生品市场——这一切都是在短短几年内几乎同时出台的，使得各种市场、机制、制度工具不能不带有不同程度的"不成熟性"，我称之为"夹生性"。发展中国家从发达国家引进各种市场和机制，并没有一个发育、成熟过程，而是先引进而后在实践中边培育、边"磨合"、边确立法规，实际上就像一群饥饿的人群争吃"夹生饭"，等不及熟透而只好"边吃、边烧、边熟"。各种市场、机制和工具之间不同程度的"不成熟性"（或"夹生性"），必然会导致它们之间的不协调、摩擦、脱落等情况经常发生，构成了"赶超型"经济所固有的弱点。这种制度性弱点，一有风吹草动（来自国内或国外），就招致经济风险，也容易被国际投机者所利用。

亚洲金融危机把东亚金融制度的弱点暴露了。人们看到：一方面许多东亚国家的信贷市场畸形发展，日本、韩国、泰国、马来西亚等国的国内信贷额与GDP之比均高达115%—200%；另一方面其资本市场又很不成熟或发育不全，致使企业过度依赖商业银行的间接融资，而银行又过于仗恃政府的"主导"与担保，导致银行信贷过度扩张、银行不良债权或坏账过大，如韩国、泰国的银行不

---

[1] 黄范章编：《外国市场经济的理论与实践》，商务印书馆1998年版。

良资产占到其国内生产总值的34%—40%。同时，东亚国家的银行制度的"不成熟性"还表现在金融监管不力、法规不周（中国香港、新加坡除外）上，例如许多东盟国家的中央银行并没有随着不良债权增大而增加贷款损失准备金。菲律宾1994—1996年银行贷款增长了38%，而贷款损失准备金在贷款总额中的比重却从3.5%减到1.5%，最高的马来西亚也只有2%。这么孱弱的金融体系，一旦风吹草动（如国际收支锐降），便造成人心浮动，国内资金外逃和外资撤离，终于酿成金融风暴。

第三，经济"外向型"，即大力发展对外经济，这是东亚"赶超"型经济的另一个重大特点。

在东亚，不少国家和地区由于资源匮乏，又缺资金和技术，为了加速发展，就必须从国外引进原材料、资金和技术，并致力于开发国外市场。所以，东亚国家和地区都致力于发展对外贸易和积极利用境外资金（国外贷款和直接投资）。据统计，东亚各发展中国家和地区的对外贸易（进出口）一般都占到GNP的30%—40%，比发达国家高出很多。它们特别倚重于出口，因为出口是它们获得国际收入的主要来源。据世界银行的《世界发展报告》（1996），东亚各国和地区（未包括日本）对出口的依存度相当高，泰国为39%，马来西亚为90%，菲律宾为34%，印度尼西亚为25%，新加坡为177%，韩国为36%；中国大陆为24%，中国香港为13%，中国台湾为38%。东亚各国和地区还努力引进国外资金。中国倚重于外国直接投资，1992年以来外国直接投资一般占到外部资金的三分之二以上；而韩国则一向倚重外债，金融风暴前外债规模达1100亿美元，其中800亿美元为短期债务。东盟国家引用国外资金均达相当规模，近几年来外债增长较快，其偿债率除马来西亚外一般在国际公认的警戒线上下，印尼的偿债率近几年来一直超过30%。总之，东亚经济的起飞与发展，可以说是由对外经贸的发展带动或推动起来。

东亚经济的"起飞"与发展，固然得益于对外经贸的发展甚多，但也有两点值得注意。一是对外经贸的发展也使得东亚国家和地区越来越受制于外部的环境，容易受到国外经济波动的严重影响，而且日本国的经济发生问题或政策失误，特别是过多利用短期外部资金，也容易被国际投机者所利用。这次亚洲金融危机表现了这点。二是外部环境对一个外向型经济的影响程度，却依其开放的程度和进度为转移。对外开放应该有步骤、有秩序地进行，一般说，先贸易后投资，先实业后金融与服务业，先关税后非关税，先经常项目（指汇兑）后资本项目。前一段是后一段的准备，后一段是前一段发展的要求。如果急于求成，搞"不成熟的"开放（或"夹生的开放"），势必招致风险。例如，泰国在本国银行累积巨额不良债权、经常项目连年逆差的情况下，过早地于1992年放开资本项目，却给国际短期游资和投机者打开了方便之门。

综上所述，可以达到三点认识。第一，"政府主导""制度夹生""外向型"经济这三大基本手段，是当代"赶超型"经济所依靠的基本手段。这是由历史决定的，因而不会轻易被一次金融风暴所摧毁。这三大手段之运用虽易导致一些重大经济关系的"扭曲"或"不协调"，易招致经济风险，但风险不是来自这三大基本手段本身，而是来自这些手段被用得过度、过滥甚至妄用，特别来自"扭曲"过度或"扭曲"存续时间过长。某些经济关系的"扭曲"或"不协调"虽时有发生，难以避免，但风险可以避免，应严加防范。第二，对于像东亚这个发展中地区来讲，要想在短短几十年内把一个不发达经济建设成一个成熟的、与世界接轨的市场经济，则除了有加速市场经济建设、稳步推行贸易和投资自由化的要求外，还有对市场经济建设过程中不时出现的各种"扭曲"或"不协调"严加监管的要求。这次亚洲金融危机，使人们越来越认识到加强宏观监管以防范风险、加强政策协调以消除风险的必要性和迫切性。金融领域内尤其如此。而加强经济监管和政策协调的工作自然主要落在政府的身上。第三，必须发挥政府在加强宏观监管、政策协调方面的主导作用。随着市场经济建设愈往前推进，国内经济与世界接轨面越来越扩大，政府在加强经济监测、信息交流、法规建设、政策协调、人才培训等方面的作用愈重要，愈需加强。但这次金融危机也使人们认识到，政府、企业、银行之间那种灰色的甚至是黑色的"融合"——官商勾结，应大力消除。这不仅是萌发"腐化"的温床，而且会严重损害企业、银行的健康的机体。政府可以根据产业政策去支持某企业、企业集团和银行，但政企之间、银企之间、政银之间的关系应该透明，应受到监督。

三 经济全球化与金融监管国际化

经济全球化，通过经济的网络，特别是金融的网络，不仅把发达国家而且也把发展中国家都捆绑在一起。一国要确保自己的金融稳定和经济安全，加强本国的金融监管是必要的，但是不够的，需要在金融监管和政策协调方面实行国际合作，实施金融监管国际化。这可从以下几个方面看出来。

第一，自 20 世纪 70 年代初，美元的金融霸主地位崩溃后，国际金融市场上形成由多种主要货币分别对美元的"浮动汇率制"。仅 80 年代以来，美元、日元、马克之间的汇率几度大起大落。汇率的波动，不仅对几个当时的主要货币国，而且对其他国家（包括发展中国家）的币值、进出口、国际收支、国际储备都有影响，导致它们经济波动甚至遭受损失。要促进国际金融市场的稳定，就需对主要货币汇率的运行以及有关国家的宏观经济运行进行监测。

第二，这次亚洲金融危机的主要肇事者，是美国的一些对冲基金。据国际货币基金组织 1998 年 5 月的一份报告，截至 1997 年年底全世界共有对冲基金 1115 个，运用资金高达 3000 亿美元至 5000 亿美元，其中半数对冲基金是在美国，知名的如索罗斯的量子基金、罗伯逊的"老虎基金"等。这些对冲基金拥有巨额游资，其职能并非促进资源在全球范围内合理分配，而是冲击一些国家的股市、汇率，人为地制造"扭曲"（汇率、利率或股市）以从中套利。根据美国法律，对冲基金既无需向美国金融主管部门登记，也没有义务公布其交易内容和炒作结果。这样，这些对冲基金可以在全世界到处乱窜，兴风作浪。国际社会开始要求加强对这些对冲基金的监管。首先美国当局应以负责的态度对本国的对冲基金严加监管，同时其他国家有权要求将这些基金的活动连同国际资本流通置于国际监管之下。

第三，广大发展中国家和地区，常常是国际金融危机的受害者。从20世纪80年代的拉美债务危机到现今的亚洲金融危机，都证明了这一点。主要原因正如本文之前所述，这些发展中国家大多仍在建设市场经济的过程中，各种市场组织形式、机制和制度工具"夹生"——"不成熟"和"不完备"。各种"扭曲"易为国际投机家所利用。一旦受害国陷入经济困境，主要发达国家和国际组织虽提供"援助"，但多附有苛刻条件。不少发展中国家早就要求将国际资本流动置于国际监管之下，加强防范。但这种正当要求长期未得到理睬。前不久马来西亚政府宣布停止资本项目自由兑换，就是在此形势下被迫采取的自我"正当防卫"措施。国际金融投机对发展中国家进行市场经济制度建设所造成的破坏，十分严重，不容忽视。现在已是国际社会就金融监管进行国际合作的时候了。

其实，在处理国际金融风波方面的国际合作早已有了。在20世纪80年代上半期，美国为压抑通货膨胀而紧缩银根，实行高利率，导致每年有1000亿美元资本从海外流入美国，结果，美元却在美国"双赤字"加重的情况下不仅不贬值，反而节节升值乃至超值，1985年美元对日元汇率竟超值35%—40%。汇率剧烈波动，迫使西方五个主要国家（美、英、日、法和西德）中央银行于1985年9月在纽约的广场旅馆达成联手对汇率采取"集体干预"协议（即"广场协议"或"纽约协议"），实现英镑、马克、日元、法郎对美元的稳定升值和美元的"软着陆"。

然而，"联合干预"毕竟只是事后调节，而为了防患于未然，便需要各国不仅就汇率政策，而且就一般宏观经济政策进行"政策协调"，因为汇率的波动是宏观经济活动的一个综合表现。于是，1986年在东京第一次召开七国财长和央行行长会议，决议七国以后每年定期就汇率、经济增长率、通货膨胀率、货币增长率、利息率、失业率、财政赤字、外贸差额以及储备状况等九大指标，进行"监督""磋商"和"政策多协调"，每年3—4月会商一次。如若发现某些成员国经济的运行偏离原先预期的轨道，可要求其说明原委或建议它采取纠正措施，但这些"建议"没有约束力，各国主权必须得到尊重。[①] 这样，就把对个别政策（如汇率）的"协调"，变成对一般宏观经济政策的"协调"，并就此形成制度。此后，七国的"集体干预"曾多次干预了外汇市场，平息了金融风波。

这次亚洲金融危机，越发激起了对国际资本流动进行国际监管的要求；只是迄至最近，美国几家大的对冲基金连续投机失败，索罗斯等不得不将门下几家基金或关闭或合并，美国长期资本管理基金也因巨额亏损而向美联储紧急救助。在这种形势下，七国集团领导人于10月底宣布要采取一系列金融改革措施，建立一个较为完善的监督和调节机制，对国际金融市场进行监督和调节，并制定一套"最佳行为准则"，还将给国际货币基金组织再提供900亿美元，以增大其救助遭受金融风暴袭击的国家的能力。尽管这项改革是初步的，也没有反映发展中国家的权益和要求，但它毕竟把对国际金融活动进行国际监管的问题提上了日程。

总之，经济全球化进行到今天，已造就了一种新的世界形势；生产社会化程度如此之高，以致西方国家单靠自身的"国家干预"（宏观管理），已不足以确保本国经济稳定与安全，还须依赖国际社会在宏观经济管理方面的"国际合作"。我在1990年的一篇研究报告中曾把七国对金融市场的"联合干预"，称为"国家调节

[①] 黄范章：《里根政府的新国际经济战略初析》，《经济研究》1986年第8期。

（干预）国际化的发展"，是"80年代一个令人瞩目的国际现象"①。今天，"金融监管"国际化正是"国家干预国际化"的一种重要表现。可见，经济全球化的进程，提出了两个历史性的要求：一是贸易与投资自由化，一是加强"国家干预"，并在此基础上促进宏观经济的国际监督和协调——"国家干预"国际化。这两方面的要求，相辅相成，相得益彰。过去人们（包括 APEC 在内）多半只是从贸易和投资自由化来理解经济全球化，现在该是全面地认识和对待经济全球化这一历史趋向的时候了。

（原载《宏观经济研究》1998年第12期）

---

① 黄范章：《西方经济形势、发展趋向和我们的对策》，载《黄范章选集》，山西经济出版社1995年版。

把国际竞争的压力转为推进国企改革和结构调整的动力

经济全球化已是当今世界经济发展的主要潮流之一，中国加入世界贸易组织后，势必加速中国经济融入经济全球化潮流的进程。有必要对中国融入经济全球化潮流问题，特别是应对"入世"后的挑战问题作一点战略性思考。

一　中心问题是"综合竞争力"

中国"入世"，意味着中国的对外开放进入了一个新阶段，即全面开放阶段。中国作为一个发展中国家，在实现各行业对外全面开放之前，可以有5年左右的宽限期。这个全面开放新阶段的重大特征之一，就是将国际竞争引进国内市场，各企业在国内市场上即将面临空前加剧的竞争。

新的竞争形势，对我国各企业、各行业提出了更高的要求。过去，各企业和各行业只需关注"成本—收益"这个主题，致力于降低成本和增加收益，力争做到增赢或扭亏，今后，则须关注各自的"综合竞争力"，不仅要努力提高资本、劳动等要素的生产率，而且要提高"全要素生产率"（TFP），加强技术开发能力，加速技术进步，增强发展的后劲。此外，还要求大力开发销售渠道，发展信息网络，注重售后服务。讲究"综合竞争力"，就要求各企业或各行业在生产、经营、销售、技术革新等各方面不断进步，不能满足于一时的进步，而要求有持续的进步与增长；不仅要跟同行业的本国企业比,而且要跟外国企业比。这就要求各企业或各行业的经营者把自己的眼光提升到国际的视野上来。

近几十年来,随着经济全球化的推进,随着跨国公司的发展,各国的经济组织和企业越来越重视"综合竞争力",用于研究与开发(R&D)的费用也随之增大。不少国家的有关经济组织和大企业,还成立专门研究、促进"竞争力"的机构,以瑞士为基地的"世界经济论坛"所设立的研究国际竞争力的机构,定期发布各重要国家和地区的竞争力名次排行榜,受到国际社会的重大关注。为了适应市场竞争加剧的新形势,我国有关部门(如国家经贸委、外经贸部、中国企业协会或一些重要省市政府的有关部门)和一些大企业集团,也应采取官助民办形式,设立研究、促进综合竞争力的机构,分析和研究本企业集团、本行业、本地区及全国的综合竞争力,借鉴国外的经验,采取切实有效措施,为提高企业、行业、地区的综合竞争力提供助力和鞭策力。

二 国企的竞争力首先来自自身的改革

经济全球化的发展把国际竞争带进国内市场,首当其冲的应是我国的国有企业,特别是国有大中型企业,因为国际竞争首先要检验的是经济体制是否适应市场经济的要求或是否有活力。这里所涉及的不只是企业的"管理"问题或者"班子"问题,而是包括"管理""班子"在内的整个经济管理体制问题。就这点讲,我国的国有企业还处于经济管理体制转型的过程之中,现代企业制度所必需的一些重要制度和机制尚有待建立,因而缺乏应有的竞争力。随着我国经济日益融入经济全球化,特别是中国"入世",国际竞争的严峻局面就把加速国企改革的紧迫性摆到了我们面前。

党的十四届三中全会作出了国有企业建立现代企业制度的正确决策,因为这种企业组织形式不仅便于国有企业贯彻"产权清晰、责权明确、政企分开、管理科学"的原则,在保持公有制的同时又成为适合市场经济需要的活动主体，而且便于国有企业建立所有权与经营权"两权分离"却又相互制衡的公司治理结构。1994年以来，许多国内大中型企业根据《公司法》进行了公司化改制，一批批企业挂出了"现代公司""股份公司"的牌子，随着几大国有资产管理公司的成立，掀起了许多企业"改组上市"的热潮。近几年来，企业改革的举措出台了不少，但企业的"改制"却进展不大，存在的问题不少。据国务院派出的稽查特派员去年（1999年）对22家大型国有公司的审计，几乎所有企业都存在严重的财务问题，特别是"内部人控制失控"问题相当普遍。为什么会有这些情况？我认为有主客观两方面原因。

第一，从主观方面讲，有些国企的负责人虽然口头上赞成搞现代企业制度，热衷于"股份制""上市""债转股"等新潮，但实际上只热衷于这些新制度的"筹资""融资""转移债务"的职能，而对企业真正的"改制"则没认真下工夫，他们只想在自己在位的短短几年间给企业"扩资"或"脱困"，至于建立有效的公司治理结构则留待后继者去做。因此，这些企业虽也挂起了"公司"牌子，也设置了"新三会"，但企业内部的运行机制未变，企业也在不同程度上成为"翻牌公司"。

第二，从客观上讲，国企改革确实困难。尽管中央根据我国的实践，早就总结出一条国企改革的必由之路："产权清晰、责权明确、政企分开、管理科学"，但具体实施现代企业制度，却很困难。我认为，最关键也最困难之点，在于"政企分开"。如国有大企业多头分管，企业的人事、投资主要制度及活动分别由不同部门管。其他国有企业的情况大体如此。这就造成两种局面：一是政府部门对企业的活动干预过多；二是国有资产的所有者和主管企业主要经营活动的决策负责人都"缺位"，往往给"内部人控制"留下空隙。这表明要做到"政企分开"，既确保国有资产的所有者"到位"，又确保企业建立有效的公司治理结构，这一关键问题的解决确有困难。有的地方（如深圳市）从自身的实践中，总结出建立由国有资产管理委员会、国有资产经营公司（或国有投资公司）、国有企业构成的"三级框架体制"的经验。我认为，这个经验十分可贵且可行，不过要在全国推行，还得在政府职能、企业机制上作重大改革。这种改革的艰巨性可想而知，不是企业负责人力所能及的事。因此，一些企业负责人便着重和致力于发挥公司制筹资、融资的职能，而把建立有效的公司治理结构的工作留待以后去做。

我国企业改革正处于攻坚阶段，严酷的国际竞争又迫在眉睫，时不我待。我们应利用这个紧迫形势，激发国人的斗志与决心，把国际竞争的压力转化为推进改革的动力，调整政府职能和企业机制，在国有企业建立起所有者和经营者之间相互制衡的公司治理结构，全力以赴地解决"政企分开"这个难题。

三 加速结构调整，提高国民经济的素质及竞争力

国际竞争的浪潮，还将对我国的经济结构进行冲击，因为我国经济结构不能适应经济全球化的历史趋向。与其在国际竞争浪潮冲击下被迫调整经济结构，不如审时度势，因势利导，把国际竞争的压力变成加速调整经济结构的动力。在其间，有些战略性问题值得考虑。

第一，密切注意国际经济结构调整的动向，抓住机遇，因势利导，借以加速我国的结构调整。例如，目前发达国家正把大量劳动密集型产业向发展中国家转移。对此，我们应发挥我国劳动力资源丰富的优势，促进这种国际性的产业转移，不要沿用西方人的眼光把它看作是"夕阳"产业而摒弃。当然，这种"转移"不应是单纯的"转移"，而应在"转移"进来后加快技术升级，提高产品档次和附加值，使我国劳动资源的优势可以在更高水平上得到发挥。又如，发达国家还可能把像重化工业之类的资源密集型且又污染严重的产业向发展中国家转移。重化工业是我国的重要产业之一，我国拥有丰富的煤炭资源，石油、油气的开发潜力不小，同时我国环

境污染问题较严重，我们可在接受重化工产业转移的同时严格要求转移环保技术和环保产业。我们这样做，主要是为了发展我们的环保产业，增强抗污染能力，这方面的好处还会扩大到其他产业和其他地区。还如，发达国家的高新技术产业迅速发展，这是当前世界经济结构调整中出现的一大特征。为适应这种发展趋向，高新科技产业无疑也应成为我国经济发展的一个重点。但高新科技产业涉及新材料、新能源、空间科学、生物科学以及信息科技等许多方面，我们应有选择地集中有限资金开发突破几个重点，不宜全线出击，分散力量，认真吸取苏联靠一己之力跟整个西方国家搞"军备竞赛"而在经济竞争中败下阵来的教训。此外，同等重要的是，我们要利用世界技术创新加速发展的机遇，大力推进我国传统产业的技术创新与技术升级，决不能因发展高新技术产业而对传统产业的技术创新与升级稍有松懈。

第二，为了增强我国经济的"综合竞争力"，我们应从战略上调整国有经济的布局。对于关系国民经济命脉的重要行业和关键领域，国有经济必须占支配地位；在其他领域，可以通过资产重组和结构调整，提高国有经济的整体素质。这里的一个重要问题，就是要重视和发挥非国有经济的地位与作用。我国居民拥有储蓄及各种金融资产达 8 万亿元之多，我国的民营企业已成为一支重要经济力量并有相当的潜力。政府有关部门和国有企业应在信贷、技术上给予民营企业以可能的帮助，善于调动和发挥它们的积极性。凡属于可以对外开放的行业和领域，一般说都可对民营企业开放，对后者的开放应优先于或至少不晚于对外开放。

第三，国有企业应有选择地滞留于或介入竞争性行业，国有企业能否滞留于或介入竞争性行业，首先应取决于它们是否有竞争力。这点应稍加说明。

按照现代经济学理论，政府所举办的企业主要限于提供公共产品与服务（如水电供应、公共交通、国防工业等），其他产业均由私人经营。西方国家大多也这么做，国有企业靠政府财政支持，有时可不惜工本（享有财政补贴），以提高公众的福利待遇。我把这类国有企业称为"财政账户项目"。我国的国有企业与西方国家的国有企业不同。我国国有企业包括两类，即除了提供公共产品与服务的国有企业外，还覆盖了其他工业部门。前者应属于"财政账户项目"，可以按非核算原则，由政府经营；后者（主要是竞争性行业）应按核算原则经营，我把后一类国有企业称之为"资本账户项目"。在传统的计划经济体制下，政企不分，经济核算原则从属于政治原则，这两类国有企业都同样按"非核算原则"经营，因此"资金大锅饭""投资饥饿症"根深蒂固。我国企业改革的中心问题就是切实实现"政企分开"，把后一类国有企业从"财政账户项目"转到"资本账户项目"的轨道上来。这两类不同的国有企业，应分别按不同的管理体制来管理。我深信，国有企业只要彻底实现"政企分开"并建立起有效的公司治理结构，也同样会有竞争力的。从理论上说，只要国有企业有能力在平等条件（不拥有政府赋予的任何特权或优惠待遇）下跟其他企业（民营或外资企业）竞争，它就有条件留在或介入竞争性行业。

我完全同意对国有经济布局实行战略性调整，国有经济应该退出某些竞争性行业，但这主要是为了集中力量以加强更重要的国有经济领域，是为了提高整个国有经济乃至整个国民经济的素质，而不是因为它是"国有"。

其实，在某些情况下，国有企业滞留于或介入竞争性行业，还是十分必要的。例如，当某竞争性行业出现垄断（个别民营企业或外资企业操持垄断）时，国有企业必须滞留和介入，即使已退出的还得重新进入，以打破垄断，保持生动活泼的竞争局面。又如，当某竞争性行业的技术进步停滞，须有国有企业带着新技术进入，推动技术进步。还有，在我国"入世"后初期阶段，我国民营企业势单力薄，需要有实力较雄厚的国有企业以不同形式扶植、联合民营企业来与外资企业竞争，等到民营企业壮大起来能参与竞争，国有企业便可从该行业中退出，投往国家需要加强的其他领域。总之，国有企业在竞争性行业中存在的意义，并不在于它占有多大一块份额（或阵地），而在于发挥反对垄断、促进技术进步、维护公平竞争局面的作用。这一切都要求国有企业能在自身改革中获得新生并具有竞争力。

四　创立国际经济、金融新秩序

随着我国融入经济全球化的进程，国际经济、金融新秩序和规则问题，对我国经济利益与经济发展日益密切。我国对外经济战略总目标，应是加强与世界各国的经济、金融合作，为创立或革新国际经济、金融新秩序而努力。

战后初期成立的国际经济、金融组织（关贸总协定、世界银行和国际货币基金组织等），早已不适应当代经济全球化发展的要求。尽管 WTO 已取代了关贸总协定，多边贸易体系的范围与内容得到发展，但仍存在许多弊病，如美国利用自己"一超"的优势地位，片面推行"贸易自由化""投资自由化"，损害广大发展中国家的利益。至于国际货币基金组织及世界银行等国际组织，更是越来越不能适应全球化的发展。经济全球化和金融全球化，与其相伴的是"风险"全球化，"问题"也全球化。20 世纪七八十年代，国际金融风波迭起，美元危机、债务危机不断，IMF 等国际金融机构，既未能提供防范手段，又未能采取平息金融风波的措施。于是在美元再度急剧升值的情况下，便在"广场协议"基础上成立了七国集团（G7）。此后，七国集团的财政部部长和中央银行行长每年举行联席会议，就宏观经济政策进行协调和磋商，并多次成功地用集体干预的办法，平息了金融风波。七国集团的"政策协调"和"集体干预"反映了现有国际金融机构的无能。近年来爆发的亚洲金融危机，使国际社会进一步认识到必须建立国际经济、金融新秩序，革新国际金融机构，确立新的游戏规则。

七国集团在平息金融危机方面发挥了 IMF 所未具备的职能与

作用，但七国集团都属主要发达国家，而历次金融危机中受损害最严重的却都是发展中国家。发展中国家有权在创建国际经济、金融新秩序中发挥重要作用，它们的意见和利益应得到尊重和维护。

国际社会也越来越认识到：发展中国家的力量、作用和利益越来越不容忽视。七国集团正在创立与重要发展中国家进行政策磋商与对话的机制，前不久召开了20个国家财政部长和中央银行行长会议。这预示着在21世纪国际经济、金融新秩序中发展中国家将发挥更加重要的作用。

我个人认为，一种可行的做法是以世界主要发达国家和重要发展中国家为骨干建立定期的宏观经济政策的磋商与对话机制，并在此框架下创立或改革国际金融机构，使其负有风险预警、监视国际资本流动、紧急救助、组织集体干预等职能，以此为契机，逐步建立起国际经济、国际金融的新秩序。这将是经济全球化这一世界潮流在新的世纪里给各国政府与人民提出的历史性任务之一。我国作为一个重要的发展中国家，应对此做好准备并为其实现而不断努力。

（原载《宏观经济研究》2000年第4期）

从建立全国社会保障基金到"基金所有制"

——兼论保障制度改革、资本市场建设和国有企业改革三者联动

建立社会保障制度，是我国企业改革进入攻坚阶段所迫切需要与之相匹配的重大改革举措。近几年来，由于经济下滑、失业和待业日益严峻，建立社会保障制度的重要性和紧迫性为举国上下所瞩目。然而，建立社会保障制度特别是社会保障基金的筹措、确立与营运，离不开资本市场的发展与完善。近10年来，我国国企改革借助于资本市场的建立与成长，推进了股份制的发展，促进了公司治理结构的创建，启动了"债转股"的进程；而今，要建立全国统一的社会保障制度，特别是建立全国社会保障基金，更需要资本市场、国企改革二者与之兼程伴行，形成资本市场、国企改革、社会保障制度改革三者的良性联动。

一

通过近几年来在改革社会保障体制方面的努力，我国已建立起"三条保障线"制度，为离退休职工、绝大多数下岗职工及城镇低收入居民提供了社会保障，有力地维护了社会稳定和政治安定。据统计，到2000年7月底，全国养老保险覆盖人数已达到1.3亿人，比上年增长了16.1%，全国企业离退休人员养老金社会化人数达到1981万人，企业离退休人员养老金社会化发放率达到68%。这表明我国在建立现代化社会保障制度已取得了明显的进展。然而，

过去在计划经济体制下长期实行财政上"统收统支",改革开放以来社会保障基本上实行"现收现支",因而,我国财政对广大离退休职工和现职职工都有社会保障欠账,这笔社会保障隐性债务的数额巨大。据世界银行估计,我国在社会保障项目上的隐性负债约为5万亿元,而我国有关部门估计为3万亿元,有关专家估计占我国GDP一年总值的50%—60%。为了把我国的社会保障制度建立在坚实的基础上,我们必须以财政力量偿付这笔隐性债务。依靠现有财力,显然无力偿付这笔债务。那么,钱从哪里来?一般说来,渠道有二:一是发行社会保障公债;二是变卖国有企业,变卖上市国有企业的国有股份。这两条渠道,都得借助于资本市场。

发行社会保障国债,是用未来的财政收入来偿付社会保障方面累积的欠款,问题是财政上有无承受能力。自1998年以来我国共有3次较大规模增发国债,3年来增发国债数额达2100亿元。据测算,1998年和1999年国债余额占当年GDP比重为10%,赤字占当年GDP比重为2%左右,债务和赤字的相对规模均低于国际公认的警戒线。2000年虽增发国债500亿元,但考虑到当年GDP增长率预计将由1999年的7.1%增到8.2%,国债相对规模也只相当于GDP的10%左右。① 在此情况下,今后若干年内分别增发一定数额的社会保障国债当可承受,不致引发通货膨胀。加之国债的用途不同,对启动内需的作用也不尽相同。近几年来,我国发行的国债除有相当部分用于借新偿旧外,其余均用于投资基础设施和企业技术革新。由于体制以及措施尚未完全配套,在经济下滑过程中也常发生市场滞销、投资难投、企业惜借、银行惜贷的情形。如果把一部分国债用以建立社会保障基金或者增发一部分社会保障基金国债,则不仅可以扩大当前消费,而且会改善人们的预期。所以,为建立社会保障基金而有计划地增发一部分国债,不仅是可行的,而且有利于进一步扩大内需的有效措施。

---

① 参见《经济日报》2000年8月29日第2版。

把部分国有资产变现用来建立社会保障基金,无疑是正确的选择,但这须借助于资本市场。据统计,到1999年年底,在沪、深两市上市的公司共有900多家,总股本为2909亿股,其中流通股占32.5%,累计筹资4452.26亿元,也就是说,上市股本中有67%为不能流通的国有股和法人股。[1] 将一部分国有股上市变现,数额可观,可用以清偿社会保障方面的债务,建立社会保障基金。令人高兴的是,国务院有关部门已确认这个做法是一项可取的选择,并于1999年年底选定两家企业(中国嘉陵和黔轮胎厂)作为国有股减持配售的试点。随着试点经验推广,将会有越来越多的上市国营公司加入国有股减持变现的行列里来。国有股减持变现的方式可以有多种选择,通行的做法至少有三种方式:竞标拍卖、上网竞价以及圈内问价。[2] 但在国有上市公司的减持变现中有两点值得注意:一是规模问题。减持变现的国有股虽然是国有股份总额中的一部分,但规模也不小,必须有计划、分步骤地进行,以免给股市带来过大的冲击。二是结构问题。应努力贯彻国有经济布局战略调整的方针和产业结构调整的方针,凡是可以不必由国家持有的企业或行业,可以转让,以便国家集中力量去加强必须由国家垄断或控股的重要企业或行业,以保证公有经济的主导地位。至于国家控股企业,也不意味控股比重越高越强。其实,股份制的优越性在于:它可动员别人的资金来做自己的生意,股权越分散,所需的控股份额越低,一般只需10%左右的控股就可控制一个大的企业。我们应根据不同企业或行业的具体情况来确定持股或减持的规模。这样,国家持股的规模表面上看似乎小了,但这意味着国有股份所能支配的力量不仅没有削减反而增加了,公有经济的主导地位实质上是加强了。

---

[1] 参见国家发展计划委员会宏观经济研究院投资研究所和经济研究所联合课题报告:《中国资本市场的培育与发展政策研究》,2000年5月。

[2] 参见余妍《国有股变现定价模式选择》,《中国经济时报》2000年6月14日。

二

在全国社会保障基金解决了筹资问题之后，便提出了一个重要问题：通过上述两条渠道筹集来的这笔社会保障基金究竟应归谁持有？由谁来经营？通过增发专项国债筹集来的资金比较清楚，由中央发行，由中央财政部门全部交给全国社会保障基金（法人）持有和经营。问题是减持变现来的资金，有的是中央所属的国有企业的，有的是来自地方所属的国有企业减持变现。那么，这样筹集来的社会保障基金是否仍由中央和地方分别持有和经营呢？我认为不可。我们应维护社会保障基金的整体性，统一由中央交给全国社会保障基金（法人）持有和经营。

理由很简单：这是生产社会化和市场经济发展的要求。生产社会化发展，要求把劳动者的生老病死的安排变成一种专门的社会化事业来经营，摆脱传统的以家庭或企业为依托的模式。市场经济的发展，要求建立全国统一的国内市场和劳动力市场。与此相适应，也要建立全国统一的社会保障制度和全国统一的社会保障基金，决不允许地区分割；否则，势必破坏全国市场（包括全国劳动力市场）的统一性，劳动力在全国范围内流动势必受阻。1993年，我在《建立全社会统一的社会保障制度》一文中[1]，已对建立全国统一的社会保障制度和社会保障基金作了较充分的阐述，这里不拟赘言。目前，我国企业退休人员的养老金社会化发放率已达68%，但大多数仍是省级或地方统筹，社会保障制度处于割裂状态。为了建立完善的社会保障制度，我们必须在进一步推进社会保障事业的社会化的同时，努力把这个社会化的社会保障事业纳入一个全国统一的体系中，建立一个全国统一的社会保障制度。为此，建立一个全国统一的社会保障基金，无疑是一个必不可少而且意义重大的

---

[1] 参见黄范章《建立全社会统一的社会保障制度》，《中国工业经济》1993年第4期。

一步。

也许有人说，将地方国营上市企业减持变现的资金全部交给全国统一社会保障基金，这岂不是侵犯地方产权，形成"剥夺"了吗？这是不必要的担心。我认为，为了减少阻力，地方产权应予尊重，由地方国企减持变现并转给全国社会保障基金的资金，应得到充分的、等价的补偿，即由财政部发行的社会保障基金债券或特种"中央债券"给地方进行补偿，地方有关部门可将这些国债投向债券市场或由财政部有计划地分期清偿，其目的是：保护地方国有资产的产权，价值量得到充分补偿，但不允许地方涉足全国社会保障基金，不允许这笔基金再搞成什么"两级所有"或"三级所有"。既然是全国社会保障基金，只能由全国社会保障机构（法人）来统一持有和营运。这好像在市场经济体制下，"宏观调控"权只能由中央一级来行使，决不能搞什么"分级调控"；否则，势必造成混乱局面。同样，我国统一的社会主义市场经济体系，迫切要求建立一个全国统一的社会保障制度，而全国统一的社会保障基金则是这个社会保障制度的经济支柱。

在执行国企减持变现的最初若干年内应全部转入全社会保障基金，等到全国社会保障基金通过不同渠道积累资金达到一定数额，则只需将国企减持变现的一部分资金转给全国社会保障基金，其余减持下来的资金和股票，可用来建立国家投资基金，算作中央和各地方的国有资产经营公司对国家投资基金的投资，产权明晰，委托国家投资基金去经营。这个国家投资基金和香港特区政府成立的"盈富基金"相似。在亚洲金融危机袭击香港股市时，香港特区政府不得不进行干预，购入大量股票，以致香港特区政府持有大量官股。后来，为了逐步减持官股而又不至过于冲击股市，香港特区政府便成立了"盈富基金"。这个"盈富基金"，既可成为官股退出的渠道，又可作为政府调节股市的有用工具。香港的这一做法和经验，可供我们建立国家投资基金借鉴。

总之，上述为建立社会保障基金而采取的两种筹资办法都离不开资本市场。借助于资本市场，不仅可以增发国债和推进国企减持变现，建立社会保障基金，加速建设完善的社会保障制度，而且可以盘活国有资产存量，促进产权多元化，促进经济结构调整，加强公有经济的主导作用。反过来，这一切又可推进资本市场的发展，使之更加规范化和成熟，特别是有助于发展债券市场，促进公开市场的营运。不仅如此，还会促进基金之类的"机构投资者"的发展，造就一种新型的公有制形式——"基金所有制"（或称社会所有制，这一点，下面将进一步阐述）。这一切将造成社会保障制度、资本市场、国企改革三者相互联动的局面，要求三者配套进行。

三

全国社会保障制度，一般讲，属于社会福利事业，直接关系人民的社会福利状况及社会安定；然而，它又直接关系劳动这一重要生产要素的再生产及流通，因而也是国民经济体系中极为重要的基本设施之一。特别是，社会保障基金还是重要的非银行金融中介机构，是重要的机构投资者。全国社会保障基金作为重要的机构投资者，可以雇佣专门的金融专家经营股票和债券，也可以委托国有资产经营公司去经营股票和债券。随着我国经济的发展和社会保障制度覆盖面不断提高，社会保障基金实力将日益庞大，社会保障基金势必会成为越来越多的国有企业特别是国有大中型企业和基础设施工程的主要投资者或主要股东。

或许有人会问，全国社会保障基金的来源之一，本是国有上市公司减持变现来的，现在社会保障基金被用来收购国企股票或债券，这样做岂非"多此一举"？不如直接把预定要减持的国有上市公司的股票转给全国社会保障基金，何必绕道资本市场呢？我认为，不可。

我国国有企业经过20年的改革历程，不少企业也建成公司上市，但多热衷于筹资（或"圈钱"），真正的公司治理结构并未建立或健全起来，关键何在？一大障碍还在于"政企不分"或"政企难分"。这就必须通过资本市场，实行减持变现，才能改善产权结构使其多元化，政企分开才易实现。至于社会保障基金用筹集来的资金购买其他国有或非国有企业的股票和债券，并成为最大股东。该国有企业便为社会保障基金所持有和经营，成为社会保障基金（法人）所有制企业，即称"基金所有制企业"或称"社会所有制企业"。这就在国有企业中推进了"政企分开"，原企业的行政主管部门的影子几乎看不见了。所以，资本市场不可绕开，就像炼金炉一样，砂石混杂的矿石只有经过资本市场的筛选与锻炼才能炼出"真金"——一个政企分开的、实行现代企业制度的企业。社会保障基金借助于资本市场随时进入或退出企业，或投向更高回报的企业。

即使是社会保障基金独资经营或控股经营的国有企业，与一般意义的国营企业也不同，二者虽都称为国有企业，但性质迥异，这里需多做一点说明。我国传统的国有制企业实际上是政府所有制企业。这种企业的最大特征或弊病之一就是"政企不分"，其根源在于传统的体制。在传统计划经济体制下，由国家财政对企业实行"统收统支"，企业躺在财政身上，财政作为政府的经济支柱，实行的是"无偿征收"和"无偿调拨"的非经济原则（或政治原则），国家对企业在经济上实行"统收统支"，在管理上实行所谓"条条块块"式的部门主管，这一切造成"投资饥饿症"、重复建设、不惜工本、低效率、官僚主义等恶习。经过20年的改革，国企的体制和经营有了不少改进，但"政企不分"的根本体制并未被破除，特别是企业的投资决策权和人事决策权仍基本上掌握在政府部门手中，形成国企改革的难点或痼疾。

由社会保障基金所投资、控股或持有的国有企业，形成"基金所有制"，与政府所持有的国有企业有很大的不同。一是基金所有制企业中政企分开了，这里看不见政府主管的影响。社会保障基金独立于社会保障行政部门,后者限于从事日常费用收缴和支付工作,前者致力于基金的积累和经营,二者之间的关系应由社会保障立法加以界定,以保证社会保障基金作为法人的独立性和自主性。社会保障基金将根据社会保障法成立董事会,由董事会聘用专门经理人员,其任务就是有效地经营资本,确保其保值增值。二是基金所有制缔造出一种新的机制——"投资者主权"。"基金"的董事会和经理们受千百万职工的委托替他们保管、经营好这笔"养命钱",代表投资者(千百万职工)运用"投资者主权"在资本市场中选择业绩好的、有前景的企业进行投资,努力趋利避害,就像商品市场中消费者凭借"消费者主权"去努力挑选价廉物美的商品一样。"投资者主权"和"消费者主权"一样给市场经济带来充沛的活力。总之,基金所有制既根除了"政企不分"的劣根,又缔造出"投资者主权"的机制。从这个意义上说,基金所有制是一种比"政府所有制"更为优越的全民所有制。

值得指出的是,随着市场经济的发展,除了社会保障基金和国家投资基金外,还会有诸如妇女儿童基金、残疾人基金、保险公司、公共基金、教育基金、科研基金,等等,都会作为"机构投资者"运作,投资者主权将越来越发挥出巨大的经济活力。我的上述观点,早在1989年发表的《股份制——全民所有制的好形式》[①]一文中初次提出,很快被国外学者称之为"基金社会主义"(Fund Socialism)或"金融社会主义"(Financial Socialism),[②] 20世纪90年代,我还曾多次著文阐述这些观点。[③] 最近,周小川同志在一次关于"社会保障基金"的谈话中强调指出,建立全国社

---

① 载《经济研究》1989年第4期。
② 罗伯特·许:《中国经济理论》,剑桥大学出版社1991年版,第72页。
③ 参见黄范章《股份制是实现企业改革、建立现代企业制度的好途径》,宋涛、卫兴华主编:《40位经济学家关于推进国有企业改革的多角度思考》,经济科学出版社1996年版;《论国有企业的股份制改造》,董辅礽、厉以宁、韩志国主编:《国有企业,你的路在何方》,经济科学出版社1997年版;《用股份制、资本市场给国有企业"输血"改制》,《经济界》1998年第3期;《论公有制与市场经济的结合》,《经济学家》1998年第5期。

会保障基金已进入实质性准备阶段,并且提到"养老金社会主义"一说,① 这使得"基金所有制"的设想具有权威性和现实性。

我虽主张发展机构投资者及"基金所有制",但对政府所有制并不全盘否定。根据市场经济的要求,政府所直接创办的实业,除了涉及自然垄断、国家安全的行业和领域外,主要限于提供公共产品和服务(如基础设施、城市建设等)。这些政府举办的企业和事业,完全依靠政府财政,可以按非经济原则经营。例如,可以依靠财政补贴而按低于成本的价格向居民提供廉价的物品及服务(如水、电和交通),为企业创造较好的环境。我把这类国有企业归类为"财政或预算账户"项目。其余国有企业应按经济原则(或等价补偿原则)经营,我把它们归类为"资本账户"项目。② 这类属于资本账户的国有企业应与属于财政(或预算)账户的国有企业严格区分开来,分属不同的系统。属于资本账户的国有企业,一部分可以由"基金"投资,另一部分可以由国有资本经营公司(中央和地方的)所持有和控股。1989 年我在那篇讨论股份制的文章中,曾设想建立由国有资产管理委员会——国有资产经营公司——国有企业组成的三级管理体制框架。令人高兴的是,深圳市根据自身的实践经验,独立地探索到这类"三级"体制,付诸实施,以实现"政企分开",并已开始取得成功。③ 我深深赞赏深圳的这个经验,认为值得各地借鉴。在这里,我只想强调的是,全国社会保障基金投资的企业,将和国有资产经营公司(这也是一种机构投资者)投资的企业以及政府所有制企业一道,共同组成社会主义经济中公有制经济的躯干部分。

---

① 参见《中国证券报》2000 年 9 月 1 日。
② 参见黄范章《把国际竞争的压力转化为推进国企改革和结构调整的动力》,《宏观经济研究》2000 年第 4 期。
③ 参见《经济日报》2000 年 8 月 26 日。

参考文献

黄范章:《股份制是全民所有制的好形式》,《经济研究》1989年第4期。

剧锦文:《大众投资新手段——投资基金》,中国经济出版社1994年版。

托马斯·梅耶等:《货币、银行与经济》,上海三联书店1994年版。

黎鸿基:《美国基金业的发展对中国的启示》,《中国金融信息》1995年第8期。

Blommenstein H. J, Funke, N., *Institutional Investoss in the New Financial Landscape*, OECD, 1998.

（原载《中国工业经济》2000年第10期）

中国在世界经济分工体系中将扮演什么角色

20世纪90年代以来，尽管面对复杂多变的国际环境，中国经济1989—2001年保持着快速增长的势头，年平均增长率速度达到9.3%，成为世界上发展最快的国家之一。中国加入世界贸易组织，大大加快了中国融入世界经济的进程，因此，中国在新世纪的世界经济分工体系当中扮演什么角色，自然成为国际社会十分关注的一个问题。我认为，无论从世界经济发展的历史趋向看，还是从国内经济发展的要求看，中国在新世纪最初的20年内定将从一个制造业大国发展成为制造业强国，成为世界级的制造业中心之一。

一 世界经济展现的历史机遇

先从世界经济发展的历史趋势看，自20世纪60年代以来，世界经济出现了两个重要发展趋向，一个是发达国家进入"后工业社会"和信息时代，另一个是大多数发展中国家启动工业化的进程，这二者结合的结果，便形成了制造业生产基地从发达国家和地区向发展中国家转移的另一个重要历史趋向。中国便是在这个历史条件下势必发展成为新的世界制造业中心之一。

由18世纪产业革命开创的世界工业化进程，在二三百年间铸造了一批工业化国家，至20世纪末全世界中有64个国家基本上实现了工业化，其间，英国、美国、日本被先后铸造成历史上知名的"世界工厂"。20世纪60年代后一些主要发达国家进入了"后工业社会"和信息化时代，产业结构发生重大变化。一方面，高新技术产业和服务业得到迅速发展；另一方面，一些劳动密集型产业（如纺织、服装、食品等），高能耗、高物耗、高污染的产业日益衰落，有的沦为"夕阳产业"，不少企业转移到国外，特别是一些一般制造业向发展中国家和地区转移。结果，一些主要发达国家的国内生产总值（GDP）中第二产业的比重，特别是制造业的比重持续下降。例如，1970—1992年，美国的这两个比重（第二产业比重和制造业比重）分别从32%降到26%和从25%降到18%；在英国分别从44%降到32%和从33%降到20%；在日本则从47%降到42%和从36%降到26%。对于后工业化社会来说，第二产业和制造业在GDP中的比重会从过去工业化高峰时期（60%左右）降下来，是合乎规律的发展，但未动摇美、日、英等作为制造业强国的地位，倒是与制造业向发展中国家和地区转移的历史性潮流密切有关。在这历史性的产业转移潮流中，跨国公司起着重要的作用。

从20世纪60年代起，在世界范围内掀起了以发展中国家（地区）为主体的工业化进程。为了与以发达国家为主体历时二百多年的第一轮世界工业化进程相区别，我把这个以发展中国家为主体的工业化进程称为第二轮世界工业化进程，或迟到的世界工业化进程。这些国家和地区过去长期是殖民地和半殖民地，只是在二战后获得政治独立后才从60年代起纷纷自主地推进工业化。例如，东亚在70年代腾起了"四小龙"，被世人称为"新工业经济体"（MIES）；随后东盟和中国也从80年代靠加速工业化而实现经济"起飞"（takeoff），并在亚洲金融危机爆发（1997年）以前的20年里分别取得了7%和9%的年平均增长率，创造出"东亚奇迹"。工业化的进步，使产业结构发生了明显的变化。例如，1970—2001年，印度尼西亚的农业和工业在GDP中的比重，分别从35.2%降至16.2%和从28.0%增至36.0%；泰国的农业和工业比重，则分别从30.2%降到8.0%和从25.7%增至44.0%；菲律宾的农业和工业的比重，分别从28.2%降到20.1%和从33.7%增至34.0%；马来西亚的农业和工业的比重，在1980—2001年的10年间，分别从22.9%降到8.2%和从35.8%增至43.1%。中国GDP中农业的比重在1970—2001年从35.22%降到15.23%，工业的比重同一时期从40.49%增至51.15%。总之，农业比重下降和工业比重上升，正标志着东亚发展中地区工业化进程的推进，而工业的增长中主要部分来自制造业。值得指出的是，东亚发展中国家（地区）的工业化进程，是跟一些发达国家在这个地区进行产业转移（主要是制造业）相结合的，一些日益失去优势的制造业先从美国和日本转移到"四小龙"，再从"四小龙"转移到东盟和中国。60—70年代进行纺织、服装等产业的转移，80年代进行家用电器、化学工业的转移；自90年代起，日本对东亚投资的增势有所减缓，而美国对东亚的投资增加较快，特别是在该地区发展信息等高新技术产业的零部件或组装的加工工业。正是发展中国家（地区）的自主的工业化进程跟发达地区制造业的产业转移相结合，才有可能在像东亚之类的发展中地区铸造出地区性或世界性的制造业基地（中心）。

从世界经济发展历史的角度看，这个以发展中国家为主体的第二轮世界工业化进程，有其历史造成的结构性缺陷：（1）作为工业化进程主导产业的制造业，如果说在传统工业化时期曾代表当时科技含量最高水平的产业，而今代表当今科技最高水平的产业则是高新技术产业，而非制造业。如今第二轮世界工业化进程所铸造的世界制造业基地或中心，已失去了当年"世界工厂"的瑰丽光环，它们在科技和经济水平与垄断高科技产业的主要发达国家还有相当差距。（2）就制造业的自身发展言，它的发展与强大需要两个条件，一是要有科技开发力量为之开道，二是要有强大装备制造业为一般制造业作支撑。当年发达国家就是靠这两大条件来推行工业化的。如今，发展中国家都是在科技开发力量薄弱和装备制造业滞后的条件下推行工业化的。即使像现已堪称制造业大国的中国，也严重受制于这个历史造成的结构性缺陷（这一点本文后面将进一步阐述）。在这种经济结构制约下，制造业即使可以做大，却难以做强。即使有大量制造业从发达国家向发展中国家（地区）转移，但转移的多系一般制造业和一般技术。只有发展本国的科技开发力量并在此基础上建立强大的装备工业，才能把一个制造业大国建成一个制造业强国或世界级制造业基地。

并不是所有推行工业化的国家都能建成世界级制造业基地（或中心）的，正如同几十个工业化国家中只有几个曾在历史上成为"世界工厂"。我认为，中国有可能在21世纪最初的二三十年最早成为这样的新的世界级制造业基地（或中心）之一，因为，中国具有其他发展中国家所难以具备的优势条件。这些条件是：（1）中国已是世界第四位制造业大国，其制造业规模居发展中国家的首位；（2）中国还是贸易大国，居世界贸易第6位，还有支持制造业发展的广阔的国内市场；（3）近几年成为吸引外资最多的发展中国家，2002年吸收外资超过美国而居世界首位；（4）工业基础设施（如电力、交通、通信等）较雄厚；（5）已建立起包括部分高新技术在内的多门类的工业生产体系，尽管技术基础虽较薄弱，但工业本身配套能力较强；（6）劳动成本低，而且高素质的劳动力资源大，每年有上百万名理工大学毕业生，有40多万名国外留学生；（7）有从沿海到西部可供制造业梯度延伸的广阔空间。中国的上述优势条件，跟制造业从发达国家（地区）的发展中国家（地区）转移的历史趋势相结合，势必给中国铸造世界级制造业基地提供了巨大的历史机遇。关键在于我们要认清我国所处的历史阶段。牢牢把握住这个历史机遇，充分发挥国内外有利条件，履行我们的历史使命。

二 我国工业化历史性任务的要求

我国处在从二元经济向现代化经济转变时期，工业化乃是不可能超越的历史性阶段；但我国在当代历史条件下走的是一条新型工业化道路。

实现工业化这一历史性任务的经济含义是什么呢？我认为主要有两点：一是把我国二元经济转化为现代经济，降低在国民经济（GDP）中农业的比重，而增加工业和服务业的比重，核心问题是把农业、农村中的大量过剩劳动力转移到工业和服务业中去；二是大力发展制造业的同时强化制造业结构，大力振兴装备工业。

我国工业化进程在过去几十年间取得了明显的进步，一次产业在GDP的比重已降到15.23%，二次、三次产业的比重增加到51.15%和33.62%。按联合国工业发展组织（UNIDO）的研究，二产在GDP中所占比重达40%—60%者为半工业化国家，我国目前应属于半工业化国家。据统计，我国有63.9%的人口居住在乡村，而在全社会就业结构中一产占50%。以占全国一半的众多从业者只创造15.2%的商品性财富，供养着60%多的人口。这是我国"三农"问题的症结所在；而"三农"问题的解决，主要应从农业、农村之外找出路，即从工业化或与之相联系的城市化中找出路，就是靠发展制造业、基础产业、服务业以及其他非农产业，把大量剩余劳动力从农业、农村中转移出来（诚然农业自身的技术改造及发展也必不可少）。据中科院国情研究中心估计，2000年我国约有1.42亿农村剩余劳动力，约占农村劳动力总数的42.45%。另据分析，在未来20年里我国如保持年均7%—7.5%的GDP增长速度，届时一产（主要是农业）在全社会就业结构中的比重将可从目前的50%降到30%—32%，即下降18—20个百分点，即将有1.4亿—1.5亿农村剩余劳动力从农村转移出去，被制造业、基础产业、服务业及其他非农产业所吸收。同时，若以年均7%—7.5%的经济增长计，制造业增加值占总商品生产增值额比重可望年均增长0.70—0.75个百分点。这样，二产在GDP中的比重可从目前的51%增到2020年的64%左右，达到国际公认的工业国所要求的指标。这是工业化所要实现的重要历史性任务。

另一项历史性任务，就是强化工业，特别是制造业的结构，即建立强大的科技开发力量并在此基础上大力发展装备制造业。装备制造业是工业科技发明的物质载体，是驱动制造业乃至整个工业向前奔驰的发动机。我国的装备制造业已有一定基础，较之其他发展中国家较为雄厚，但毕竟技术基础薄弱，滞后于制造业发展的需要。据最近出版的一专题著作深刻指出，我国"装备制造业所存在的许多问题中，最根本的是技术开发力不强和制造加工质量水平低这两个问题。过去我们为了发展装备工业，缩小与国际先进水平的差距做了很大努力，如技术引进，对企业进行技术改造等，但效果不是很理想，某些行业与先进水平的差距反有拉大之势"。另一份调研报告说，"我国装备制造业增加值仅次于美国、日本、德国，居世界第4位。……从总量上看，可以说我国已成为世界装备制造业大国。但是，当我们把目光投向'中国造'的装备时，却发现了更多的却是'本国身体，外国脑袋'。我国工业总体装备水平比发达国家落后20—30年"。这个情况值得反思。为什么会这样？我认为，一是我们主要热衷于引进技术和设备，但在吸收、消化、创新方面投入不够，导致自主开发能力薄弱；二是外国企业对一般技术可以转让，但对核心技术严加限制，即使已在华投资设厂甚至设立研发机构的外资企业也紧紧抱住"专利权"不放。据我国国家知识产权局负责人举例说，1998年我国国内各类工业企业计797万多家，仅有3%的国内企业（即2474家）申请发明专利，共申请专利2480件，而美国一国在华企业就申请专利5433件，日本在华企业共申请专利7588件。我国与发达国家在科技开发方面的差距以及外国企业对技术严守情况于此可见一斑。这就越发显现出建立和壮大我国自主的科技开发力量的必要性和紧迫性。

无论是把我国的二元经济建设成为现代经济，还是强化我国工业部门的产业结构，我们都必须通过工业化阶段来完成这个历史性任务。把我国从一个制造业大国建设成为一个制造强国，成为世界级制造业基地之一，便是我国完成工业化这个历史性任务的必然结果。我们是历史唯物主义者，尊重历史发展的规律，这个工业化历史阶段不可能超越，时刻都要记住工业化阶段所要完成的历史性任务，特别是要把上亿农民转移出来；但我们反对机械唯物论，既不应该也没有必要沿着发达国家的传统工业化道路走上几百年，不必要等到工业化完成之后才搞信息化，而是用信息化带动工业化。应该走一条既尊重历史规律又结合我国国情的新路子。

(原载《中国经济时报》2003年4月8日和4月10日)

从世界的视野看我国新型工业化道路

一 工业化历史性任务

工业化的历史性任务,首先是把一个国家从农业经济社会转变为工业经济社会,即大大提高二产(主要是工业)和三产(主要是服务业)在社会生产结构中所占比重,大大降低一产(主要是农业)所占比重;特别是要改变就业结构,大大降低一产所占比重,通过工业化和与这相联系的城市化进程,把大批农村剩余劳动力转移到二产、三产中去,变成城市和乡镇的居民。世界历史表明,这是一个农业国家需要经过几十年乃至上百年才能完成的历史性任务。

我国为工业化已奋斗了近半个世纪,但仍处在从二元经济向现代化经济转变时期。统计表明,在 40 多年间,我国一产在社会商品生产增加值总额中的比重从 1961 年的 36.16% 降到 2001 年的 15.23%,二产的比重从 31.88% 增到 51.15%;一产从业者在就业结构中的比重从 1961 年的 77.17% 降到 2001 年的 50.00%,而二产从业者的比重却从 11.16% 增到 2001 年的 22.30%(见表1)。这完全表明了工业化的进步。但按联合国工业发展组织(UNIDO)和世界银行的研究,二产在社会商品生产增值总额中的比重在 40%—60% 者为半工业化国家,我国目前应属于半工业化国家。二元经济结构的存在向我们表明一个严峻的现实,即占全国劳动力总额一半的农民,仅创造了 15.23% 的商品性财富,却供养着占全国人口63.9%的农村人口。这就是我国"三农"问题的症结所在。出路何在？主要应从农业、农村之外找出路，即从工业化和与之相联系的城市化中找出路，就是靠发展制造业、基础产业、服务业以及其他非农产业，把大量剩余劳动力从农业、农村中转移出来（诚然，农业自身的技术改造及发展也必不可少）。

表1　　　　　1961—2001年我国三次产业结构变动情况　　　　单位:%

年份\项目	增加值结构			就业结构		
	一次产业	二次产业	三次产业	一次产业	二次产业	三次产业
1961	36.16	31.88	31.96	77.17	11.16	11.67
1971	34.06	42.15	23.79	79.72	11.20	9.08
1981	31.79	46.39	21.82	68.75	18.19	13.06
1991	24.46	42.11	33.43	59.70	21.40	18.90
2001	15.23	51.15	33.62	50.00	22.30	27.70

资料来源：历年《中国统计年鉴》。

据中国科学院国情研究中心估计，2000年约有1.42亿农村剩余劳动力，约占农村劳动力总数的42.45%。另据分析，在未来20年里，我国如保持年均7%—7.5%的经济增长速度，届时一产在全社会就业结构中的比重将从50%降到30%—32%，即下降18—20个百分点，将会有1.4亿—1.5亿农村剩余劳动力从农村转移出去，被制造业、基础产业、服务及其他非农产业所吸收（林毅夫，2002）。同时，若以年均7%—7.5%的经济增长率计，制造业增加值在商品生产增值总额中的比重可望年均增长0.70—0.75个百分点。这样，二产在GDP中的比重可从目前的51%增加到2020年的64%左右，达到国际公认的工业国所要求的指标。这是工业化所要实现的一项重要历史性任务。

我国工业化还须完成的另一项历史性任务，就是强化工业自身的结构，即建立强大的工业科技开发力量并在此基础上大力发展装备工业。装备工业是工业科技发明的物质载体,是驱动制造业乃至整个工业向前奔驰的发动机。我国的装备制造业已有一定基础,较之其他发展中国家较为雄厚,但毕竟技术基础薄弱,滞后于工业发展的需要。据最近一份调研报告说,我国装备制造业增加值仅次于美国、日本和德国而居世界第四位,但当我们把目光投向"中国造"的装备时,却发现了更多的是"本国身躯,外国脑袋"。我国工业总体装备水平比发达国家落后20—30年。我国装备制造业所存在的许多问题中,最根本的是技术开发力不强和制造加工质量水平低这两个问题(胡春力,2002)。原因在于,一是我们过去主要热衷于引进技术和设备,但在吸收、消化、创新方面投入不够,导致自主开发力量薄弱;二是外国企业对一般技术可以转让,但对核心技术则严加限制,即使已在华投资设厂甚至设立研发机构的外资企业也紧紧抱住"专利权"不放。

无论是把我国的二元经济建设成现代化经济,还是强化我国工业部门的产业结构,我们都必须通过工业化阶段来完成这个历史性任务,工业化阶段不能超越。我们决不能因为发达国家已进入"后工业社会"和信息化阶段而急于超越工业化阶段,而要时刻记住工业化阶段所要完成的历史性任务,特别是要把上亿农民转移出农业或农村。但我们既不应该也没有必要沿着发达国家的传统工业化道路走上几百年,不必要等到工业化完成之后才搞信息化,而是用信息化带动工业化。即"新型工业化"道路,可以用更短时间、更高质量完成工业化任务。

二 新型工业化道路

从世界经济历史上看,我国的新型工业化道路跟发达国家在历史上所经历的传统工业化道路相比较,有着新的历史条件所赋予的时代特点。

第一,中国的新型工业化属于以发展中国家为主体的第二轮世界工业化进程中的一员,与发达国家过去经历的传统工业化相对而言,我国和其他发展中国家所进行的工业化,则是迟到的工业化。发展中国家在传统工业化进行的历史时期都曾先后沦为当时主要工业国的殖民地或半殖民地,可以说,当今主要发达国家在它们进行工业化的时期都曾拥有殖民地或半殖民地,都曾借助于殖民掠夺与剥削。这是传统工业化的一个历史性特点。而发展中国家是在世界殖民体系瓦解的基础上建立的独立国家,它们进行自主的工业化,没有也不可能重走殖民帝国的老路。

第二,我国新型工业化是在信息化时代进行的工业化。当今世界已进入信息化时代,一些主要发达国家早已进入后工业化社会,并以信息产业为代表的高新科技产业为主导产业。就经济和科技发展水平讲,我国的工业化较发达国家的信息化阶段落后了一个历史阶段;但信息化时代也给我国提供了巨大的历史机遇。牢牢把握信息化时代给我国提供的巨大历史机遇,乃是我国新型工业化道路有别于传统工业化的一个最重大的特征。我们知道,主要发达国家在长达二百多年的时间里曾先后促使机械化、电气化、自动化等科技力量推进与实现工业化;它们当时根本不知道信息化为何物。我国当今推进工业化虽比主要发达国家晚了二百年,但却可以用信息化来带动工业化,以工业化促进信息化。必须强调的是,用信息化带动工业化,绝不是用信息化"代替"工业化,其带动作用,主要体现在以信息技术为代表的高新技术和先进适用技术改造传统产业。对我国来说,传统产业绝不是什么"夕阳产业"。以信息化为代表的高新技术,对于制造业等传统产业有着很强的渗透力和提升力,信息技术可以渗透于从产品设计、研发、制作、管理、营销等整个过程之中,并会大大提升产品质量、效率与效益,使制造业等传统产业能在与高新技术结合的基础上得到更快更好的发展。

第三,利用后发优势,大力引进发达国家(地区)提供的过剩资本和先进技术,跟我国所固有的比较优势——丰富的劳动力资源结合起来，以加快我国的经济发展。我国劳动力资源比较丰富，劳动成本较低，甚至比某些东盟国家劳动力成本还低；而我国所短缺的资源则是资本与技术。因此，大力引进外资及先进技术跟国内富裕的劳动力资源相结合，是我国发挥后发优势和比较优势的重要途径。改革开放以来，我国吸引的外资80%集中在珠江三角洲、长江三角洲、京津唐地区这三大地带，我国的制造业也主要集中在这三大地带，来自内地的巨大"民工潮"也主要流向这三个地带。最近的调研表明，不仅我国劳动密集型制造业将继续成为外商投资相对集中的领域，而且一些高新技术产业（如电子及通信设备）的劳动密集型加工环节对外资也最具吸引力（国务院发展中心课题组，2002）。决不可轻视"三来一补"之类的加工贸易方式，我国沿海地区当初就是从"三来一补"起步，至今加工贸易占到我国出口贸易的55%，加工费虽低廉，但扩大了就业。

引进外资的一个重要目的，是引进先进技术和高新技术。就制造业或高新技术产业来说，我们能从国外引进并获得的不可能是最顶尖的技术，但可争取引进并获得先进适用的技术。利用别人已有的科技成果，关键在于不能躺在"复制"的基础上，而应努力消化、吸收和创新，变成自主的科技成果。

第四，吸取发达国家在传统工业化过程中破坏自然资源和环境的教训，决不走对自然资源进行破坏性开采、对环境实行"先污染、后治理"的老路，而要在经济发展中合理地开发资源、高效地利用资源、保护和治理环境以造福子孙，走出一条资源消耗低、环境污染少的可持续发展的新路子来。

以上是从世界工业化历史的角度，看我国新型工业化有别于传统工业化的特征。然而，就中华人民共和国成立以来工业化历史的角度看，我国新型工业化也有别于改革开放以前推行的传统工业化。一是我国传统工业化是在高度集中的计划经济体制下进行的，而新型工业化是在社会主义市场经济体制下进行的。在改革开放后的20年里，我国初步建立了社会主义市场经济体制框架，随着它的逐步完善，新型工业化道路的优越性将益发显现出来。二是我国传统工业化所需资金主要靠农业和农民提供，主要通过工农业产品剪刀差和农业税积累大笔资金。不仅如此，本来工业化的历史任务是要大批农民转移到第二、三产业中去，而在传统工业化时期却往往在经济困难时把大批城市居民驱往农村和农业。结果，农村和农业日趋萧条。我国的新型工业化则坚持完成把二元结构经济建设成现代化经济的历史性任务，不仅通过工业化、城镇化把大批农民转化为市民和镇民，而且坚持启动内需的长期方针，不断提高农民的收入水平，开拓国内市场，把广大的潜在国内市场建成现实的国内市场，为我国新型工业化铸造广阔的市场空间。

三　对世界的贡献

过去在世界第一轮工业化进程中曾先后铸造出英国、美国、日本等知名的"世界工厂"，而近几年国际社会有人扬言中国已成为新的"世界工厂"，国内学术界也有反响，不过多数人认为，中国距离"世界工厂"的宝座尚远。也有人认为，我国应把建成"世界工厂"作为未来奋斗目标。我认为，在历史的现阶段，已不具备也不可能具备再造就当年"世界工厂"的历史条件；但在制造业基地从发达国家（地区）向发展中国家（地区）转移的历史趋势下，我国新型工业化与之相结合，会在新世纪最初的 20 年内把中国从一个制造业大国发展成为制造业强国，成为世界级制造业中心之一。

自 20 世纪 60 年代以来，世界经济出现了两个重要发展趋势。一是发达国家进入"后工业化社会"和信息化时代，产业结构发生重大变化：一方面是高新技术产业和服务业得到迅速发展；另一方面是一些劳动密集型产业（如纺织、服装、食品等），高能耗、高物耗、高污染产业日益衰落，有的沦为夕阳产业，不少企业转移到国外，特别是一些一般制造业向发展中国家（地区）转移。二是在世界范围内掀起了以发展中国家（地区）为主体的工业化进程，这是第二轮世界工业化进程或迟到的世界工业化进程。例如，东亚发展中地区在20世纪70年代腾起了"四小龙"，被世人称为"新工业经济体"（NIES），随后东盟和中国也从80年代靠加速工业化而实现经济"起飞"（Take-off）。值得强调的是，东亚发展中国家（地区）的工业化进程，是跟一些发达国家向这个地区进行产业转移（主要是制造业）相结合的，一些日益失去优势的制造业先从美国和日本转移到"四小龙"，再从"四小龙"转移到东盟和中国。20世纪60—70年代进行纺织、服装等产业的转移，80年代进行家用电器、化学工业的转移；自90年代起，日本对东亚投资的增势有所减缓，而美国对东亚的投资增加较快，特别是在该地区发展信息等高新技术产业的零部件或组装的加工制品。正是发展中国家（地区）的自主的工业化进程跟发达地区制造业的产业转移相结合，才有可能在像东亚之类的发展中地区铸造出地区性或世界性的制造业基地（中心）来。只是科技最高水平的产业是高新科技产业，而非制造业；第二轮世界工业化进程铸造的世界级制造业基地（中心），已失去当年"世界工厂"的瑰丽光环，其科技和经济水平距离垄断高科技产业的主要发达国家还有相当差距。

迟来的工业化会使发展中国家（地区）的制造业迅速发展起来，但并不是所有推行工业化的国家都能建成世界级制造业基地（中心），正如同几十个工业国家中只有几个国家在历史上成为"世界工厂"。我认为，中国有可能在21世纪最初的20—30年最早成为这样的新的世界级制造业基地（或中心）之一，因为，中国具有其他发展中国家所难以具备的优越条件。这些条件是：①中国已是世界第四位制造业大国，其制造业规模居发展中国家的首位；②中国还是世界贸易大国，居世界贸易的第六位，还有支持制造业发展的广阔的国内市场；③近几年成为吸引外资最多的发展中国家，2002年吸收外资超过美国而居世界首位；④工业基础设施

（如电力、交通、通信等）较雄厚；⑤已建立起包括部分高新技术产业在内的多门类的工业生产体系，尽管技术基础较薄弱，但工业本身配套能力较强；⑥劳动力成本低，而且高素质的劳动力资源丰富，每年有上百万名理工科大学毕业生，有40多万国外留学生；⑦有从沿海到西部可供制造业梯度延伸的广阔空间；⑧走"新型工业化道路"为我们顺利履行工业化的历史使命提供了可靠的保证。中国的上述优越条件，跟制造业从发达国家（地区）向发展中国家（地区）转移的历史趋向相结合，中国定能在新世纪的初期从一个制造业大国建设成一个制造业强国，建设成一个集工业科技开发中心、加工制造中心、制成品出口中心于一身的世界制造业基地（中心）之一。这也是一条实现全面建设小康社会的大道。可以说，我国完成工业化历史性任务之日，也是我国建成世界级制造业基地之时，还是我国实现全面建设小康之时。

对于中国经济发展的前景，国际社会大多给予积极的评论与期望。《纽约时报》2003年3月21日发表记者丹尼尔·奥尔特曼的文章《中国是伙伴还是对手？》，他认为，美国有关企业是根据市场原则把产业转移到国外的，指出"如果它们想保持竞争力，就必须这么做"。他说："美国企业看到日本、台湾地区、韩国纷纷来中国大陆投资，把中国大陆作为廉价劳动力的来源，自然应加入到这个竞争中来。"奥尔特曼还进一步指出，中国的经济发展会进一步推动"美国从以制造业为主的经济向以服务业为主的经济转型"，目前美国整个制造业从业人员虽减少到只有1600万人，跟20世纪50年代差不多，但在过去50年间美国服务业从业人数从3000万人猛增到1.07亿人。这表明美国并未发生"产业空心化"，而是进行"经济转型"。正如美国全国制造商协会首席经济学家丹尼尔·梅克斯特罗思所说："中国正在促进美国发生这种结构性变革。"此外，美国每年从中国进口大批价廉物美的消费品使美国广大消费者和家庭获得实惠。据1997年一份研究报告指出，若离开物美价廉的中国商品，美国的通货膨胀率定会上升2个百分点。这表明，在经济全球化的条件下，中国所拥有的劳动力资源优势，可以跟世界各国共享。这是中国对世界的一大贡献。

我国劳动力资源优势——劳动力便宜，说到底，实质是经济落后。尽管我国在20世纪最后的20年内实现了国内生产总值翻两番，人均GDP也不过850美元，世界排名在100名之后，特别是2000年我国农村还有3000万贫困人口，温饱问题尚未解决。我们之所以推行新型工业化，就是为了把二元结构经济建设为现代化经济，让农民和全国人民一道全面建设小康社会。预计，到2020年，我国总人口将达14亿，人均GDP达3000美元。尽管这只相当于中等收入国家的平均水平，但对世界的意义十分重大。贫困是动乱的根源，让占世界人口1/4多的中国人民过上好日子，定将构成世界稳定与世界和平的重大因素。

参考文献

宋健：《制造业与现代化》，《经济日报》2002年9月26日。

林毅夫：《"三农"问题与我国农村的未来发展》，《宏观经济论坛》2002年第12期。

《装备工业发展进入关键期》，《经济日报》2002年12月19日。

胡春力主编：《重构生产组织：发展中国装备工业的新思路》，中国计划出版社2002年版。

石广生：《我国外经贸的飞跃发展与启示》，《经济日报》2002年10月18日。

国务院发展研究中心课题组：《外国直接投资趋向的分析》，《经济日报》2002年8月19日。

菲利普·戴：《中国可能会失去作为制造业基地的光彩》，《亚洲华尔街日报》2002年12月30日。

黄范章：《中国在世界经济分工体系将扮演什么角色》（上，下），《中国经济时报》2003年4月8日和4月10日。

（原载《中国工业经济》2003年第6期）

双重身份和双重职能的改革
是政府体制改革的重点

目前我国政府还不能称为"公共服务型"政府,因为它既是"政治实体",又是"经济实体",两种不同身份,履行两种不同职能,政府身份、职能的这种"两重性"是"政企不分""政经不分"的体制根源。这既使政府无法充分履行其"公共服务"职能,又使国企难以建立健全的现代企业制度。

一 政府的双重身份与双重职能的改革是当前政府体制改革的聚焦点

按经济学理论讲,政府作为政治实体承担者,其履行的职能是提供"公共服务",满足社会公众对公共消费的需求。然而,我国政府不仅是政治实体,且还受国家委托履行经济实体的职能,拥有大批国有企业。国家所有制企业实际是政府所有制企业。政府一身兼有"政治实体"和"经济实体"两重身份,履行两种不同职能,使政府既不能成为真正的"公共服务"者,也不能成为国有资产的有效"所有者",从而成为当前政府体制改革的聚焦点。

(一)双重身份使政府不能成为"公共服务型"政府。由于兼有两种身份,各地政府不仅为本地区提供公共产品与服务,而且热衷于投资竞争性行业,都在本地区营造一个巨大的国有经济实体网。各地政府都运用手中掌握的政治资源和经济资源,大兴建立各种"制造业基地""生化工业基地""重化、石化基地""高科技园区""工业开发区"等之风,重复建设、地方保护、诸侯经济到处可见。有同志将这类"诸侯经济""地方保护"归咎于"省区行政区划"。我认为关键并不在此,而在于我们实行的是政府"经济实体"和"政治实体"双重身份相结合的体制。西方国家的政府不涉足竞争性行业和企业,仅致力于提供公共产品和公共服务,努力营造良好的投资环境和经营环境,以极大热情欢迎国外和外地投资者来本地投资,以期扩大本地就业、税收及带动本地经济,故能充分发挥"公共服务型"职能。可我国各级政府同时具有双重身份,为本地区国有企业的利益着想而不惜搞"垄断""保护",甚至为追求"政绩"而大搞"政绩工程"、重复建设,从而破坏市场秩序,浪费公共资源,无法真正履行"公共服务型"职能。

(二)双重身份使政府在国有企业改革过程中经常错位。在20世纪90年代,为解决国有企业"产权明晰"问题,我们在"政企分开"、建立公司治理结构方面作了巨大努力。一些行业政府主管部门已改为全国性行业总公司和大型国有控股公司;另一些主管部门改为行业性协会。可是,国有大公司的人事权、投资权、收益支配权等仍由中央几个部门分别掌管。这就造成两种局面:一是国企的各种主要权力分别由不同部门行使,可谁也不对国企的经营及盈亏负责,国有资产的"所有者"出现了"缺位",给"内部人控制"留下空隙;二是国企在某些重大决策权力上仍处于无权地位,政府部门对企业干预过多,甚至"越俎代庖"。这表明,要完善公司治理结构,彻底实现"政企分开",亟须解决政府兼有"政治实体"和"经济实体"的双重身份问题。

(三)双重身份使政府的不同职能相互打架。改革开放以来,我国经历了多次经济过热,几乎每次"过热"都是由于地方政府盲目扩张冲动引发的。要平抑这种主要由非经济因素引发的投资热,仅依靠经济手段(如利率)进行宏观调控并不见效,往往不得不借助于行政手段。如最近这次宏观调控中使用了不少行政手段，中央有关部门去年（2004年）曾责令取消和停止各种"开发区""科技园"项目两千多个，同时加强对土地批租的管理。在这次投资热中，虽然民营企业投资表现相当活跃，但也应看到，有些"民企"后面有来自地方政府的巨大支撑。宏观调控的政府行为，从行政层面上看是中央和地方冲撞，但从经济整体上看，却看到政府两种身份的冲突，作为"经济实体"的政府热衷于投资，作为"政治实体"的政府却执意调控，同是一个政府，身兼两重身份，两手各执一职，相互扭打。改革开放20多年来，我国在政企分开、政经分开方面做了不少努力，但政府双重身份尚未最后解决，当今经济调控中出现的"投资热"和"地方分割"，跟计划经济体制下的"投资饥饿症""诸侯经济"有着明显的血缘关系；当前金融市场扭曲，也源自传统体制的"政企合一"。这表明，政府的双重身份已成为我国建立社会主义市场经济体制进程中最后也是最严重的一道障碍。正是从这个意义上说，国企改革进入更深一层的攻坚阶段，改革的重点应是政府本身的定位与职能问题，关键在于解决政府的双重身份与双重职能。只有把作为"经济实体"的身份与职能分离出去，政府才能充分履行"政治实体"的身份与职能，成为"公共服务型"政府。

二 应分清作为"政治实体"的国家和作为"经济实体"的国家，应分清两类不同性质、职能的国企

将经济实体的身份与职能从政府身上分离出去，绝不是否定或切除掉国家作为经济实体的职能，而是另外为其设置一个载体，否则，便是全盘私有化。

（一）首先必须在认识上认清我们社会主义国家从中华人民共和国成立时实行的就是政治实体和经济实体相结合的体制，必须分清作为"政治实体"的国家和作为"经济实体"的国家二者具有不同身份与职能。作为"政治实体"的国家，其组织形式是各级

政府；而在改革开放以前的几十年里，我国也把政府作为"经济实体"国家的载体，所有国有制企业实际是政府所有制企业，而且一统天下。改革开放以来，社会主义市场经济的建设要求政府仅履行"政治实体"职能，成为"公共服务型"政府，为提供公共产品和公共服务而创立的国企也只是为履行"经济性公共服务"职能，而不是一般经营性国企。广大经营性国企应归属作为"经济实体"国家的载体，而不应继续由政府所统辖。分清和分开"政治实体"国家和"经济实体"国家，其实质意义在于分清、分开两类不同性质和职能的国有企业。

（二）必须把提供公共产品与公共服务的国有企业和经营性或竞争性的国有企业分开。凡属从事提供公共产品或公共服务的国企，均体现了作为政治实体的政府职能，应由政府举办。它们有以下特性：（1）生产与经营具有公共性；（2）经营具有非营利性、公益性；（3）资金来源靠政府财政预算拨款。这类国有企业应是各级政府所拥有的政府所有制企业。我过去在文章中把这类国企称为财政账户项目类国企，国外经验表明，这类企业大多由各级政府财政部门管辖。经营性或竞争性的国有企业，我过去在文章中称之为资本账户项目类国企。这类国企有以下特性：（1）是经营性的和赢利性的，以赢利为目的；（2）自主经营、自负盈亏，有着内在的"成本—收益"经济原则的硬性约束。经营性国企的发展全靠自身的有效经营和赢利能力。分清、分开这两类不同职能的国有企业，实际上就是分清、分开原先由政府兼有政治实体和经济实体两重不同身份、职能，使作为经济实体的经营性国企摆脱政府的羁绊，完全实现"政企分开"；同时又使政府从双重身份中摆脱出来，只履行政治实体的身份和"公共服务"的职能。

（三）必须澄清一种片面认识。西方经济理论根据资本主义市场经济的实践，提出政府只提供公共产品与公共服务，一切经营性企业全部交由私人经营。我国有的学者套用这个理论，在主张建立"公共服务型"政府的同时，不仅要求政府且要求国企都退出经营性行业。这是一种误解。首先，作为一个社会主义国家，除作为"政治实体"外还是"经济实体"，拥有一批国有资产和国有企业，过去在计划经济体制下曾把本应归属于经济实体国家掌管的经营性国企错误地把政府作为它的载体。如今政府应建成"公共服务型"政府，政府只应统筹提供公共产品与公共服务的国企。应该和必须从经营性、竞争性行业中退出的是政府，而不是国有企业；而所有经过改制成功的经营性国企必须离开政府而转到作为"经济实体"国家的麾下，在公平条件下参与跟民企、外企的竞争。其次，我国从自身改革实践中总结出的国企改革原则"产权清晰、权责明确、政企分开、管理科学"，主要针对经营性或竞争性国企而言，改革的目的不是消灭国企，而是把政企不分、所有者缺位而缺乏内在活力的国企改成有内在活力、有竞争力的国企。另外，国企改革不是要搞活每个国企，应按政策实行合理的关停并转，该破产的应破产，国企应有退出机制。我赞同对国有经济的布局进行战略性调整，但这是为集中力量以加强中央明确必须控制的四大行业和领域，绝不是国有企业不可以或不应该留在竞争性行业和领域，关键是竞争性领域中的国企是否真正实现"政企分开"，是否真正具有进行公平竞争的能力。事实上这个领域内也有不少通过改革获得成功的国企。不仅如此，一旦某些竞争性行业或领域被私人大企业或外资企业所垄断，还需要国企打进去，以平抑垄断，促进竞争。因此，不应笼统地提"国退民进"口号，国企有退有进才是正确的、必要的。

三 以双重身份和双重职能改革为重点的政府体制改革的难点

要把作为经济实体国家的职能及所属经营性或竞争性国有企业从政府身上分离出来，难度确实很大。（1）体制创新难。要把经济实体的身份与职能从政府身上剥离开来，就得在"公共服务型"

政府身旁建立一个独立的国有经济实体系统，要为一个国有经济实体系统找到一个合适的体制载体。这没有现成模式可借鉴，需要我们在实践中探索，进行体制创新。我在20世纪80年代末发表《股份制——社会主义全民所有制的好形式》(《经济研究》1989年第4期) 一文中，阐明用股份制改革国有企业的主要理由，就是用"两权分离"来帮助实现"政企分开"。为此，我当时在文中提出三种选择：一是经营性国企由人民权力机构（各级"人大"）授权专门机构管理；二是建立一个由国有资产管理委员会（行政性机构）——国有资产经营公司或国有投资公司（金融中介机构）——国有企业组成的三层次管理、营运体系；三是国有或国家支配的各种基金（如社保基金、共同基金、投资基金、保险基金等）成为国有企业的主要投资者。90年代中期上海、深圳两地根据自身实践经验，独自创立了上述"三层次"国有资产管理及营运体系。体制的创新、国有资产管理、营运体制的不断改进，需要另文专门探讨。(2) 冲破既得利益难。制度创新，特别是要把政府几十年拥有的经济实体分离出来，肯定会冲击许多部门和单位的既有权力格局和利益格局，会受到一些部门和单位的抵制。特别是由于各种市场法规的制定滞后于改革的进程，由于政企、政经已开始有所分开但又未完全分开，这就给钱权交易、创租、寻租活动创造了机会。严重的是：有些人在改革初期曾是积极的改革派，拥护市场经济，现在却担心完成"政企分开"或"政经分开"会损害他们的既有权力及既得利益，变成深化改革的阻力。这值得我们警惕。

(原载《经济纵横》2005年第10期)

如何认识、借鉴瑞典经济模式

——兼论当代资本主义经济中的"公有"因素孕育

近来理论界有过关于"社会主义"的讨论,有人以瑞典有较完善的社会保障而提出瑞典是"真正社会主义"或"民主社会主义"。我认为不能简单地这么看。1982年我曾应邀去瑞典斯德哥尔摩大学和隆德大学做了三个月的学术访问,专门考察以"全民福利国家"闻名于世的瑞典经济及其社会保障设施,于1987年出版了《瑞典:福利国家的实践与理论》(上海人民出版社)。20多年过去了,瑞典经济有所调整,执政党也屡经更迭。尽管如此,但我对瑞典几十年来的成就和经验,十分珍重,认为值得我们认真借鉴,不过就基本经济制度来讲它依然是资本主义,而非社会主义。

一 瑞典经济是国家资本主义经济,不是社会主义经济

在瑞典这个"全民福利国家"中,它的工农业、对外贸易以及金融业,基本上掌握在私人企业手里,它们的生产和流通几乎完全依靠于资本主义市场机制。著名的私人大企业如沃尔沃汽车公司,早已是世界知名的跨国公司。瑞典政府全力履行其"公共服务"职能,致力于提供公共产品和公共服务,包括建立相当完备(也较昂贵)的社会福利设施,其他一切经济活动均掌握在私人企业手中。如英国学者佩特森和托马斯在其主编的《西欧社会民主党》一书中所说,历届瑞典社会民主党所推行的各项政策的特点是:"在等到收入和私人财富创造出来之后再对其再分配进行管

理。""但是这些政策迄今没有改变资本主义社会的一般主要特征；生产资料仍旧归私人所有。"①

在这个资本主义基本经济制度中，资本家阶级和工人阶级乃是这个福利社会的两大基本阶级，且都高度组织化，全国绝大多数受雇用的职工都参加了总工会（LO），而全国绝大多数的私人企业主都参加了雇主协会（SAF）。两大阶级性组织——各自都有从中央到地方的组织系统——既对峙又合作。两大全国性组织定期谈判和签订工资及劳保协议，政府只是在双方有重大争议时才介入。从斯德哥尔摩高处看，可看到全国总工会（LO）和全国雇主协会以及国会三座大厦，彼此近距离地鼎足而立，像三根柱子支撑着这个资本主义框架下的"福利国家"。

我之所以把瑞典经济归入资本主义经济范畴，因此我认为，区分一个社会经济形态的基本属性，主要应以其生产资料所有制的性质而定。资本主义经济总是以生产资料私人占有为基础，而社会主义总是与公有制相联系。但经济学说史告诉我们，无论马克思主义经济学抑或西方经济学（现代经济学）过去长期对资本主义与社会主义的认识都有过误区，即都认为市场经济只能是资本主义私有制所固有的产物而与公有制无缘，尽管如此，但它们都以私有制经济和公有制经济作为区别资本主义经济和社会主义经济的主要指标。在我国改革开放初期，邓小平说过，中华人民共和国成立几十年，什么是社会主义并没有弄清楚，提出改革开放，要"摸着石头过河"。但20世纪90年代初，邓小平在总结国内外经济发展的基础上，明确提出了以公有制为主体的社会主义市场经济的理念，摒弃了过去公有制只能搞计划经济而不能与市场经济相结合的错误理论与实践。在这里邓小平仍坚持公有制主体作为社会主义经济的主要标志。可是，有的学者借用了邓小平同志在80年代初讲的"什么是社会主义并没有弄清楚"，却不提90年代邓小平同志提出

---

① 佩特森、托马斯主编：《西欧社会民主党》，上海经济出版社1982年版，第296页。

并已形成党中央关于"建立以公有制为主体的社会主义市场经济的决议",完全撇开"所有制"而提出其他一些东西作为社会主义的"特色"或"指标",给瑞典经济冠以"社会主义"字样。我尊重各种学术探讨,但我仍坚持按所有制属性(公有或私有)来作为区分社会主义经济和资本主义经济的基本标志之一。我据此认为瑞典虽已建立了较完善社会福利制度,但其基本经济制度以及它所决定的基本生产和分配方式(不包括再分配,后面将进一步讨论)仍是资本主义经济。正如香港《争鸣》杂志 2007 年 5 月号载文《瑞典资本家与社会福祉》指出,"尽管是世界有口皆碑的高福利社会,但瑞典从来不是一个社会主义国家,因为其 90% 的企业仍在私人手中,甚至可以视为资本家财团垄断经济的社会"。

应该说,当代资本主义是国家资本主义,即与国家干预相结合的资本主义,不仅瑞典如此,北欧国家乃至欧美国家均如此。这是 20 世纪 30 年代经济大危机后西方资本主义国家都接受了"国家干预",政府除履行"宏观调节",还提供公共产品和公共服务,支持社会保障设施。不过,瑞典在社会民主党政府长期执政下政府建立了更加完备的社会保障设施。这种社会福利设施,是政府通过再分配手段支撑起来的,可以说,这个福利国家是在资本主义经济基础上建立的。把这个在资本主义基本经济体制上靠再分配建立的"福利国家"说成是为社会主义或真正社会主义,我认为是不合适、不应该的。至于如何认识瑞典及西方国家建立福利设施的社会经济意义,正是我要在下一节阐述的。

二 如何认识瑞典的社会福利设施

资本主义与国家干预相结合,这是 20 世纪 30 年代经济大危机后出现的一个国家现象。如果说,罗斯福总统的"新政"率先开始这一结合在西方主要国家的实践,英国经济学家凯恩斯为这一"结合"提供了理论基础;而瑞典社会民主党则更进一步,它们依据恩格斯晚年的思想以及第二国际的路线利用"民主制度"依靠选票（而非暴力）于 1932 年取得了执政地位，而且第一次执政持续达 34 年之久（至 1976 年败选）。在长期执政期间，社会民主党不仅没有利用政权去摧毁或触动资本主义经济制度，而且相反利用政权倡导"阶级和谐""阶级合作"去维护、发展资本主义经济制度。它不仅在执政期间培育了沃尔沃、爱立信、宜家等十来家举世闻名的跨国私人集团公司，更重要的是本着以魏克塞尔为代表的瑞典学派经济理论，创建相当完善的社会保障体系和全免费的教育保证，其目的是增进社会公平，缓和阶级矛盾，促进阶级合作以发展经济。瑞典著名社会民主党党员及经济学家冈纳、阿德勒—卡尔松在其研究瑞典模式的著作中曾写道："在瑞典，参与经济进程的各方面都已经认识到，最重要的经济任务就是设法使国家的'蛋糕'越来越大，因为那时每个人就能从这块共有的蛋糕中取得更大的一块来满足自己需要填充的胃。而当情况与此相反时，即社会的不同阶级之间存在着激烈争夺的时候，我们相信这块蛋糕往往会在争夺中被弄得粉碎或者荡然无存，每个人也将因此一无所得。"[①] 可见，它所造就的"全民福利国家"是通过再分配靠巨额公共支出支撑的，使瑞典公共支出占国内生产总值的比重迅速膨胀。20 世纪 60 年代，这一比重还仅占 35%，至 80 年代初增至 60% 多。不管这个"全民福利国家"的大厦多巍峨，但它的地基却是靠资本主义经济所制造出来的"大蛋糕"（国民生产总值）。所以我有理由说，这个"福利国家"就其经济基础讲是资本主义经济。正因为如此，我在 1987 年出版关于瑞典福利国家的那本著作中，把这由高税收、高福利形成的巨额公共支出建立的"从摇篮到坟墓"的全面福利设施，看作瑞典资本主义统治集团为了实现阶级合作、维持和谐社会而不得不支付的一种"代价"。这一认识，我至今认为还是不错

[①] 卡尔松等：《从职能社会主义到基金社会主义》，黑龙江人民出版社 1988 年版，第 13 页。

的，不仅对有强大工会组织及社会民主党的瑞典可以这么讲，而且对其他举办社会保障设施的主要资本主义国家也可以这么讲，只不过在瑞典由于社会民主党执政时期较长，工会组织压力较大致使这方面的公共支出比其他资本主义国家更多。

然而20世纪90年代以来，我对西方国家政府的"公共支出"（包括对社会福利设施）有进一步的认识。我认为，西方国家政府所提供的"公共产品和公共服务"（包括公共基础设施及政府支持的社会保障设施、医疗保险设施、廉租房在内），应被看成适应生产社会化发展的要求而在资本主义私有经济体系中出现的"公"的因素或成分。我笃信辩证唯物主义和历史唯物主义，深信生产关系必然适应生产力的性质与水平这条不以人们意志为转移的历史规律。过去，传统马克思列宁主义观点认为，上述这条历史规律只适用于从原始共产主义到资本主义，但不适用于社会主义，因为"公有制"不可能在资本主义经济中产生，只能靠暴力革命来创建。我对这一传统观点表示质疑和反对（下面将有进一步阐述）。我认为历史唯物主义既然是科学，就应贯彻到底，上述传统观点实际上否定唯物史观的这个基本观点的科学性和彻底性。我认为，公有制因素可以而且必然会适应生产社会化发展需求而在资本主义经济中"萌芽"或"孕育"，会开始从量变到质变的进程，在当代国家资本主义经济体系中，政府所履行的提供公共产品和公共服务（包括社会福利设施在内），就隐约显露出这个新因素的苗头。我们记得，在传统的西方经济学中，它所讨论的全是私人经济一统天下的私人产品，而现代西方经济学中却提出了所谓"公共产品"和"私人产品"两大类，为什么在现代资本主义经济体系中会出现带"公"字号因素并在现代西方经济学中得到反映？这个问题值得我们深思。

西方国家政府提供"公共产品与公共服务"，是"国家干预"与资本主义相结合的产物。按照西方经济学的说法，"国家调节"之所以必要，只为了弥补资本主义经济所固有的缺陷。政府为此提供的"公共产品"是私人企业既需要却又无力自行提供或不愿提供的,因为这些公共产品既无排他性又无竞争性。因此,现代资本主义成为把国家干预纳为自身一体的国家资本主义,现代经济学也把公共产品和私人产品作为同一资本主义经济体系的研究对象。由于这些公共产品和公共服务是私人经济发展所必需的,是为私人经济发展服务的,而且也是靠私人经济所创造的"大蛋糕"(CDP)通过再分配来支撑的,所以,人们无论在理论上或实践上都把这些公共产品和公共服务跟资本主义私人经济视为一体,是理所当然的。

但按照历史唯物主义观点看,资本主义所固有的基本矛盾的剧烈冲击,迫使资本主义私有经济制度不得不依靠"国家干预"来支撑。这一方面表明:资本主义制度已无法实现自我调节,必须求助于"国家干预"。这个"国家干预",包括政府所提供的公共产品和公共服务,都是为资本主义经济顺利运转服务的,应在总体上把它视为现代资本主义体系的一部分,不可以也不应该把它称"社会主义",更不可将整个经济体系称为"社会主义"。但另一方面,不能不看到,"国家干预"以及政府提供"公共产品及公共服务",正是适应生产社会化发展的需要而产生的,这些公共产品与公共服务,是私人企业所不能提供而只能由政府承担起来进行社会化经营和运作,这在某种程度上可被看作在资本主义经济体系内对私有制的一点点突破,可被看作带"公"字号因素在资本主义经济体系内的一点"萌芽"。我相信唯物史观所提出的生产关系必须适应生产力性质的基本规律,相信新生产关系因素会从旧的经济体中孕育、萌发。

应该强调指出,包括社会福利设施在内的由政府所提供的公共产品和公共服务,虽反映着生产社会化发展的要求,带有"公"字号因素,但对于一个资本主义经济体来讲,它属于外围部分,而经济体的主体部分则是由资本主义私有制经济所组成。诚然,生产社会化发展的要求,必然会从外围经济部分向主体部分推进,而且会向资本主义私有制冲击，尽管这个发展是渐进的、长期的，却是不以人们意志为转移的规律。我认为，瑞典社会民主党可贵的是，它不满足于建立"从摇篮到坟墓"的社会福利制度，并不把这个成就炫耀为"社会主义"或"民主社会主义"，而是主张把生产社会化进程从经济体的外围部分向主体部分，特别是向"所有制"这一核心结构推进。为此，瑞典社民党先后提出所谓"职能社会主义"和以"职工投资基金"为核心的"基金社会主义"的计划，想用这种形式的公有制逐步取代资本主义私有制，并于20世纪80年代初把这个"职工投资基金"计划写入它的党章，被人称为"基金社会主义"。然而，这个所谓"基金社会主义"是瑞典社会民主党提出的纲领，是它要为之长期奋斗的"目标"，绝不是瑞典的现实，不可混淆。有必要对瑞典社会民主党提出的"基金社会主义"计划作进一步了解。

三　瑞典社会民主党的"职工投资基金"计划及所谓"基金社会主义"

瑞典社会民主党一向坚持以社会主义作为该党的纲领性目标。自1932年到它1976年第一次失去执政地位期间，它依靠资本主义经济以发展经济，而靠再分配来营造全面福利国家，以此作为通往社会主义的"中间站"。终因公共开支规模过大使国民经济难以"负荷"，再加以世界石油危机袭击造成严重生产过剩的失业，社会民主党于1976年大选中失去执政地位。代表资产阶级的右翼政党上台后，主要由于调整福利开支而在民众抗议浪潮中于1982年下台。社会民主党于1982年上台后，不满足于社会福利设施，而要向资本主义私有制冲刺，并在所谓"职能社会主义"（主要是对私人企业实行某些限制性措施）的基础上，进一步提出"职工投资基金"计划，以冀逐步改变所有制结构及性质，即所谓"基金社会主义"。

瑞典社会民主党在 1976—1982 年失去执政地位期间，对其理论与政策进行反思，至 20 世纪 80 年代逐步扬弃所谓"职能社会主义"计划，开始了以"职工投资基金"为基本方案的"基金社会主义"的尝试。其主要做法是，通过政府立法，建立职工投资基金，规定对大中企业加征 20% 的超额利润税，增加 0.2% 的工资税，以建立职工投资基金，购买本企业股票（即对企业再投资）。根据 1983 年政府立法规定，在全国分地区设立 5 个职工投资基金委员会，分管本地区的职工投资基金，各委员会基本由工会组织的官员所掌握。按计划设想，需 25—35 年，便可使职工投资基金投股达到或超过大中企业股份的 50%，这样，便平静地、和平地改变瑞典经济的所有权结构及性质，从资本主义制度转化为基金社会主义。据报道，在社会民主党于 1982—1991 年执政期间推行"职工投资基金"计划，只有 7 年（即 1984—1990 年），其积累基金相当 1984 年价格 140 亿瑞典克朗的资产，合瑞典上市公司股票价值的 5%—7%。

我认为，瑞典社会民主党提出"职工投资基金"计划用意很好，是用职工投资基金逐渐取代私有制，以实现从资本主义向社会主义的过渡，是一种具有历史性意义的探索；但也具有它的局限性。其间最大缺陷，就是这个"职工投资基金"虽以职工名义成立，却分属 5 个地区委员会管理，由少数工会"官僚"以职工集体名义控制，跟职工个人缺乏明确、直接的联系，职工投资基金实际上沦为少数工会"官僚"所有。瑞典世界著名经济学家阿萨·林德伯克（曾长期担任诺贝尔经济学委员会主席，也曾是有影响的社会民主党党员）曾据此抨击"职工投资基金"计划，主张由不同行业、群体（如工会、农民协会、小企业、养老金协会、科研单位、高教机构等）分别建立各自的"公民基金"，主张以"多元主义"代替由工会一家独占的公有基金来投资、支配企业。林德伯克还为此政见分歧而宣布退出社会民主党。尽管林德伯克与社民党本部的政见不同，但在我看来，林德伯克的"公民基金"方案和社民党纳入党纲的"职工投资基金"方案,都是以建立公有制以逐步取代资本主义私有制为目的而进行的不同的探索。这些探索都具有历史意义,所不同者,林德伯克的"公民基金"方案还只是学者的个人设想,而社民党的职工投资基金方案不仅被纳入社民党党纲,而且已在实践中开始有所推进。不过,从理论角度看,我倒更倾向于林德伯克的"多元主义"原则下多种"公民基金"可以竞争,更符合"经济民主"理念;而社民党的职工投资基金方案易导致"集中化"或"官僚化"。尽管如此,上述两种建立公共投资基金以逐步建立公有制企业的历史性探索和尝试,都是值得认真研究的。只要随着各种这类"公共基金"所持有的企业股份累积增长,一旦成了一些大企业甚至主要行业的"控股者",社会经济的所有制结构及性质将发生"飞跃",一种以新形式公有制为基础(或主体)的社会主义(基金社会主义)势将诞生。我在1987年出版的《瑞典福利国家的实践与理论》一书最后一页曾讲过这将是"一个新社会的起点",可充当"从资本主义过渡到社会主义的桥梁"。我现在仍坚持这一基本认识或观点。

但必须指出的一点是代表瑞典"雇主"(资本家)利益的右翼政党对社民党"职工投资基金"方案的坚决反对。当社民党提出"职工投资基金"计划之初,立即引发"雇主"及其政党的强烈反对,右翼政党曾提出一份反建议,即通过奖金等形式给职工赠送或低价购买本企业一定数额股份,实则是确保企业控制权掌握在资本家手中的所谓"人民资本主义"做法。不仅如此,他们还曾组织了一次规模庞大的游行示威,来自全国各地的各式"企业主"达7.5万人,反对社民党的"职工投资基金"计划。1982年社会民主党再次执政,虽极力推行"职工投资基金"计划,也几经修改才在议会立法通过。职工投资基金计划自1984年开始推行,只推行了6—7年,至1991年社会民主党在大选中失败,以保守党主席为首相的四个右翼政党联合政府一上台,就立即宣布撤销雇主们痛恨的"职工投资基金"计划。由于"职工投资基金"由工会官员控制而跟职工个人无直接联系，保守党政府的这些措施并未引起工人罢工风潮，但其新自由主义政策再加上世界经济不景气，使瑞典经济于1991—1993年连续三年出现负增长，社会民主党于1994年再度赢得大选上台执政。社民党政府在20世纪90年代并未大力推行"职工投资基金"计划，面对福利开支居高不下，也不再顾及工会的反对而加大对社会福利调整力度，强调社会福利不能再建立在财政赤字和债务基础上，打破福利开支只增不减的"刚性"。尽管自1995年到2006年瑞典经济获得3%的平均增长率，近几年来通胀率均在1%以下，但政治官僚化日趋严重，致使社民党在2006年9月大选中失败。

尽管社会民主党几经起落，它所推行的"职工投资基金"计划也屡受挫折，但我认为，只要它能吸取教训，改进"职工投资基金计划"，甚至吸收林德伯克"公民基金"的优点或与之结合进行，并充分利用自己执政机会和广大职工的支持，持之以恒，终会改变社会经济所有制结构与性质，成为从资本主义过渡到社会主义的"桥梁"。

然而，目前瑞典经济仍是资本主义或者国家资本主义，而绝不是什么社会主义或民主社会主义。这不仅是因为执政的是代表资产阶级利益的右翼政党，更重要的是这个"福利国家"是靠资本主义经济营造的大"蛋糕"供养的。社会民主党的改革所有制结构与性质的计划，何时能重新启动或者以何种方式启动尚不可知，何时能实现更不可测，"社会主义"或"基金社会主义"仍是社民党要为之长期奋斗的目标或纲领，而非现实。有人把当今瑞典称之为"真正社会主义"，这对社民党无疑是个讽刺，而执政的资产阶级政党和广大"雇主"（资本家）更会嗤之以鼻。至于称颂瑞典为"民主社会主义"也一样不当。关键在于瑞典经济目前谈不上社会主义而是地道的资本主义，而民主跟社会主义没有直接关联性。正如温家宝总理在2007年两会期间记者招待会上所说，民主、法治、人权、自由、平等、博爱并非资本主义所特有的，而是整个世界在长期历史进程中形成的文明成果。我认为，社会主义需要民主，但民主不必然意味社会主义。瑞典社会民主党靠"民主"制度几度执政，也几度失政，虽避免了形成制度性的腐败和官僚化，但它的君主立宪的民主制度是与资本主义经济相结合，与英国、荷兰、比利时等国君主立宪的民主制跟资本主义经济相结合一样。

四 摒弃所谓公有制不可能在资本主义经济中产生的传统理论观点

从生产资料所有制结构及性质看，我们认为瑞典经济本质上是资本主义而非社会主义，这是一方面。但另一方面，我们又不能不看到不仅在瑞典，还有在其他一些发达国家的经济中也出现了程度不同带有"公有"性质的"公共基金"，如养老基金、失业基金、医疗保险基金、学校教育基金、科研基金、共同基金、投资基金、各种保险基金，等等。我们知道，在第二次世界大战后，西方发达国家的金融界出现了一种新型经济机构（也可称新行业）即所谓"机构投资者"。在当代资本主义金融业海洋中，有几只带有"公有"性质的基金作为"机构投资者"发展很快，其间尤以"养老金基金"令人瞩目。据统计，1995 年美国机构投资者共持有金融资产 10.2 万亿美元，持有全国约 50% 的股权资产；其间，养老金基金是最大的机构投资者，占机构投资者投资总额的 48.1%，占全部流通股权总额的 25.4%。①

几年前，我发表文章分析当代资本主义经济中出现带有不同程度"公有"或"社会所有"性质的新因素。② 该文着重就美国的"养老金基金"和"共同基金"两个基金作了若干基本分析：(1) 就其所有制关系看，无论是"养老金基金"还是"共同基金"，其资

---

① Carolgn Brancato：《机构投资者与公司治理》，IRwin 出版公司 1997 年版，第 25 页。
② 黄范章：《对当代资本主义的一点认识》，《中国经济时报》2002 年 4 月 6 日和 4 月 13 日。

金来源均来自广大"参保者"（养老金基金）或投资者（共同基金）的储蓄或投资，这两类投资机构从其受托经营投资中赢得的资本收入均由"参保者"和"投资者"这两个群体所享用。(2) 从其经济职能看，这两类投资机构者是生产社会化发展到一定阶段的自然产物，并非由某政党根据生产社会化发展的要求而设计的；它们履行投资社会化职能，将广大投保者和投资者的个人资金转化为社会化投资，将千万人的个人经济行为转化为机构投资者的集体行为。(3) 就其经济使命讲，是优化社会资源的分配及再分配，因为它们经营的不是企业，而是证券资本，哪个行业或哪家企业的效益好和有前景，它们就把资本投往哪里。它们所赢取的投资收益来自更有效、合理分配及再分配社会资源所增进的经济效益。传统的马克思主义经济学却长期囿于列宁关于帝国主义的观点，竟把证券资本的经营活动仅跟"寄生""腐朽"等字眼联系在一起。

基于上述对当代资本主义经济的新认识，我在党中央关于解放思想、实事求是、与时俱进的感召下，进一步对所谓"公有制经济因素在资本主义经济内部不可能产生，必须靠暴力革命来创建的"这个传统理论观点提出质疑，[①] 认为这个传统理论观点第一，与事实不符，因为事实上生产社会化的进程已在资本主义经济内部孕育出带"公有"或"社会所有"性质的新因素（如养老金基金、共同基金等）；第二，与唯物史观基本原理有违，因为唯物史观认为生产关系必须符合生产力的性质与水平、新的生产关系必会随着生产力的发展而在旧的生产关系内萌发的基本规律，是一个不以人们意志为转移的历史性规律，而传统理论观点却否认这一历史规律对资本主义经济的适用性，断言它已失效而只能诉诸暴力——"世界革命"；第三，传统理论观点是与当时对时代的认识是"无产阶级革命的时代"密不可分，而今世界早已进入"和平发展"的时代，传统理论观点不能成为我国和平外交总路线的理论基础。

---

① 黄范章：《对一个传统理论观点重新审议》，《经济学家》2003 年第 3 期。

根据彻底的历史唯物主义的观点，应该相信公有制因素或成分会适应生产社会化不断发展的要求而在资本主义经济体内孕育、萌发，应看到带"公有"性质的经济因素不仅已突破现代资本主义的外围经济（公共产品及公共服务），而且已向资本主义经济内围（或主体）进逼，上述"养老金基金""共同基金"等就是明显的例证。从这点看，瑞典社会民主党提出的"职工投资基金"计划和瑞典著名经济学家提出的"公民基金"计划，都是适应生产社会化发展要求向资本主义私有制进行冲击的探索。尽管这种理论的探索和实践中试验使这种"新因素"虽有所积累，但目前还很弱小，远未对瑞典资本主义私人经济大厦构成威胁，但它符合历史潮流大方向，是有生命力的。因此，我们既不应把瑞典一个政党的纲领以及它在某些领域的试验性实践，把资本主义私有制仍统治着的瑞典夸大为建成了什么"社会主义"甚至所谓"民主社会主义典型"，让人们把国家资本主义的瑞典经济当作"社会主义典型"来顶礼膜拜；与此同时，我们也决不可把瑞典社会民主党的"基金社会主义"计划（职工投资基金计划）因其尚弱小而随意抹杀，看不到它的历史生命力，而应在新生事物面前冷静思考。我们不仅应从瑞典社会民主党（虽然 2006 年下台）的"职工投资基金"的试验中，而且也还应从其创建"福利国家"实践中吸取有益经验和教训，以加速建设有中国特色的社会主义。

五 瑞典的经验与教训值得我们借鉴

我认为，瑞典社会民主党创建福利国家的实践以及推行"职工投资基金"的试验中，有许多经验和教训值得我国借鉴。

（1）我国要建立及完善社会保障设施，应坚持广覆盖、低水平方针；要维护公共产品和公共服务的公益性与福利性。

瑞典社民党几十年建立起来的完备的社会保障设施，使西方许多发达国家都为之称羡。瑞典的这一基本成就，值得肯定，但福利水平不宜过高,高福利不仅导致高税收,还导致低效率,即所谓"瑞典病",这是国际社会的一个共同认识。世界著名瑞典经济学家林德伯克2004年应邀来华参加亚洲博鳌论坛,就着重谈到瑞典的这个教训。① 我国的社会保障制度还不完善,应学习瑞典那样广覆盖,以促进社会稳定与和谐,但限于经济实力只能低水平,以后随着经济实力增强而逐步提高福利水平,也还须引瑞典的教训为戒。

重要的是政府提供的公共产品与公共服务(如医疗、教育等),必须维护其公益性与福利性。瑞典的教育(包括高等教育)是免费的,医院都是公立的,只有牙医开设私人诊所。瑞典的学校和医院提供的公共服务是公益性、福利性的,它们绝不是经营性的;高等学校和大型医院多有自己的基金,基金的资金来源除了政府拨款外,多是私人或企业的馈赠,基金是经营性的,为了保值增值,赢利则用以资助学校和医院。这一点值得我们认真吸取。目前不少本该由政府提供的公共产品和公共服务,如学校和医院却把这些公共产品和公共服务作为经营性事业,结果怨声载道,很值得我们深思、猛醒。

(2)有鉴于苏联解体和瑞典社会民主党创立公有制企业的探索之艰辛,我们对于我国社会主义市场经济的公有制主体及国有企业应倍加珍惜,应深刻认识建设有中国特色的社会主义的伟大历史意义。

有中国特色的社会主义,究竟"特"在哪里?我认为就经济讲,"特"就特在建立以公有制为主体、多种所有制共存共荣的社会主义市场经济。历史告诉我们,市场经济有史以来一直建立在私有制经济基础上,要在以公有制为主体的经济基础上建立市场经济,这在中国、在世界上都是开天辟地的创举。经济学史也告诉我

---

① 参见黄范章《林德伯克教授论中国经济与社会发展战略》,《中国改革报》2004年6月14日。

们，无论是西方经济学还是传统马克思主义经济学，尽管它们立场对立、立论各异，却都信奉同一个传统教条：公有制与市场经济决不相容。中国人民在邓小平的改革开放路线指引下，解放思想，破除对传统教条的迷信，不仅在理论上而且在实践中建设社会主义市场经济。胡锦涛同志最近在党的十七大报告中总结改革开放进程的宝贵经验时，曾列举了党的九大"结合"的战略方针，其中之一就是"把社会主义基本制度同市场经济结合起来"。从基本经济体制讲，就是把作为经济主体的公有制跟市场经济结合起来。这既是理论的创新，更是体制的创新。① 这是邓小平同志及历届党中央总结了国内外经济建设的实践给中国找到的一条建设社会主义道路。

所谓以公有制为主体，并不是指国有经济的规模应占有 GDP 中的大份额，而是指国有经济应控制关系国民经济命脉的重要行业和关键领域；至于一般竞争性、经营性行业和领域，国有经济可以进行战略转移，有的领域可退出。但国有经济的转移和退出，只是为了集中力量到更有需要的行业和领域中去，绝不是因为它不应该或无权在这些行业和领域中存在。"产权明晰、权责明确、政企分开、科学管理"这一从我国改革实践中总结出来的国企改革基本方针，主要是针对经营性、竞争性行业和领域内国企而讲的，"政企分开"绝不是消灭国有企业，而是通过股份制和关停并转把国有企业建设成以公有制为基础、有内在经济活力而适合市场经济所要求的"微观基础"。在竞争性、经营性行业和领域中拥有可以跟私人企业、外资企业平等竞争的经营性国有企业，这正是社会主义市场经济有别于资本主义市场经济的重要特征之一，因为提供公共产品和公共服务无论在西方国家抑或在中国都应是政府义不容辞的责任。所以，应该退出经营性、竞争性行业和领域的是政府（政府应致力于提供公益性、福利性的公共产品和公共服务），而不是

---

① 参见黄范章《以公有制和市场经济相结合为特征的社会主义市场经济理论的伟大历史意义——纪念邓小平同志百年诞辰》，《经济学家》2004 年第 6 期。

国有企业（这一点下面将进一步讨论）。一旦某一经营性、竞争性行业和领域由某个或某几个私人企业集团或国外跨国公司垄断时，还须国有企业进入以平抑垄断，促进竞争。所以，在经营性、竞争性行业和领域内，不是"国退民进"，而是国有企业"有进有退"或"可进可退"。

至于国家控制的重要领域，其中不少也有经营性、竞争性行业和领域。所谓国家要控制，绝不意味着国家要垄断或管制，而是控制那些必须由国家控制的东西。以航空业为例，它既是关系国家命脉的重要行业，也属于经营性、竞争性行业。我们既不能因其重要而由国有航空公司垄断全行业，但也不能因为有私人财团和国外跨国公司出高价而完全退出，因为国有航空公司的存在意味着占领必要的战略阵地。然而，对于这一属于国民经济命脉的竞争性行业，如何处理政府与市场关系，这不仅涉及作为政治实体的国家（政府）和作为经济实体的国家（笔者主张由各级人大统辖经营性国企）的分野（即"政企分开"，下面将进一步说明），也涉及国有航空公司跟"非公"航空公司的关系。在这里，只要政府（作为政治实体的国家）掌握了机场、航线确定、航空调度、航空通信、安全检查等要害部门，就能确保国家对这一经济命脉的控制。至于航空运输业应属经营性竞争性行业，国有航空公司虽应成为市场的主体，但也不应垄断，它应该实行投资主体多元化，也应接纳私人资本经营的航空公司及外国航空公司参与公平竞争，以期相互激励和相互促进。这样，便可在这个领域形成一个既有控制又有竞争，既有公有制主体地位，又有多种所有制共存共荣的生动活泼的社会主义经济。

以公有制为主体的社会主义市场经济，这是中国共产党与人民进行的前无古人的伟大历史实践，是有中国特色的社会主义的标志之一。可是有个别人以西方资本主义市场经济为范本，主张国有经济和国有企业全部退出竞争性、经营性行业和领域，提出"国退民进"，势将破坏阉割市场经济以公有制为主体的中国特色。

（3）鉴于瑞典社会民主党对公共基金的重视以及西方发达国家的基金作为金融中介组织的作用，我国宜利用公共基金等金融中介机构，在国企改革中促进政企分开、政经分开，既确保政府对整个经济的主导地位，也确保了国有企业建立完善的公司治理结构。

我国政府与西方国家的政府不同，不只是政治实体提供公共产品及公共服务，而且还受国家委托履行经济实体职能，拥有大批国有企业。国家所有制企业实际是政府所有制企业。政府一身兼有"政治实体"和"经济实体"的双重身份与双重职能。这种体制是中华人民共和国成立之初从苏联那里学来的。这种体制最适合于计划经济。政府以国家名义对国有企业实行政府所有制，而且一统天下，不仅非经营性国企为政府所统辖，而且本该由经济实体国家所统辖、按赢利原则经营的国企也归政府所统辖。结果，经济服从于政府，赢利原则（成本—收益原则）被财政原则（无偿征收—无偿拨付）所取代，市场机制和经济手段被计划化和行政手段所取代，大家都争吃财政"大锅饭"，企业没有独立的经营行为和经济利益，丧失了经济活力。

改革开放以来，我国在"政企分开、政资分开"方面做了不少工作，也明确了股份制的实现形式并付诸实施，但仍障碍重重。改革的过程表明，政府的双重身份和双重职能，乃是政企不分、政资不分、政事不分的体制根源，应成为当今深入改革的重点。[①] 这个问题不解决，不仅国有企业难以建立完善的公司治理结构，政府也难以从"经济建设型"政府转变为公共服务型政府。不仅如此，在当今阶段，政企分开进程刚开始但远未完成，二者处于藕断丝连的状况，更给官商勾结、贪污贿赂留下活动空间，社保基金弊案和

[①] 黄范章：《双重身份和双重职能的改革应是政府体制改革的重点》，《学习时报》2005年9月19日；又刊香港《中国评论》2005年10月号。

房地产业乱象都表明其体制根源均在于此,① 要实现政企分开,就必须从体制上把作为经济实体的国家载体及其职能,从作为政治实体的国家载体(政府)那里分离开来,这就要求体制创新。

如何通过制度创新以实现"政企分开",我早在1989年就曾发表文章借鉴瑞典及西方国家的经验,除了主张用股份制作为实现社会主义全民所有制的好形式之外;还进一步提出利用公共基金(如社会保障基金等)及国家投资公司等金融中介机构,帮助实现"政企分开"。② 为此,我当时曾提出了三项选择:一是由人民权力机构(各级人大)授权专门机构(如国资委),来统辖经营性竞争性国有企业,实际上是在作为政治实体的各级政府之外确立一个作为经济实体的国家载体;二是超越政府各部门之外建立一个由国有资产管理委员会—国有资产经营公司(或国有资产投资公司)—国有企业组成的三层次管理、营运体系,实际上利用国有资产经营公司或国有资产投资公司等金融中介机构,在国资委与国有企业之间建立一道"防火墙",确保"政企分开";三是由国有或国家支配的各种公共基金(如社会保障基金、共同基金、保险基金、投资基金、科研基金等)作为国有企业的主要投资者,实则把国企由政府所有制转为"社会所有制"——一种新形式的公有制(也有人称为"基金所有制",但我宁愿称之为"社会所有制")。这些观点,我后来均有进一步阐述③。

1989年文章发表后,海外学者曾介绍我的观点,并把它称为"金融社会主义"(Financial Socialism)或"基金社会主义"(Fund

---

① 黄范章:《以上海社保基金弊案探讨体制根源和体制缺失》,《中国经济时报》2007年3月12日;《房地产市场"乱象"的体制根源及整治之法》,《开放导报》2007年第3期。

② 黄范章:《股份制——社会主义全民所有制的好形式》,《经济研究》1989年第4期。

③ 黄范章:《政企分开——社会主义市场经济体制下的政府体制改革》,载《未来五年中国经济社会发展报告》,中共党史出版社2006年版,第136—145页。

Socialism)。① 他之所以把我的观点称之为"社会主义",是因为他们认为维护了社会主义公有制;而他又加上"金融"或"基金"字样,是因为我突出地发挥了"基金"等金融中介机构的作用。我对这种称谓并不大在意。但须强调,我的观点,虽受到瑞典社民党"基金社会主义"的启发,但不同于它的"职工投资基金计划",在这方面,我倒更赞赏林德伯克的"公民基金"观点及他对"职工投资基金计划"的批评。我之所以强调"公共基金"等金融中介机构的作用,目的在于用以贯彻"政企分开、政资分开",既排除政府对国企的行政性管理和干扰,又维护以公有制为基础的国企的存在与发展,维护社会主义市场经济的"公有制主体"地位,这是中国创建的新型市场经济,是以公有制为主体的社会主义标志的市场经济,是中国对世界文明的一项历史性新贡献,关于这点我拟以后另文论述。

(原载《经济学动态》2008 年第 1 期)

---

① Robert Hsu:*Economic Theories in China*(《中国经济理论》),剑桥大学出版社 1911 年版,第 72 页。

制度创新、理论创新的 30 年

——兼论创立有中国特色的转轨经济学和
社会主义市场经济学

中国社会主义市场经济，是中国特色社会主义的重要组成部分。在改革开放以来的 30 年间，我国人民在邓小平理论和"三个代表"重要思想的指引下，落实科学发展观，努力推进社会主义市场经济体制的建设事业。如果说，在 1992 年以前的十几年间，我们是在朝着市场经济方向进行探索，先后提出过"计划调节为主，市场调节为辅""有计划的商品经济"（1984）等设想，进行探索；而在 1992 年邓小平同志高瞻远瞩，深刻总结了国内外社会主义建设的经验教训，明确提出建设社会主义市场经济的改革道路之后，中国人民用了十年左右时间初步建立起社会主义市场经济体制，现在处于完善这一新体制的过程中。

尽管中国的社会主义市场经济跟西方市场经济，就市场经济这一范畴讲，有相同之处，但正如中央在 1993 年的文件中所指出"建立社会主义市场经济体制是一项前无古人的开创性事业"。这既要制度创新，也要理论创新。如果说，西方发达、成熟的资本主义市场经济给西方经济学提供了它所需要的沃土；那么，我国正在建设、成长的社会主义市场经济，既为我们创立有中国特色的转轨经济学和社会主义市场经济学提出了历史性的要求，也提供了历史性的机遇和条件。那么，我国社会主义市场经济体制如何显现出这前无古人的"特色"呢？它究竟"特"在哪里？对此我们应该有一个清晰的认识。

一　中国社会主义市场经济体制的最本质特征

（一）社会主义市场经济体制的最本质特征：社会主义基本制度与市场经济相结合

"把坚持社会主义基本制度与发展市场经济结合起来"，这是胡锦涛同志在党的十七大报告中把以这个"结合"为本质特征的"社会主义市场经济体制"作为一场新的伟大革命的方向与道路提出的。从经济制度讲，"社会主义基本制度"是什么？它再也不是公有制"一统天下"，而是"公有制为主体、多种所有制共同发展的基本经济制度"。问题是这个社会主义基本制度的核心部分是什么？它和市场经济如何才能结合？结合的难点是什么？

社会主义的这个"公有制为主体、多种所有制经济共同发展的基本制度"，其核心部分是"公有制为主体"，没有这个核心部分，社会主义基本经济制度也就不成其为社会主义，仅有其他非公有制经济跟市场经济相结合，那将是资本主义市场经济。这些非公有制经济跟市场经济相结合，从经济体制上讲毫不困难，因为历史上市场经济从来都是建立在资本主义私有制的基础上；而社会主义基本经济制度要跟市场经济相结合，其最大的难点就在于它的核心部分——作为经济主体的公有制经济跟市场经济相结合，而要实现这个结合，就必须在公有制经济的基础上建立起为市场经济所须臾不可或缺的微观经济基础。这是一项世界级的难题。

世界经济史告诉我们，市场经济的诞生、成长与发展从来都是和资本主义私有制经济融合在一起的；经济学史也告诉我们，无论是西方经济学抑或传统的马克思主义政治经济学，二者虽然立场对立、立论各异，但有一点相同：都否认市场经济跟社会主义公有制相结合的可能性，而且都把这一点奉为信条。20世纪30年代在西方经济学界发生了一次历时数年的社会主义大论战，当时西方经济学界主要代表米塞斯和哈耶克（后来均为诺贝尔经济学奖得主）

断言只有私人企业才能构成市场经济所必需的微观经济基础，断言社会主义公有制不可能跟市场经济相结合，而只能搞计划经济，只能是一条"通向奴役的道路"[①]；与此同时，传统的理论观点也断言市场经济是资本主义私有制所固有的，跟社会主义公有制经济水火不相容，把市场经济视为"洪水""猛兽"。正是邓小平同志高瞻远瞩、解放思想，总结国内外建设社会主义的经验与教训，毅然采取"改革开放"决策，并于20世纪90年代初提出建设社会主义市场经济的基本方针，打破来自传统理论和西方经济学左右两个方面的同一把思想枷锁——所谓市场经济跟社会主义公有制不相容的"教条"。作为市场经济，它与历史上数百年以私有制为基础的市场经济不同，首次建立在以社会主义公有制为主体的经济基础上；作为社会主义公有制，它不是与计划经济而是首次与市场经济相结合。这是"前无古人的开创性事业"。以邓小平为核心的党中央领导十几亿华夏儿女，在神州大地上"摸着石头过河"，开始了把社会主义公有制跟市场经济结合起来的历史性长征。

为什么公有制与市场经济相结合如此困难？究竟难点在哪里？

我们社会主义国家与西方国家不同。西方国家的企业都掌握在私人手里，政府作为政治实体，只具有"公共服务"职能，而我国政府不只是政治实体，而且还受国家委托履行经济实体的职能，拥有大批国有企业。国家所有制企业（即国有企业），实际是政府所有制企业。政府一身兼有"政治实体"和"经济实体"两种身份和两种职能，这种体制是中华人民共和国成立之初从苏联那里学来的，政府以国家名义对国有企业实现政府所有制，而且一统天下。不仅非经营性、非竞争性国企为政府所统辖，而且本该由国家经济实体所统辖、按赢利原则经营的经营性、竞争性国企也归政府所统辖，结果经济服从于政治，赢利原则（成本—收益原则）被

[①] 黄范章：《30年代西方经济学界关于计划经济问题的论战》，外国经济学说研究会编《国外经济学讲座》第1册，中国社会科学出版社1980年版。

财政原则（无偿征收、无偿支付）所取代，市场机制和经济手段被计划化和行政手段所取代，大家都争吃财政"大锅饭"，形成制度性的"投资饥饿症"（见匈牙利经济学家科尔奈所著《短缺经济》），企业没有独立的经济行为和经济利益，丧失了经济活力。这种企业根本不可能构成市场经济所必需的微观基础。因为，微观经济和宏观经济都是市场经济所固有的经济范畴①。企业之所以能充当市场经济的微观基础，绝不是因为它是基层（或基本）生产经营单位，而是因为它有经济"灵魂"或"生命线"，即它有自主的经济行为和独立的经济利益；只要有了这个"经济灵魂"或"经济生命线"，才会有"成本—收益"这根中枢神经，才会有内在的激励机制和约束机制，所有微观经济规律（价值规律、竞争规律、边际规律等）才起作用。私人企业有这个"经济灵魂"或"经济生命线"，所以能成为市场经济的微观基础。"政企不分"却扼杀了国企的"经济生命线"和"中枢神经"，使公有制的国有企业不可能成为市场经济所需要的"微观基础"，使公有制难以跟市场经济相结合。

  中国人民在邓小平理论的指导下，在改革的实践中不仅找到这个"结合点"，即通过国企改革，把国企建设成以公有制为基础的独立的生产者和经营者，在公有制基础上为市场经济塑造"微观经济基础"；而且探索出了一条可行的途径，即"产权明晰、权责明确、政企分开、管理科学"，而后又进一步明确"股份制"可以是公有制的"实现形式"，循此则可避免"全盘私有化"而在公有制基础上建立现代企业制度，使之具有"自主经营、自负盈亏、自我发展、自我约束"的职能与机制，从而使公有制的国企与市场经济相"结合"，并成为一个主体。在这里，"产权明晰、政企分开"至关重要，不仅直接关系到产权能否明晰，关系到国有企业是否真正享有独立、自主的经营地位，而且关系到政府能否完全

---

① 黄范章：《宏观经济、微观经济均是市场经济的范畴》，《改革》1997年第2期。

真正地从"经济建设型"转变为"公共服务型"。因此,党的文件中长期以来都把"政企分开、政资分开、政事分开"作为经济改革的重点,事实上我国在"政企分开、政资分开、政事分开"方面做了不少努力(如把政府的一些经济主管部门改为大型国有集团公司或控股公司等),但仍障碍重重。改革的进程表明:政府一身兼有双重身份和双重职能,仍是"政企分开、政资分开、政事分开"的体制根源。所谓"病"在企业,"根"在政府[①]。党的十七大报告中把政府体制改革放在突出地位,强调"建设服务型政府",这还需要我们艰苦努力。

尽管如此,但中国人民在改革实践中找到了社会主义公有制与市场经济的"结合点"以及实现这一历史性"结合"的道路,为解决这一世界级难题提供了答案,使这一前所未有的开创性事业——社会主义市场经济体制在中国诞生、成长,其伟大的历史意义及理论意义是怎么估价也不为过。

这里应强调指出两点:(1)所谓"公有制主体",既摒弃过去计划经济时代国有企业一统天下,也不是国有经济要在 GDP 中或经济领域的各行各业中要占多大份额,而是指国有经济须控制关系国民经济命脉的重要行业和关键领域(党的十五大报告)。其中,包括一些经营性、竞争性行业(如银行、交通、通信等),这些重要行业和关键领域的经营性、竞争性国有企业,应是公有制主体的重要组成部分。(2)党从改革实践中总结出的国企改革之路"产权明晰、权责明确、政企分开、管理科学",主要是针对经营性、竞争性国企讲的,目的是在公有制基础上建立市场经济所必需的"微观基础",把国企建成内有经济活力、外有竞争力的国企,绝不是"消灭国企"。我们有必要调整国有经济的阵地,也有必要对国企进行必要的"关、停、并、转",但这是为了把有限的国家财

[①] 黄范章:《双重身份、双重职能应是政府体制改革的重点》,《学习时报》2005 年 9 月 19 日。

力集中到更需要的地方，绝不是因为国有企业没有权利或没有必要进入或存留在经营性、竞争性领域。其实，一旦某个经营性、竞争性行业或领域被一两个大型私人集团公司或跨国公司所垄断，还需要有国有企业打进去，以平抑垄断，促进竞争。所以，笼统地提"国退民进"是不恰当的，经营性、竞争性行业和领域中的国有企业应该是"有退有进、可退可进"。

（二）拥有一批经营性、竞争性国有企业，应是我国社会主义市场经济有别于资本主义市场经济的一个重要特征

在社会主义市场经济体制下，既不像计划经济那样由国有企业一统天下，也不像西方市场经济那样由私人企业一统经营性、竞争性行业和领域，因此有必要分清、分开两类不同性质、职能、营运原则的国有企业。一是提供公共产品和公共服务的国有企业。这类国企体现了作为政治实体的国家即政府的职能，它们有以下特性：（1）它们的生产与经营具有公共性，是为了满足公众经济生活、文化生活、社会生活和公共消费的需要，目的是把政府所辖地区铸造成一个良好的投资环境、经营环境和生活环境；（2）它们的经营是非营利的、公益性的甚至是福利性的或政策性的，不宜由私人经营或私人无力经营；（3）它们的资金来自本地区的财政拨款，政府可以为提高公益性、福利性服务而提供财政补贴，按低于市场价格甚至低于成本价格向公众提供公共产品和公共服务（如水、电、公安、教育、福利住房等）。有些公共产品与公共服务，可以通过采购、招标甚至 BOT 方法吸收私人企业或外企参与，而由这类国企向公众提供作为公共消费，但只能作为非营利性、公益性甚至福利性经营。这类国企应是各级政府所有制企业，谈不上"政企分开"。国外经验表明，这类企业大多数由各级政府财政部门及有关部门管辖，当然这个财政是受到议会严格监督的公共财政。

二是属于经营性、竞争性行业的国有企业。这类国企是社会主义市场经济所特有的，而资本主义市场经济中竞争性行业和领域全由私人企业一统天下。这类国有企业体现了作为经济实体的国家职能，它们有以下特性：（1）它们是经营性的和赢利性的，以赢利为目的；（2）它们自主经营、自负盈亏，有着内在的"成本—收益"经济原则的硬性约束。尽管它们的初始投资来自政府的财政预算，但一旦投入到国有经济实体系统就完全离开政府财政部门；（3）经营性、竞争性国企有一部分属于关系国家经济命脉的行业和领域（如金融、交通运输、通信等），大部分属于一般经营性、竞争性行业和领域。一般经营性国企看重的是便利的市场进入和退出机制，注重国有资产保值增值，如有必要或有利可图可随时转移；而关系国家经济命脉的经营性、竞争性国企，其存在与发展对国家具有重大战略意义，既不可因其重要而由国企垄断全行业，应确保这些领域的竞争性，也决不可因有人（私人大企业集团或跨国公司）出高价而退出（出售）。不过，所有经营性国企的发展应全靠自身的有效经营和竞争能力。

上述两类性质、职能、营运原则完全不同的国企，前者履行的是公共服务型政府职能，后者履行的则是作为经济实体国家所要求的资本经营职能。我过去把前者称为财政账户项目类国企，把后者称为资本账户项目类国企[①]。对上述两类不同的国有企业，我们应在理论、认识上加以分清，在实践上应分属不同的管辖体系，分开管理以贯彻"政企分开"原则。可是这两类性质、职能、营运原则不同的国企，过去一向都属政府所有制，政府一身兼有政治实体和经济实体的双重身份和双重职能，过去是计划经济的体制源头，现在仍是"政企不分""政经不分"的症结所在。政府若不从经济实体的身份和职能中脱身，便难以完全从经济发展型政府转化为公共服务型政府；同时经营性国企若不从政府身上剥离开来，也难以实现"政企分开"和"政经分开"，难以建立健全公司治理机构。但须强调指出，将经济实体的身份和职能从政府身上剥离开来，绝

[①] 黄范章：《把国际竞争的压力转为推进国企改革和结构调整的动力》，《宏观经济研究》2000年第4期。

不是根本否定国家作为经济实体的身份和职能，更不是搞什么国退民进或全盘私有化，而是另外（在政府之外）设置一个作为经济实体的国家的载体（如"人大"），成立一个经营性国企体系。所以，应该退出经营性、竞争性行业和领域的是政府，而不是国有企业。这就要求我们进一步推进改革，特别是政府体制改革，要求进一步创新体制和理论。

关于如何在政府之外设置一个作为经济实体的国家载体，成立一个经营性国有企业体系（包括经营性金融企业），我在20世纪80年代末曾提出过三种初步设想，后来也做了进一步阐述：（1）由人民权力机构（各级"人大"）授权给专门机构（如国资委），来统辖经营性、竞争性国有企业，实际上是作为在政治实体的各级政府之外确立一个作为经济实体的国家载体，这些国企不再是政府所有制，但受政府监督；（2）超越政府各部门之外建立一个由国有资产（经营性）管理委员会——国有资产经营公司（或国有资产投资公司）——国有企业组成的三层次管理、营运体系，实际上利用国有资产经营公司（或国有资产投资公司）等金融中介机构，在国资委和国有企业之间建立一道"防火墙"，确保"政企分开"；（3）由国家或国家支配的各种公共基金（如社保基金、共同基金、保险基金、投资基金、科研基金等）成为国有企业的主要投资者（即控股者），实则把国有企业从政府所有制转为"社会所有制"（或基金所有制）———一种新型的公有制①。以上三种选择，可以任选一项，也可同时采用，公有制可以有多种形式。

（三）中国社会主义市场经济，立足于中国社会主义初级阶段的基本国情。它的建立与成长贯穿于中国三种"转轨"交织在一起的"转轨"时期

以邓小平为核心的党中央30年前开始实施的改革开放政策，

---

① 黄范章：《股份制——社会主义全民所有制的好形式》，《经济研究》1989年第4期。

把中国这个拥有 13 亿人口的发展中国家推进了复杂的、艰巨的"转轨时期"。其所以复杂、艰巨，是由于三重"转轨"交织在一起：一是经济体制上从计划经济转向市场经济；二是经济结构上从"二元经济"转向现代化工业经济；三是增长方式从粗放型转向集约型，特别是转向以科学发展观为基础的可持续型。这三重"转轨"交织在一起，要在短短数十年内完成发达国家过去二百年才完成的事，其复杂性、艰巨性可想而知。我国在转轨时期所面临的问题，是发达国家过去未曾遇到或经历过的，也是以发达的资本主义市场经济为研究对象的现代西方经济学所从未研究过的。

以失业和就业为例。西方发达国家一百多年前完成了工业化、城市化，农村人口只占全国人口的 3%—5%，全国失业率为 4%—5%，而且有较好的社会保障设施。而我国"转轨"起步于"二元经济"，农村人口占 60% 多，是全国最大的弱势群体。农村剩余劳动力 1 亿—2 亿人，处于隐蔽性失业状态。在过去 20 多年里，已有 1.5 亿农民工流向城市，虽大大促进了城市经济发展，却也增大了城市的就业压力，他们的就业处于不稳定状态。此外，随着企业改革的推进，国企和集体企业有大批职工下岗。据统计 1990—2002 年这两类企业的就业人数减少 5610 万人；另据统计，随着经济增长方式转变的推进，导致自 1994 年以来的十年里共约失去了 1.5 亿—2.0 亿个工作岗位。结果我国在转轨时期所面临的失业（或就业）问题，比当今西方发达国家更为严重。尽管我国城镇登记失业率并不算高，但实际情况不容忽视，而且今后一段时期还会趋于严峻。三种"转轨"叠合在一起的情况，使得我国即使有持续的高增长，也常和高失业或低就业结伴而行[①]。当今，西方经济学都是根据西方发达的市场经济的产业结构及运行规则，把就业（或失业）问题仅纳入宏观的、短期的分析视野，并确立失业率不

[①] 黄范章：《高增长与通货紧缩同时并存——我国转轨时期的特有现象》，《转轨通信》2003 年第 1 期。

超过5%以及反映社会收入分配程度的基尼系数不超过4%；若用此标准要求或对比转轨时期的我国，并不适合，也不实事求是，因为我国目前经济跟西方发达国家经济处于不同的平台上。我们应朝此方向努力，加速经济发展和改革，使我国社会主义市场经济日趋成熟。

（四）政府在经济发展与改革中的主导作用

中国作为新兴市场经济体，也和属于新兴市场经济体的东亚其他发展中国家一样，都属于"赶超型"经济。为了"赶超"西方早已成熟、发达的市场经济国家，不得不借助于政府的力量。著名日本经济学家青木昌彦在《政府在东亚经济发展中的作用》一书中阐明东亚发展中国家在经济发展中政府发挥了重要的主导作用。世界银行在1993年发表的《东亚经济奇迹》研究报告中，把东亚经济的高速增长归功于政府经济政策的灵活性和主导性。

中国所进行的三重"转轨"，都是由政府主导的。中国这个发展中国家，无论是实现工业化还是建设成熟的市场经济，都是要在短短几十年内完成西方国家过去花几百年才完成的事业，这就要求发挥政府的主导作用来实现"赶超"。这种政府主导的"赶超"型经济，必然会带来多个方面、多个层次的复杂性、不协调、摩擦甚至脱节，需要政府在发展与改革的进程中做大量的协调工作。

仅以市场经济体制建设为例。从发达国家的历史看，从商品市场、货币市场、债券市场、证券市场、期货市场到衍生品市场，经历了二百多年的历史。每种市场、每种机制和每个制度工具，并不是靠某个天才设计而诞生的，而是随着市场经济的成长，由千百万群众在经济实践中根据活动的需要而自发地形成协议并共同遵守，然后形成法规和章程。当今举世瞩目的纽约证券交易所，是1792年由24名商人在纽约曼哈顿岛南端一棵梧桐树下为交易州政府债券而签订一个合同开始的。纽约证券交易所的成长、发展过程，可视为资本主义市场经济成长、发展过程的缩影。但我国作为发展中国家要在短短几十年间完成发达国家二百多年所完成的事，而经济全球化的发展也不允许我国先建立一个比较成熟的、规范的市场经济再去融入世界经济。为了"赶超",政府发挥了"主导"作用,主导着制度"创新"。当经济货币化的进程尚未完成时,就已开始证券、票证化;当证券、票证制度尚未发育甚至有关运作法规尚不完善时又出台了期货及衍生品市场——这一切都是在短短几十年或十几年内几乎同时出现的。这就造成这么一种局面:在推进自身经济发展与世界经济接轨的过程中,各种市场组织形式、机制、制度工具都具有不同程度的"不成熟性"或"夹生性"。在我们看来,凡是发达国家的成熟市场经济所有的市场形式、机制、制度工具,我们都要有,即使目前条件不成熟也得先引进,在运行实践中培育,就像一群饿急了的人群,等不及饭煮熟就争着吃"夹生饭",就只好"边吃、边煮、边熟",致使各种市场组织形式、机制、制度工具之间常出现不协调、摩擦、脱节情形。这就构成了这种"赶超型"经济所固有的弱点。其实,不仅如此,而且三种"转轨"之间,以及各行业、各地区之间,乃至经济发展与资源环境保护与治理之间,也常会出现各种不协调、摩擦和脱节情形。这种复杂性、艰巨性,乃是我国处于社会主义初级阶段及三重"转轨"交织在一起的基本国情所决定的,也决定了我国在经济发展与改革进程中,有必要就各个不协调、摩擦、脱节方面进行多层次、多方面"协调"。正如胡锦涛同志在党的十七大报告中所讲"科学发展观,第一要义是发展,核心是以人为本,基本要求是全面协调、可持续,根本方法是统筹兼顾。"这是以胡锦涛为核心的党中央,立足于我国的基本国情,对30年来发展与改革实践总结的基本经验。

最后还须强调一点,即政府"主导",只能是政策上、规划上的指导,不能直接干预企业行为或市场行为,不能把"主导"变成"主办"。1997—1998年亚洲金融危机表明:韩国政府的"主导作用"用得过度,完全扭曲了政府、银行、大型企业集团之间正常关系,政府作为大企业集团的后盾,通过国家银行、商业银行长期给大企业集团提供巨额优惠贷款(包括外债),造成银行、企业债台高筑，招致金融风暴引发国际支付危机，迫使韩国政府不得不接受条件苛刻的国际组织救助①。东亚发展中国家都应以此为鉴。

二　30年前倡导中国经济改革的先驱者

社会主义市场经济理论是以邓小平为核心的党中央立足于中国社会主义初级阶段的实际，总结国内外社会主义建设的经验教训而提出的。在当时中国人的视野里，最触目惊心的国外事件莫过于苏联计划经济崩溃和政治解体，国内事件莫过于极"左"路线在"文化大革命"时期把中国经济推到崩溃边缘以及党内某些经济改革先驱者的改革呼吁。如果说"文化大革命"充分暴露计划经济的弊病从而增强了人们"非改革不可"的决心；那么，先驱者们关于经济改革的呼吁为市场化改革做了某些思想、理论上的铺垫。

还在20世纪50年代中期，一些经济学家和经济工作者如孙冶方、薛暮桥、顾准、于光远、徐雪寒、卓炯、刘诗白、何炼成等对计划经济体制下国有企业吃"财政大锅饭"、低效率、无活力产生质疑，开展了关于商品生产、价值规律的学术讨论。他们强调商品生产要按价值规律办事，否则要"受惩罚"，他们谈论企业的经营性和经济核算的重要性。这是一批经济改革的先驱者，其中，孙冶方是最突出的代表。孙冶方少年时代由党送往苏联学习，后在第三国际工作；中华人民共和国成立前后长期在解放区和华东区从事财经工作，50年代担任国家统计局局长。他对苏联、中国计划经济的弊病有深刻了解，把计划经济称为"现代自然经济"，呼吁要改革。他1958年担任中国社会科学院经济研究所所长后，利用学术机构深入调研，直陈时弊、呼吁变革，把关于商品生产、价值规律的学术讨论引向对改革的探讨。"文化大革命"期间他入狱7年

---

① 黄范章：《东亚经济的崛起和中国扮演的角色》，载黄范章、魏燕慎主编《东亚经济蓝皮书　2000—2005》，经济科学出版社2006年版。

多,坚贞不屈,在极端困难的条件下继续追寻他的改革思路。党的十一届三中全会带来了改革开放的春天,孙冶方已患重症,仍为改革呕心沥血,中央决定授予他"优秀共产党员"称号。他给我们留下了可贵的改革思路。主要有:

(1)孙冶方对苏联及我国传统的计划经济持否定态度,并将它们称为"现代自然经济",极力批判"自然经济观",批评在计划体制下人们把社会主义经济关系看作"像原始共产主义社会一样的实物经济",从而把价值、价格、货币、利润等概念当作资本主义商品经济的专有物而抛弃了,并深刻指出这种"自然经济观"产生的"外因"是苏联影响,内因是思想意识上的"唯心论"或"唯意志论",否认经济规律的客观性,用思想上和政治上的原因来说明经济现象和问题。

(2)孙冶方曾振臂高呼"千规律、万规律,价值规律第一条"。这是孙冶方针对计划经济的痼疾(只求产品数量不计成本)而发的。他抨击说由于"否定或者低估了价值规律在社会主义经济中的作用,不惜工本似乎是社会主义建设应有的气魄"。正是在这一认识基础上,孙冶方提出了"最大最小"(以最小的耗费取得更大的经济效果)论点,并把它作为贯穿他撰写"社会主义经济论"的一条红线,其实在他看来,这也应是带动社会主义经济发展的一条红线。这个"最大最小"论点,很类似西方经济学中所讲"成本—收益"原则。然而,孙冶方没有接触过西方经济学,也没有市场经济概念,这完全是他从当时中国和苏联计划经济弊端中深切感悟到的一点改革方向。

(3)他竭力主张"利润挂帅"。他认为,用"利润挂帅"是调动国有企业积极性的最好办法,比用指令性计划更省事、更有效。他在著作中用一个极其生动的比喻,把组织、营运国有企业好比赶头牛往前走,把用指令性计划方法来鞭策国有企业,就好像搬着牛腿走,十分吃力,而用利润指标来调动国有企业就像牵着"牛鼻子"走。

（4）孙冶方批评计划经济体制下国有企业只有权维护简单再生产，对革新技术既无兴趣也无能力，只能"复制古董"，他非常赞赏市场经济中的"竞争"，认为这是鞭策企业不断更新技术为提供物美价廉的产品而"前进，前进再前进"的有效机制。尽管在20世纪50—60年代，孙冶方没有也不可能提出什么市场经济的设想来，甚至连"市场"一词也很忌讳，但他的思想却不自觉地朝着这个改革方向来。

（5）孙冶方提出，经济改革或调整的重点不应是中央与地方的关系，而应是国家与企业的关系。他认为建设实践表明，我国曾多次实施"放权"（或下放权力），但都是由中央下放权力给地方，并未触动企业的管理体制，反而招致经济秩序混乱，不得不每次下放权力给地方之后不得不再次把权力收归中央，孙冶方把它描绘成"一抓就死、一死就放、一放就乱、一乱就抓"的循环，结果解决不了经济"活力"问题。孙冶方一再强调，关键是把各级政府部门手中的一些权力交给国有企业，使国企在权力、责任、利益三者结合的基础上成为独立的生产者或经营者，使企业有"活力"。尽管孙冶方当时没有认识到用现代企业制度来改造国有企业的必要性与可能性，然而他强调，关键是处理或改革国家和企业的关系，而不是调整中央与地方的关系，反对用"行政性分权"来取代"经济性分权"，这就牢牢地把握住经济改革的基本方向①。这一点对我们也是有长期的教益的。

今天我们纪念改革开放30周年时重提以孙冶方为代表的一批倡导改革的先驱者，不仅为了缅怀他们在改革开放以前几十年里披荆斩棘为探索改革而付出的努力和牺牲，而且更重要的是向全世界昭示，中国的社会主义市场经济的理论与实践，绝不是凭空而来的，更不是"舶来品"，而是邓小平和以邓小平为核心的党中央在

---

① 黄范章：《论孙冶方经济理论体系中的矛盾》，中国社会科学院经济研究所编《孙冶方经济理论评论》，人民出版社1985年版。

改革开放旗帜下，总结国内外社会主义建设经验和教训，包括以孙冶方为代表的一批改革先驱者的成就、不足的基础上提出和确立的；是邓小平及以邓小平为核心的党中央在20世纪90年代初，高瞻远瞩、解放思想，破除思想枷锁，破天荒地把社会主义基本经济制度跟市场经济结合起来，在中国大地上开展了建设社会主义市场经济体制这一"前无古人的开创性事业"。这项开创性事业，将永远跟邓小平这个名字联系在一起，是地地道道的"中国制造"，定将为世界文明成果增添绚丽的中华篇章。

三 为创建有中国特色的经济学
——转轨经济学和社会主义市场经济学而努力

在中国，创建社会主义市场经济新体制的这个历史性进程，既对我们提出了创立转轨经济学和社会主义市场经济学的要求，也提供了充分的可能。我国是在三个"转轨"同时进行的条件下建立社会主义市场经济的。我国的转轨经济和社会主义市场经济，跟西方发达的资本主义市场经济相比较，在经济结构、市场成熟程度上讲有很大差别和差距。也有好心的国际人士重视中国的特殊道路和经验，如美国《时代》杂志前编辑雷默2004年搞了个"北京宣言"，但对中国如此复杂的国情缺乏足够的了解。创立有中国特色的"转轨经济学"和社会主义市场经济学的历史任务，我们无法指望也不应该指望国外"高手"来替我们完成。这项历史性任务，历史地落在中国的经济理论工作者和实际工作者身上，这是中国经济学人所无法推卸、也不应推卸的历史性任务。

30年经济发展与经济改革的实践，使我国确实积累了丰富的独特的经验，值得我们十分珍惜和引以为豪。兹举其荦荦大者：如在从指令性计划转向以市场为分配社会资源的基础性手段中，我国以极简明的语言"政府调控市场，市场引导企业"，勾画出我国社会主义市场经济体制下政府与市场的应有关系；又如我国总结出的

"产权明晰、权责明确、政企分开、管理科学"这一国企改革之路,为把国企建设成公有制基础上的"微观基础",解决了社会主义公有制与市场经济相联结的这一世界级难题;还有,我国一度实行的价格改革双轨制,成为从计划价格稳妥地过渡到价格放开的中间"桥梁";我国实行"股权分置",为把初生的股市从无序到有序逐步推进。这些,都是西方资本主义市场经济在其成长中从未有过,现代西方经济学也从未研究过。同时,我国是在经济全球化、信息化时代进行工业化的,我国工业化虽比发达国家晚了二百年,但充分利用后发优势,并总结出一系列宝贵经验,例如,资本和资源短缺的中国提出"利用两种资源和两个市场"总战略,以迎接国际产业转移;还总结出"以信息化带动工业化,以工业化促进信息化"的新型工业化道路①,而西方国家一二百年前进行工业化时根本不知道信息化、全球化为何物。此外中国还坚决摒弃西方国家过去走过的"先污染、后治理"的发展道路,而是提出了科学发展观,并据此倡导"资源节约型经济""环境友好型经济""循环经济"。这些发展方式都浓浓地凝聚了"中国特色",都是中国国情和中国人智慧及创造性的结晶。尽管这些创造性的经验,目前还停留在党的方针、政策、战略层面上,却为创立有中国特色的转轨经济学和社会主义市场经济学提供了宝贵的内容和理论支架。随着经济发展和改革不断往前推进,我国定将有越来越多开创性实践和经验。这一切有待于进一步发展,需要我国经济理论工作者和实践工作者共同努力。

除了党不断对我国经济发展和经济改革中的经验做出创造性的总结外,还有不少学者个人也长期重视和致力于有中国特色的转轨经济及社会主义市场经济的研究。例如,我国的一些著名经济学家,如薛暮桥、于光远、马洪、刘国光、高尚全、董辅礽、刘诗白、谷书堂等,早已发出了呼吁,要创立有中国特色的经济学。有

---

① 《为效率优先辩》,《中国经济时报》2006 年 5 月 16 日。

的学者正进行努力，如以高尚全、迟福林为首的中国（海南）改革发展研究院致力于中国转轨经济的研究，提出中国转轨经济以"市场取向、渐进方式"为特征，并于1995年出版了《中国转轨经济研究报告》，就转轨经济的理论及有关重大经济问题发表了很有见地的研究报告十余篇。国家发改委的王积业等人在20世纪80年代曾提出"国家调控市场、市场引导企业"作为中国市场经济的基本框架，这一概括后被写入党的十三大报告。又如，吴敬琏、周小川、荣敬本1996年出版的《建立市场经济的总体构想与方案设计》一书，就中国从计划经济向社会主义市场经济转轨的基本思路、总体设计以及各项改革配套进行了系统研究。这些研究成果积极推进了对转轨经济学的研究，并从实证性研究方面为创立社会主义市场经济学进行了基础性准备。

有些经济学家对转轨经济学和社会主义市场经济学进行着更为理论化的探索。例如，樊纲、林毅夫等借鉴新制度学派和公共选择理论，以转轨过程为经济学的研究对象，以对利益分配的分析为线索，分析不同利益集团在改革过程中如何按公共选择的方式解决它们之间的利益冲突，把这种利益冲突作为转轨过程的成本。他们对转轨过程进行成本—收益分析，认为渐进式变革将是阻力较小、成本付出较少的一种选择。

值得着重提出的是2006年10月在诺贝尔经济学奖得主斯蒂格里茨和我国经济学家林毅夫之间发生的一场关于有没有一种"中国经济学"的争论。斯蒂格里茨坚持西方经济理论完全适用于中国，看不到中国经济的"特色"。对于这位长期在资本主义市场经济和西方经济学熏陶下的经济学大师来讲，持有这种观点不足为怪。而林毅夫却从中国经济发展与改革的实际出发，表示许多西方经济理论难以解释中国在发展中出现的许多现象，认为国内经济学家在对中国经济的了解程度上比外国的经济学家更有优势，提出"独特的国情给中国经济学带来了千载难逢的研究机会"。这意味着林毅夫意识到，我国建设社会主义市场经济这项"前无古人的开创性事业"正呼唤着理论创新，创立有中国特色的经济学。此外，还有一些中国经济学家也从中国实际出发研究中国经济发展与改革中出现的新情况和新问题，发现用现有西方经济理论难以解释。例如，中国宏观经济学会王建同志在其《论人民币内贬外升》《中国通胀的长期性因素》等文中就对西方某些传统理论提出了质疑，要求"重新认识和创新"。他们坚持改革开放，不是"消除"中国特色（如公有制为主体地位）去适应西方模式，而是从中国的新情况和新问题中研究其中的规律性东西，提出新的理论解释，推进理论创新。这种研究态度是可取的和可贵的。

最后还须提及，在30年的改革开放进程中，我们建设社会主义经济的事业既不可一蹴而就，更不是一帆风顺，是一场深刻的革命。有些人主张走西方市场经济道路，搞私有化，主张全面"国退民进"，有些人留恋传统理论和计划经济，因此在过去的30年间，曾发生三次关于改革的大争论：第一次发生在1980—1984年；第二次发生在1989—1992年；第三次发生在2000—2007年党的十七大前。如果说前两次的争论围绕的主题是"计划与市场"和"姓资姓社"，那么第三次就是因社会贫富差距扩大引发一些对"效率优先"、市场化方向的怀疑或否定。对"不公平"的义愤可以理解，但倒退绝无出路。另外，还须注意另一个潜在的危险或威胁，那就是当今我国国企改革中政企不分、政经不分的问题尚未解决，二者处于"藕似断，丝更缠绵"的状态，这给官商勾结留下空间，腐败滋生难抑。所有上述问题，只有靠进一步推进改革，特别是靠坚决推进政府体制彻底改革来解决。我们应该高举中国特色社会主义的伟大旗帜，在邓小平理论和"三个代表"重要思想的指引下，落实科学发展观，将社会主义市场经济的建设推进到底。

总之，我国的社会主义市场经济建设，是在中国特色社会主义伟大旗帜下，解放思想，与时俱进，突破传统马克思主义和西方经济学的"教条"进行的，是前无古人的制度创新和理论创新。相信再过30年，当我国完成"三重转轨"之日，也就是完善社会主义市场经济建设之时,那时候在东方地平线上,在我国神州大地上将高高矗立着一面鲜艳的旗帜,上面写着"社会主义市场经济——中国特色社会主义"。中国将以有中国特色的"转轨经济学"和社会主义市场经济学给世界经济学文库增添瑰丽的新篇章。

(原载《经济学家》2008 年第 6 期)

关于股份化、社会化的思考

——兼论当代资本主义经济中萌发的公有制因素

在改革开放初期，不少人囿于传统理论的束缚，把股份制说成是资本主义所固有的产物，把股份化等同于私有化。记得1988年我从国外工作两年回来时，国内学界正处于股份制与承包制的争论之中，我于1989年发表《股份制——社会主义全民所有制的好形式》一文（刊《经济研究》1989年第4期），阐明采用股份制绝非"私有化"，而且是公有制的好形式。可是在1992年年初我国明确了以建设社会主义市场经济为目标之后，特别是在21世纪初中共十六届三中全会明确提出"使股份制成为公有制的主要实现形式"之后，有些同志却又把股份制跟公有制等同起来，把作为公有制的"实现形式"说成是公有制的"存在形式"，甚至有个别同志还把西方国家的股份企业说成是"公有制企业"。为此，有必要在理论上弄清楚股份制是如何产生的？它的基本特征是什么？为什么股份制不是公有制存在形式，但可成为它的实现形式？还想进一步讨论，如何看待当代资本主义经济中萌发的"公有制"因素？

一 股份制是生产社会化对资本主义私有制冲击的产物

股份制是资本主义市场经济为适应生产社会化发展的要求产生的企业组织形式。生产社会化的发展要求企业必须有巨额投资，单个企业靠自身的资本积累难以达到社会化生产所要求的巨额资本，股份制是适应资本集中的需要而产生的。

生产社会化是跟以机器生产代替手工工具为标志的社会生产力的发展密切相关的。社会生产力的这一发展，一方面大大提升了社会生产力的性质与水平，促进了生产过程中的分工与合作，使得劳动者个人必须依靠车间、企业，乃至全社会的分工合作才能生产出完整的产品，不再像过去手工工匠那样的独立生产者；另一方面（即生产关系方面），生产社会化又冲击着生产资料私有制，它要求企业须有巨额投资，须要有某种进行资本集中的机制来融资，这种社会化融资机制既要确保融资者对企业的产权，又要确认一般投资者的一般财产权。股份制就是为适应上述需要通过人们上百年的经济实践而创立的一种新机制。这种新机制——股份制是以实现四个"分离"为其特征。

第一个"分离"是"所有权与经营权的分离"，这个"两权分离"是股份制的一个人所共知的特征。值得指出的是，这个"两权分离"是与社会化大生产相联系的。在历史的不同阶段，都曾有过"两权分离"之类的经营方式。例如在资本主义经济中，借贷资本家与产业资本家之间的"两权分离"，按马克思的说法，其实质乃是借贷资本家在一定时期内将货币资本的所有权让渡给产业资本家，而后者则在一定时期内享有对借入资本的完全支配权，并承担其经营的后果（盈或亏）。上述种种"两权分离"，虽有不同的社会经济性质，却有一个共同特点，即它们实际上都发生在两个不同的经济主体之间，或者说所有权和经营权是在不同的经济主体之间的"分离"。但股份制的"两权分离"则不同，它只发生在同一企业的内部。随着生产社会化程度的提高和生产技术的复杂化，使得资本所有者（无论是融资者还是投资者）难以执行高级管理职能，而不能不委托具有专业知识、技术或经营管理经验的经理人员。经理们虽拥有决策权，但他们毕竟受雇于股东，是工薪领取者，二者属于同一经济主体（企业）内部的雇佣关系，而非两个经济主体之间的契约关系。

然而，资本主义经济是以维护私有制为圭臬，尽管社会化生产冲击着私有制，但资本主义经济只能利用股份制这种经营形式维护、发展私有制，决不允许它破坏私有制，决不允许"两权分离"使融资者在融资（或资本集中）的同时失去对企业资产的私人占有和支配权。这一点，就得靠股份制的其他几个"分离"特点来实现。

第二个"分离"是股权与产权的"分离"。股份制的这个"分离"，是资本主义市场经济为适应推进生产社会化进程而进行资本集中所需要的。股权分散和资本集中，是同一经济过程的两个侧面。为了社会化大生产的需要，一方面既必须在私有制经济基础上进行资本集中，向社会各界私人融资；另一方面又必须保证大生产的企业产权掌握在融资者（大资本家）手中。为此，股份制便贯彻一种新机制——公司治理结构，它既把企业的经营管理权集中在懂技术、懂经营的管理层手中，而脱离广大投资者（股民）的控制或干预，任何股民无权干预企业的经营与活动；另一方面又通过控股权的办法确保大股东（融资者）对企业进行实际的控制与支配，并以法律手段给大股东对企业的控制权冠以"法人产权"而跟广大作为"自然人"的股民所持有的股权区别开来。一般股民所持有的股权属于一般财产权，只有掌握控股权的大股东才有资格担任企业"法人代表"，才真正持有企业产权。所以，股权和企业产权是两码事。股权与企业产权的"分离"，既确保融资者（大股东）通过资本集中用别人（广大股民）的资金来做自己的生产，又可让广大股东分担风险；而广大股民虽提供资金却失去对资金的控制权，更不可能触及企业产权，倒要承担投资风险。

第三个"分离"是资本的价值形态与实物形态的分离。资本实现股份化后，股份资本的价值形态便脱离实物形态而具有独立的物质存在形式和运动规律。实物形态的资本，一般以厂房、机器设备等生产手段作为它的物质存在形式，在企业内（物质生产过程中）不停地运转、折旧和更新；而价值形态的资本则以股票、债券等作为它的物质标志，在证券市场上不断易手，却不流回企业。

不仅如此，作为实物形态的资本，即任何设备及各种设备组合的生产线，必须保持其技术上的整体性或不可分割性；而作为价值形态的股份资本，则具有可分性，一个亿万资产的公司，其股份可以分成几万乃至几千万股，股票票面价值可以很小。股票面值越小，持股的股东越众，融资者（大股东）越可汇集到更多资本，他便可以更小的比率来实行控股。

第四个"分离"乃是股份的面值与市场价格相分离。股票本身有几个特点：（1）股票的面值与它的市场价格不同。决定股票市场价格的因素为股息、利率及市场供求关系。一般讲，企业经营成功，则利润大、股息高，其股票的市场需求便大，其市场价格就上涨，可以高出股票面值的几倍、几十倍甚至更高；反之，若企业经营亏损，其股票市价便下跌，甚至跌到面值以下。故股票的市价和收益有很大波动性。（2）股票一经投向公众（二级市场），股票持有者（股民）便不能向企业要求退股，只能在证券市场上转让（出售）。（3）股票具有非常强烈的流动性，它在证券市场上从一个股票持有者手里流到另一个股票持有者的手里。正因为股票的面值与市场价格相"分离"的特点，往往给投机家有机会操纵股市，牟取暴利。

二 有关股份制的一些"迷雾"和理论分析

股份制的上述诸特征，常被一些人弄混淆了而造成人们思想认识上的层层迷雾，特别是有的人把生产资料所有制的存在形式（私有或公有）跟它的实现形式混为一谈，一个重要原因是把股份制下的股权跟企业产权混为一谈：有的人把一般持股者（股民）都说成"资本家"；有的人则把所有股份制企业说成是公众持股的"公有制"企业，甚至当代西方国家的股份制企业也是"公有制"企业。这些思想、认识上的迷雾，有必要从理论上加以理清。

（1）必须分清生产资料所有制的存在形式和实现形式。马克思所讲的生产资料所有制不是对一般财物的所有问题，也不是指某一项生产要素归谁所有，而是指生产对象、生产工具、生产者（劳动者）三者组合归谁所有。在社会化大生产条件下，这三者是由企业将它们组合在一起进行生产与经营。由企业所体现的生产资料所有制究竟归谁所有（私有或公有），是第一位的东西、它决定一个社会经济形态的基本性质；同时，生产资料所有制，毋论是私有或公有，都不是一个简单的"归属"（私有或公有）问题，它还须有它的"实现形式"，还要借助于一系列的机制在生产、流通、分配、消费等过程中得以贯彻和实现，即要对生产资料的占有、支配、使用、处置以及用以创造财富与收入等形式来实现。生产资料所有制的"归属"问题（私有或公有）是第一位的，"实现形式问题"是第二位的，但"实现形式"是任何生产所有制所必需的，否则，便无法表明这种所有制的有效性及它存在的真实性。如果地主不能自主支配其土地并用以获取地租，则它的封建土地所有制的存在实属可疑；如果资本家不能支配其企业并借以获取利润，则资本主义私有制将是名存实亡。股份制企业，则靠控股权和公司治理机构这套机制来确保其生产、管理、经营全过程都按企业法人（控制者）的意志进行。所以，任何生产资料所有制都须通过一定的形式来实现，来表明它的真实存在和有效运行。所有制的贯彻与实现问题，对于任何一种属性的生产资料所有制（私有或公有）来说都至关紧要。尽管如此，但企业所有制（私有或公有）的实现形式，跟这种生产资料所有制（私有或公有）本身的存在形式不是一回事。股份制、承包制、租赁制一样，都是所有制（私有或公有）在生产、经营、管理过程得以贯彻的"实现形式"，它们本身都不具有所有制的社会属性。对于一个股份制企业来讲，控股者可以是私人或私人企业，也可以是公有制经济实体；股份制和公司治理机构这套机制，正如中央文件所指出的，资本主义可以用社会主义也可以用。

为什么人们会在股份制问题上把生产资料所有制的存在形式跟

它的实现形式混为一谈呢？最主要原因是把股权跟企业产权混为一谈。

（2）20世纪五六十年代所谓"人民资本主义"宣传者，把股权等同于企业产权，把一般股民说成"资本家"。20世纪50年代美国掀起一股发行小额股票和企业推行"职工持股"（ESOP）风潮，于是有些人在当时"冷战"进行之际便把股权跟企业产权混为一谈，把所有股票持有者（股民）都说成是资本主义生产资料所有者或"资本家"，大肆宣扬在美国已是"人人都是资本家"，把美国的现代资本主义说成是"人民资本主义"。我于1962年发表文章《批判人民资本主义》论及《资本家宣言》一书①。当时我强调股权分散和资本集中是同一经济过程的两个侧面，众多的中小持股者（股民）只是资本集中的对象。至于"职工持股"和一般股民持有股份都只是一般性财产收入，不仅无损于家族财团和大股东对企业的控股地位，无损于他们对企业产权的控制，反而增强了他们所控制的资本实力，更何况，西方国家所有推行"职工持股计划"的企业，都对"职工持股"在股份资产中的比例有严格限制，以便把控股权牢牢掌握在自己手中。改革开放后我在1989年发表《股份制——社会主义全民所有制的好形式》（《经济研究》1989年第4期），在当时国内正处于"股份制"还是"承包制"的热烈讨论中，极力主张用股份制改造国企，不仅在于股份制有一套行之有效的公司治理结构，还在于用股份制来推进国企的"政企分开"（这个问题，我在后来发表的文章中均有进一步阐发）。

还须强调一点，我对股份制的认识基本是正确的，但在20世纪60年代在"左"的路线影响下，我用"冷战"思维对待西方国家发行小额股票，特别是对推行"职工持股计划"错误地采取了否定态度，完全看不到它们对一般职工和居民有增加一般财产性收入的积极意义。我在1989年及以后发表的文章都纠正了这一错误

---

① 载《红旗》1962年第13期。

认识。2007年党的"十七大"报告提出了"深入收入分配制度改革,增加城乡居民收入"这一战略性任务,并首次提出要"创造条件让更多群众拥有财产性收入"的要求,我即发表《发展资本市场,推进财产性收入大众化》一文。① 主张扩大发行小额股票和推行"职工持股计划",让更多群众拥有财产性收入,丝毫不影响国有或私有股份制企业的企业产权(国有或私有)。

如果说,过去"人民资本主义"鼓吹者混淆股权与企业产权而把一般股民都称为"资本家",那么,在我国改革开放初期有些人把国企的股份制改革说成是"私有化"或"资本主义化",其根本错误也在于把股权跟企业产权混同,不了解只要国企保持控股权,不仅可维护公有制,还可发行股份将社会资金汇集起来壮大国企力量。

(3)近几年来,随着中央明确股份制应成为公有制实现形式,有些人又把作为公有制的实现形式与它的存在形式混为一谈,断言股份制就是公有制。有的人抹杀"控股权"掌握在谁手里,把一般"股权"等同于股份企业的产权,说股份制企业由于"公众持股"而成为"公有制",这种认识和说法不利于保护非公经济中私人控股公司的"私人产权";至于有的人把西方国家股份制企业也说成是"公有制"企业,西方资本家不仅不感谢你送给他的"红帽子",反而会嗤之以鼻。

值得提及的是,有的人强调股份制是突破了私有制而实现了"公有制",并从马克思《资本论》中找"论据",提出马克思曾讲过股份制是对私人资本的"扬弃"。这是对马克思的误解。马克思的原话是:股份公司"在资本主义体系本身的基础上把资本主义私有产业实行扬弃"。这是马克思对股份制与私有制关系的精辟概括。马克思这句话是以极简洁的语言从下述两个方面表述了股份制乃是资本主义基本矛盾的产物:一方面它表明资本主义私有制已

---

① 载《中国经济时报》2008年2月19日。

开始不适应生产社会化发展的要求，需要股份制来启动社会化筹资进程，即通过资本集中把众多中小资产持有者变成资本集中的对象，剥夺他们对自有资本的支配权并承担风险；另一方面它又确保由大企业家（股东）来主导这个投资社会化，使他们能够支配别人的资本而不必承担风险。正如马克思指出的那样，股份制使一部分人获得了支配他人或社会的资产的权利，却又可逃避责任的可能性。结果，股份制使得生产社会化进程在资本主义私有制框架内得到长足的发展。马克思在《资本论》中就曾写道，若没有股份制的出现，当时欧美便不会有铁路。据美国著名企业史专家小钱德勒在 1977 年出版的《看得见的手》一书中指出的，最早的股份制公司出现在 1850—1860 年的美国铁路运输业；到 20 世纪中叶现代股份公司已成为大工业中占统治地位的企业组织形式。若按某些人的说法，岂不是要把 100 多年来资本主义经济发展的历史说成是"公有制"或社会所有制发展的历史吗？据我所知，最早研究股份制企业的西方经济学著作当数美国制度学派凡勃林的《不在所有权与现代企业》（1923 年），稍后美国学者伯利和米思出版了《现代公司和私有财产》（1933 年）一书。尽管他们都研究以"两权分离"为特征的股份制企业，但都承认企业产权最终还是牢牢掌握在大资本家手中，承认股份制企业运行于其间的是一个私人资本主义体系。所以，把股份制说成是"公有制"，既与马克思的论述相悖，也是西方经济学所断然否定的，还与二百年来资本主义发展历史相违背。

所以，股份制是适应社会化生产发展的需要而产生的经营形式或实现形式，资本主义私有制可以用，社会主义公有制也可以用，既不能把它看成只属于资本主义私有制所固有，也不应走向另一极端而把它等同于公有制本身。

三 公有制因素在当代资本主义经济中萌生

股份制是生产社会化对资本主义私有制冲击的产物，股份制萌发、成长于私有制经济中，不仅没有损害私有制经济，而且是帮助私有制扩大了它接纳社会化生产发展的空间，从而进一步加强和壮大了资本主义私有制经济。问题是，生产社会化的发展，能否给资本主义私有制经济突破一丝缺口，让公有制因素在这缝隙中萌生、发育、成长呢？我认为，只要细心考察，就会发现不仅可能，而且已经萌生。

其一，公共产品与公共服务。传统西方经济学和传统资本主义市场经济并不存在"公共产品和公共服务"之类的范畴。西方国家的政府在20世纪以前也没有明确把提供公共产品和公共服务界定为自己应尽的经济职能之一。

西方经济学告诉我们，资本主义国家的政府职能最初被称为"巡夜更夫"，起着防火防盗的作用；随着竞争机制的充分开展，政府的经济职能被界定为运动场上的"裁判员""巡边员"而不是"运动员"，维持市场竞争秩序。然而资本主义市场经济并不像古典经济学家所描绘的那么美妙，它的基本矛盾决定了它固有的三大缺陷：（1）周期性危机；（2）竞争性导致垄断；（3）社会贫富两极分化。20世纪30年的经济大危机，把这三大缺陷发展到极其尖锐的地步，整个资本主义经济面临崩溃。资本主义经济已无法靠市场机制的"自我调节"，不得不求助于"国家干预"。随着罗斯福"新政"，特别是英国经济学家凯恩斯1936年出版的《就业、利息和货币通论》，为国家干预提供了理论基础。从此，"国家干预"便跟资本主义市场经济结为一体，西方经济学不仅有了宏观经济学和微观经济学的分野，而且有了公共产品与私人产品的区分，并进一步界定了政府的经济性公共服务职能。

特别值得提出的是，现代西方经济学开始提出"公共产品"

"公共服务"之类的经济范畴。为什么在私人企业一统天下的资本主义市场经济会需要"公共产品和公共服务"呢？这是随着生产社会化的发展，有一些重大设施（如基础设施）为所有私人企业所共同需要却不是私人企业能够或愿意提供的，只能靠政府用税收来营造。这类"公共产品和公共服务"，按西方经济学的说法，其特征除了它是由政府而非由私人企业所提供外，还在于它具有"非排外性"和"非营利性"（公益性或福利性）的特性。这表明：生产社会化发展已达到这种程度，突破私有制一统天下的资本主义市场经济，使"公有制"因素开始萌发，有一"隙"之地。不过，这些"公共产品和公共服务"归根到底都是为了给私人企业营造一个有利的投资环境和经营环境，是所有私人企业所共同需要的，也可说是为私人企业经济服务的，可以说属于市场经济的"外部环境"（或"外围"），而非市场经济的"核心"部分；而这个"核心"部分是竞争性领域，依然是私有制一统天下。尽管股份制企业采取了融资社会化，但其实质是集"小私"为"大私"，不仅无损于而且有助于私有经济发展。按照历史唯物主义关于生产关系必须适应生产力的性质与水平的规律，社会化的要求不会只停留在市场经济的"外围"部分，迟早会向"核心"部分渗透，尽管这个过程是渐进的，但迟早会发生。

其二，养老基金、共同基金、科研基金等"公共基金"的出现。事实上，自20世纪60—80年代起，在一些发达国家的金融领域中发展起来"机构投资者"之类的"金融中介机构"，特别是其间如"养老基金""共同基金"（投资基金）等"公共基金"已成为西方资本市场上最重要的"机构投资者"。

这些由公共基金建立的"机构投资者"之所以值得重视，不仅在于它的规模大，而且在于它的存在与发展，使西方经济的所有制结构中出现了"公有制"性质的因素，使"公有制"因素已不限于市场经济的"外围"，已开始进入它的"核心"部分。

为什么说，养老基金、公共基金（或投资基金）这两类"机构投资者"具有"公有制"性质的因素？（1）从所有制关系讲，无论是养老基金抑或共同基金（投资基金），其资金均来自广大参保者（养老基金）或投资者（共同基金）的储蓄或投资；这两类机构投资者从受托经营的投资中所赢得的资本收入均为"参保者"和"投资者"所共享。这表明这两类"机构投资者"蕴有一种可称为"共同所有""公众所有"或"社会所有"之类的"公有制"因素。（2）从经济职能看，这两类"机构投资者"乃是生产社会化发展到一定阶段的产物，履行着一种投资社会化的职能，即把分散的个人储蓄或个人投资转化为社会化投资，把千万个个人经济行为（储蓄或投资）转化为社会化机构的集体投资行为或社会化投资行为。（3）从"机构投资者"在市场经济体系中的作用看，"机构投资者"有其特殊的经营对象，它所经营的对象不是企业，而是"证券化资本"（有价证券）。它们多摒弃过去金融机构盛行的"参与制"，不派人参与企业领导层，只买卖企业的有价证券。它们不是企业的经营者，而是企业经营业绩的评判者、奖惩者，即根据企业经营业绩来决定对企业的投资或撤资，进行奖惩，鞭策企业不断改进生产与经营，追求更好的企业业绩。它们经营资本（有价证券）的活动，使它们代表投资者在资本市场上赋有一种特殊权力——"投资者主权"，就像消费者公众凭其货币购买力而在商品市场上赋有"消费者主权"一样。"机构投资者"所赢得的资本收入（或盈利），乃来源于更合理、更有效分配和再分配资源所增进的经济效益，并非来自什么"剥削"，而传统的"政治经济学"长期囿于列宁"帝国主义论"的某些观点，却把证券资本及其经营活动与所谓"剪息""寄生""腐朽"等联系在一起，完全抹杀了它的生产性社会经济职能。

上述分析，无非表明：随着生产社会化的发展，带"公"字号的经济因素，已开始从资本主义经济的外围部分向核心部分渗透。这一认识，使我对一个传统理论观点提出质疑，必须再审议。

四　对一个传统理论观点的再审议

我过去曾根据上述观点，提出要对一个传统理论观点：所谓公有制不可能在资本主义经济中产生，必须靠无产阶级革命来创立的观点，重新进行审议。① 这个传统理论观点，在过去百年里被人们奉为马列主义的"金科玉律"，搅乱了人们的思想，现在应该重审议。我过去曾从三个方面提出重新审议的必要性，今天将进一步补充。

（一）与实际情况不符

前面，我谈了对现代资本主义经济的一点新认识，即"公有制"的新因素不仅出现在市场经济的"外围部分"（即公有产品和公共服务），而且开始在其"核心部分"萌发（"养老基金""共同基金"等）。如果说，这些"公有制"因素在美英国家还处于"自发"状态，但在瑞典则开始进入"自觉"状态，即由曾长期执政的"社会民主党"提出"基金社会主义"作为该党的纲领之一，并在执政期间付诸实施。

瑞典"基金社会主义"的主要做法是，1983 年通过政府立法，建立职工投资基金，规定对大中企业加征 20% 的超额利润税，增收 0.2% 的工资税，以建立职工投资基金，购买本企业股票（即对企业再投资）。按计划设想，需要 25—35 年，便可使职工投资基金达到或超过大中企业股份的 50%，这样，便可平静地、和平地改变瑞典经济的所有制结构及性质，从资本主义转化为基金社会主义。

瑞典社会民主党的这项"职工投资基金"计划，不仅受到企业雇主们及右翼政党的反对，也受到党内部分人士的反对。如世界

---

① 黄范章：《解放思想、实事求是，对一个传统理论观点重新审议》，《经济学家》2003 年第 3 期；转载《思想理论内参》2003 年第 24 期。

著名瑞典经济学家阿萨·林德伯克（Assar Lindbeck，曾长期担任诺贝尔经济学奖委员会主席，是有影响的社会民主党党员）曾尖锐指出，这项"计划"虽以职工名义汇集成立，却由少数工会"官僚"以职工集体名义控制，跟职工个人并无明确、直接联系，另行主张由不同行业、群体（如工会、农民协会、养老金协会、科研单位等）分别建立各自"公民基金"，主张由"多元主义"代替由工会一家独占的公共基金来投资、控制企业。林德伯克还为此政见分歧而退出社会民主党。尽管林德伯克的"公民基金"方案和社会民主党纳入党纲的"职工投资基金"计划有所不同，但在我看来，都是以建立公有制以逐步取代资本主义私有制为目的而进行的不同的探索途径，都是值得认真研究的。我在1987年出版的《瑞典：福利国家的实践与理论》及去年（2007年）在《瑞典经济模式：剖析与借鉴》一文[1]中虽不同意把目前仍是国家资本主义的瑞典戴上"社会主义"桂冠，却重申瑞典用"基金所有制"取代资本主义私有制所进行的探索性变革实践，值得我们高度关注和认真研究。

（二）与基本原理不符合

所谓资本主义私有制中不可能有公有制因素自发地产生的"原理"，也是与历史唯物主义关于社会生产力的性质与水平决定生产关系的基本原理相违背的。

历史唯物主义认为，生产力是社会发展中最活跃、最革命的因素，它决定着生产关系的发展，这是不以人们意志为转移的客观规律；而新的生产关系会适应生产力的性质与水平发展的要求，并在旧经济体内自发地萌发、成长和壮大，并且反过来会促进生产力进一步发展。传统的马列主义政治经济学用这个原理解释了从原始共产主义到资本主义的几千年的历史，可是就此刹住，认为这个原理对资本主义以后的社会发展却不再适用，断言公有制不可能从资本

---

[1] 黄范章：《瑞典经济模式：剖析与借鉴》，《开放导报》2007年第6期。

主义私有制经济中萌发出来，从而使唯物历史观的这一重要原理就此中断了。这个论断过于武断。事实上，正如前文所述，在当代资本主义经济中已有的"养老金基金""共同基金"所体现的"公有制"因素已经在萌发、在成长。这些"公有制"因素的萌发、成长，也是在生产社会化发展的长期推动或冲击下，资本主义生产关系朝着社会化方向不断调整的结果。

所谓由政府举办"公共工程"以缓解失业的主张，最早是英国自由党领袖劳合·乔治于20世纪经济大萧条（1929—1933年）初提出的，继则美国罗斯福总统的"新政"，把大规模举办"公共工程"和其他公共设施作为应对当时大萧条的重要措施。凯恩斯正是在这个基础上出版了《就业、利息与货币通论》一书，从理论上论证资本主义市场经济无法自我调节，必须要与"国家干预"相结合。迨至二战后"国家干预"与资本主义市场经济融为一体，提供公共产品和公共服务以及支持社会保障设施，自然成了政府的经济性公共职能和重要内容。如今由美国次贷危机引发的国际金融风暴，包括美国在内的许多发达国家都采取政府救市行动，多由政府向问题银行"注资"，有的国家（如冰岛）将问题银行"国有化"。这些来自纳税公众的巨额资金，都带有"公有"的印记。这一切，都是在生产社会化发展的冲击下，西方国家政府不得不做的。他们主观上决无刻意培育"公有制"因素的想法，而是受维护发展私人资本主义经济的需要所驱使的，这是生产关系必须适应生产力发展的客观规律所导致的历史必然性。

至于瑞典基金社会主义的"职工投资基金"也不是瑞典社会民主党人所发明，它来自西方国家在20世纪50—60年代盛行起来的"职工持股计划"。西方国家之所以这么做是为了增强职工对企业的"凝聚力"、维护企业的私人所有制。至于西方发达国家的"养老金基金""共同基金""科研基金"等具有"公有制"因素的"机构投资者"在资本市场中发挥越来越重要的作用，也是不以人们意志为转移的客观规律作用的结果。这些具有"公有制"

性质的经济因素在萌发、成长的事实,表明生产关系必须与生产力性质和水平相适应的这个历史唯物主义重要规律并没有因资本主义经济而中断,而是在继续地、渐进地发挥作用。它不仅造就出公有制经济可用来作为其"实现形式"的股份制,而且孕育出具有公有制性质的经济因素。只有实事求是地研究西方经济中出现的新情况,才能解放思想,把历史唯物主义基本原理贯彻到底。

(三) 与时代潮流相违背

断言公有制不可能在资本主义私有制经济体系中萌发的传统理论,是跟"暴力革命"论紧密相连的。因为传统理论认为,不仅无产阶级要靠暴力夺取政权,而且要靠暴力"剥夺剥夺者",以建立社会主义公有制经济。这个观点,过去在理论界支配了大半个世纪,主要因为当时我们对时代的认识长期囿于列宁提出的"帝国主义和无产阶级革命时代"。当年苏联恪守这个信条,寄望于"世界革命",搞"革命输出",结果害人害己,导致自己亡党亡国。这是历史悲剧。而今,物换星移,时代变了,邓小平同志高瞻远瞩,审时度势,提出当今是"和平与发展的时代"。

这个关于时代的新认识,符合当今世界发展的实际情况。经济全球化已成为当今世界发展的一个不可阻挡的历史潮流,它使生产社会化进程随着机械化、电气化到信息化的发展而获得更加强劲、更加广泛的发展。如果说生产社会化过去造就市场经济在一国之内的确立与发展,造就全国范围的统一市场,那么,经济全球化则推进生产社会化的发展超越国界,用贸易的网络、金融的网络、生产的网络把世界各国越来越紧地捆绑在一起,使各种资源可以在全世界范围内得到更合理、更有效的分配与利用。经济全球化给各国人民带来的好处是可以分享各地的资源优势,促进各国的经济发展;它也带来弊病,即由于各国的联系紧密,只要一个国家经济或金融出了问题,就会通过各种渠道传导到其他国家,甚至酿成地区性乃至全球性风暴,1997年亚洲金融危机充分说明了这一点,当前,美国的次贷危机正酿成国际金融危机乃至经济衰退也说明了这一点。经济全球化已将世界各国的利害联结在一起，迫切要求经济合作（双边的、区域的和全球的），而且要求将这种经济合作从过去的一般贸易合作、投资合作、技术合作的微观层次的国际合作，提高到政府之间的宏观经济政策合作。[①] 七国集团每年财长会议、中美两国经济战略对话机制、东亚每年 10＋3 财长会议，就是双边的、地区或全球性的宏观经济政策合作。前不久，温家宝总理在联合国大会上、胡锦涛主席在北京举行的亚欧峰会上，都呼吁各国共同合作其应对全球性金融风暴。国际合作需要和平，合作又反过来促进和平。所以，和平与发展便成了当今时代的最强音。这应是指导我国对外政策和对外经济关系的基本出发点和总方针。我们应该把人类社会的美好未来寄望于和平与发展。

（原载《经济学动态》2008 年第 12 期）

[①] 黄范章：《经济全球化与金融监管国际化》，《宏观经济研究》创刊号，1998 年 12 月；黄范章：《经济全球化需要宏观经济政策的国际合作》，《中国经济时报》2002 年 6 月 29 日。

论创立有中国特色的"转轨经济和社会主义经济学"

——向诺贝尔经济学奖冲刺的突破口在哪里？

对于诺贝尔经济学奖，国内学人可能有不同看法。有的人自觉或不自觉地用"阶级斗争为纲"的观点看问题，认为该奖是为研究现代资本主义市场经济的西方经济学而设的，与马克思主义的社会主义理论格格不入甚至是敌对的，我们不屑也不应该去争取；有的人则认为该奖是当代世界范围内经济学最高奖项，国人若获此奖项当当是为己为国争到殊荣。我个人认为所谓西方经济学乃是以资本主义市场经济的运行为研究对象，对促进资本主义市场经济的成长、发展有贡献。历史上资本主义总和市场经济融为一体，资本主义市场经济成长、发展了数百年，西方古典经济学从威廉·配第开始至今也相应地成长、发展了数百年。诺贝尔经济学奖是20世纪60年代建立的，现代的西方经济学是现代资本主义市场经济的理论表现，是人类文明成果的一部分。我们既不可盲从，更不可搞历史虚无主义，否定人类的文明成果。

有人心有不甘地抱怨说，以我中华泱泱大国，为何没一人跻身诺贝尔经济学奖？问题是经济理论的发展必须有经济的发展为依托。我国社会经济的发展被封建主义耽搁了几千年，又被帝国主义践踏了上百年；改革开放把我国送上社会主义市场经济发展之路，以我国"转轨"实践和社会主义市场经济建设实践为依托的新经济学，有待国人去探索、总结、研究和建立。而西方发达国家早在一百多年前就完成了工业化和城市化的历程，经历了后工业化时代，于20世纪60—70年代进入了信息化时代；它们的市场经济也经历了数百年的成长、发展、成熟历程，从商品市场、货币市场、债券市场、证券市场到期货市场及衍生品市场，经济的每一步发展，既对理论的创新提出了要求，也提供了必要的沃土，而理论的发展又推动经济进一步发展。如果说古典经济学是自由资本主义的理论表现，那么现代西方经济学则是国家资本主义的理论表现。这是因为20世纪30年代的经济大危机充分表明：资本主义市场经济无法靠自身机制来解决它固有的基本矛盾所产生的三大缺陷（周期性危机、竞争导致垄断、贫富两极分化），不得不求助于国家干预。凯恩斯的《就业、利息与货币通论》为把"国家干预"跟资本主义市场经济结为一体提供了理论基础。第二次世界大战后随着国家资本主义的发展，西方经济学也有了宏观经济学和微观经济学的分野，西方经济学家对基础理论及相关理论作了系统、缜密的研究。中国学人作为局外人难以在西方经济学的框架内做出新贡献，更遑论跻身诺奖。难道中国经济学人跟诺贝尔经济学奖"绝缘"吗？否！我们可另辟路径，寻找突破口。

突破口在哪里？在于创立有中国特色的转轨经济学和社会主义市场经济学。正如1993年党的十四届三中全会文件所指出的，"建立社会主义市场经济体制是一项前无古人的开创性事业"。前无古人的制度创新，也要求理论创新，这既是历史赋予中国人民的历史使命，也是国人的历史机遇。

那么，我国社会主义市场经济体制如何显现出这前无古人的"特色"呢？它究竟"特"在哪里？

其一，社会主义市场经济体制最本质特征：社会主义基本制度与市场经济相结合。就经济制度讲，社会主义基本制度再也不是公有制一统天下，而是公有制为主体、多种所有制共同发展的基本经济制度。问题是这个基本经济制度的核心是什么？它能否跟市场经济相结合以及如何才能结合？结合的难点是什么？

社会主义市场经济的核心部分是"公有制为主体"，没有这个核心部分，社会主义基本经济制度也就不成其为社会主义，仅有非公经济跟市场经济相结合，那将是资本主义市场经济。这些非公经济跟市场经济相结合毫不困难，因为历史上市场经济从来都是建立在资本主义私有制基础上；而社会主义基本经济制度要跟市场经济相结合，其最大的难点就在于它的核心部分——作为经济主体的公有制经济跟市场经济相结合，而要实现这个"结合"，就必须在公有制经济的基础上建立起为市场经济所须臾不可缺的微观经济基础。这是一件世界级的难题。

世界经济史告诉我们，市场经济的诞生、成长与发展从来都是和资本主义私有制经济融合在一起的；经济学说史也告诉我们，无论是西方经济学抑或传统的马克思主义政治经济学，二者虽然立场对立，立论各异，但有一点相同：都否认市场经济跟社会主义公有制相结合的可能性，而且都把这一点奉为"信条"。20世纪30年代在西方经济学界发生了一次历时数年的社会主义大论战，当时西方经济学主要代表米塞斯及哈耶克（后来均为诺贝尔经济学奖得主）断言只有私人企业才能构成市场经济所必需的微观经济基础，断言社会主义公有制不可能跟市场经济相结合，而只能搞计划经济，只能是一条"通向奴役制的道路"；与此同时，传统的马克思主义政治经济学也断言市场经济是资本主义私有制所固有的，跟社会主义公有制水火不相容，把它视为"洪水""猛兽"。正是邓小平同志和以邓小平为核心的党中央高瞻远瞩，解放思想，总结了国内外社会主义建设的经验和教训，打破来自传统马克思主义和西方经济学左右两个方面的同一把思想枷锁——所谓市场经济跟社会主义公有制不相容的"教条"，于90年代初提出建设社会主义市场经济体制的基本方针，率领十几亿中华儿女在神州大地上"摸着石头过河"，开始了把社会主义公有制跟市场经济结合起来的历史性长征。这是前所未有的伟大的制度创新。

为什么社会主义公有制跟市场经济相结合竟如此困难？究竟难在哪里？

我们社会主义国家与西方国家不同。西方国家的企业都掌握在私人手里，政府作为政治实体，只具有"公共服务"职能，而我国政府不只是政治实体，而且还受国家委托履行经济实体的职能，拥有大批国有企业。国家所有制企业（即国有企业），实际是政府所有制企业。政府一身兼有"政治实体"和"经济实体"两种身份和两种职能。这种体制是中华人民共和国成立之初从苏联那里学来的，政府以国家名义对国有企业实行政府所有制，而且一统天下。不仅非经营性、非竞争性国企为政府所统辖，而且本该由经济实体所统辖、按赢利原则经营的经营性、竞争性国企也归政府所统辖，结果经济服从于政治，赢利原则（成本—收益原则）被财政原则（无偿征收、无偿支付）所取代，市场机制和经济手段被计划化和行政手段所取代，大家都争吃财政"大锅饭"，形成制度性的"投资饥饿症"，企业没有独立的经济行为和经济利益，丧失了经济活力。这种企业，根本不可能构成市场经济所必需的微观经济基础。因为微观经济和宏观经济，都是市场经济所固有的经济范畴。企业之所以能充当市场经济的微观基础，绝不是因为它是基层（或基本）生产经营单位，而是它有经济"灵魂"或"生命线"，即它有自主的经济行为和独立的经济利益；只要有了这个"经济灵魂"或"经济生命线"，才会有"成本—收益"这根"中枢神经"，才会有内在的激励机制和约束机制，所有微观经济规律（价值规律、竞争规律、边际规律等）才起作用。私人企业有这个"经济灵魂"或"经济生命线"，所以能成为市场经济的微观基础。"政企不分"却扼杀了国企的"经济生命线"和"中枢神经"，使公有制的国有企业不可能成为市场经济所需要的"微观基础"，使公有制难以跟市场经济相结合。

中国人民在邓小平理论指导下，在改革的实践中不仅找到了这个"结合点"，即通过国企改革，把国企建设成以公有制为基础的独立生产者、经营者，在公有制基础上为市场经济塑造"微观经济基础"；而且探索出了一条可行的途径，即"产权明晰，责权明确,政企分开,管理科学",之后又进一步明确"股份制"可以是公有制的"实现形式",循此则可避免"全面私有化"而在公有制基础上建立现代企业制度,使之具有"自主经营、自负盈亏、自我发展、自我约束"的职能和机制,从而使公有制的国企与市场经济相"结合",并成为一个主体。在这里,"产权明晰,政企分开"至关重要。近十多年来我国在"政企分开、政资分开"方面作了不少努力(如把政府的一些经济主管部门改为大型国有集团公司或控股公司等),但仍障碍重重。改革的进程表明:政府一身兼有双重身份和双重职能,仍是"政企不分、政资不分"的体制根源,应成为政府体制改革的重点。

尽管如此,中国在改革实践中,毕竟找到了社会主义公有制跟市场经济的"结合点"以及实现这一历史性"结合"的道路,为解决这一世界级难题提供了答案,使这个社会主义市场经济体制才有可能在中国诞生、成长,其伟大历史意义及理论意义是怎么估价也不为过。

其二,我国社会主义市场经济的另一重要特征,即拥有一批经营性竞争性国有企业。它既不像计划经济体制那样由国有企业一统天下,也不像西方市场经济那样由私人企业一统经营性、竞争性行业和领域,而是坚持公有制主体地位。所谓"公有制主体",不是指国有经济要在 GDP 中或经营性、竞争性领域中要占多大份额,而是指国有经济须控制关系国民经济命脉的重要行业和关键领域,其中包括一些经营性、竞争性领域(如金融、交通运输、通信、能源等)。这些重要行业和关键领域内的经营性竞争性国企,应是公有制主体的重要组成部分;至于一般经营性竞争性的国企,看重的是国有资产的流动性,要有方便的市场进入和退出机制,要求保值增值,而重要行业和关键领域内的国企,由于它对国家具有重要战略意义,不可因有人(大型私人集团公司或跨国公司)出高价而退出(出售)。

因此,有必要在认识上要分清、在实践中要分开两种不同性质、职能、营运原则的国有企业。一是提供公共产品和公共服务的国企，有以下特性：（1）它们的生产与经营具有公共性，是为了满足公众经济生活、文化生活和公共消费的需要，目的是使政府所辖地区有一个良好的投资环境、经营环境和生活环境；（2）它们的经营是非营利的、公益性的甚至是福利性的或政策性的；（3）它们的资金来自本地区的政府财政拨款，政府可以为了提高公益性、福利性而提供财政补贴。这类国有企业体现了作为政治实体的国家即政府的服务型职能，它们应是各级政府所有制企业，谈不上"政企分开"。

二是属于经营性竞争性的国有企业，它们体现了作为经济实体的国家的职能，有以下特性：（1）以赢利为目的；（2）它们自主经营，自负盈亏，有着内在的"成本—收益"经济原则的硬性约束；（3）它们中间一部分属于关系国家经济命脉的国企，虽属经营性、竞争性领域，由于它对国家具有重大战略意义，不可因有人（大型私人集团公司或跨国公司）出高价而退出（出售）；至于一般经营性竞争性国企，重要的是国有资产的流动性，要有方便的市场进入和退出机制，要求保值增值，万一个别经营性竞争性行业和领域被一两家大型私人集团公司或跨国公司所垄断，还须国有企业打进去，抑制垄断，促进竞争。

上述两类性质、职能、营运原则完全不同的国企，前者履行的是公共服务型政府职能，后者履行的则是作为经济实体国家所要求的资本经营职能。我过去把前者称为财政账户项目类国企，把后者称为资本账户项目类国企。对上述两类不同的国企，我们不仅应在认识上加以分清，还应在实践中分属不同的管辖体系，分开管理以贯彻"政企分开"原则，即把经济实体的身份和职能从政府剥离开来。这样做，绝不是否定国家作为经济实体的身份和职能，更不是搞什么"国退民进"或全面私有化，而是另外（在政府之外）设置一个作为国家经济实体的载体（如隶属人大），成立一个经营性国企体系。所以，应该退出经营性竞争性行业和领域的是政府，而不是国营企业。作为政治实体的政府不应兼有经济实体的身份与职能，政府不应既是裁判员又是运动员，这是市场经济的规划。

至于如何在政府之外设置一个作为经济实体的国家载体，成立经营性国有企业体系（包括经营性国有金融企业），我过去提出过三种初步设想：（1）由各级"人大"授权专门机构（如国资委）统辖经营性竞争性国企，国企不再是政府所有制，但受政府监督；（2）超越政府各部门之外建立一个由国有资产（经营性）管理委员会—国有资产经营公司或国有资产投资公司—国有企业组成的三层次管理、营运体系，实则利用国有资产经营公司等金融中介机构，在国资委和国有企业之间建立一道"防火墙"，确保"政企分开"；（3）由国家或国家支配的各种公共基金（如社保基金、共同基金、保险基金、投资基金等）作为国有企业的主要投资者（即控股者），实则把国企从政府所有制转为"社会所有制"（或基金所有制）———一种新型的公有制。以上三种选择，可以任选一项，也可同时采用，公有制可有多种形式。

目前，我国"国资委"的定位不清晰，名义上不属于政府（国务院），实际上仍是政府的一个重要部门，政企之间、政资之间仍处于藕似断、丝更缠绵的胶着状态。近年来，上海社保基金弊案及国内房地产市场的乱象表明：这种胶着状态还给官商勾结、滋生腐败及权贵资本家提供了"温床"。这使我们更深切地认识到政府体制改革及制度创新的迫切性。

其三，中国社会主义市场经济，立足于社会主义初级阶段的基本国情。它的建立与成长贯穿于中国三种"转轨"交织在一起的"转轨时期"：一是经济体制上从计划经济转向市场经济；二是经济结构上从"二元经济"通过新型工业化转向现代工业经济；三是增长方式从粗放型转向集约型，特别是转向以科学发展观为基础的可持续型。这三种"转轨"交织在一起，要在短短几十年内完成发达国家过去二百多年才完成的事，其复杂性、艰巨性可想而知，这是发达国家过去未曾遇到或经历过的，也是以发达的资本主义市场经济为研究对象的现代西方经济学所从未研究过的。

以失业和就业为例。西方发达国家一百多年前完成了工业化、城市化，农业人口只占全国人口的3%—5%，失业率为4%—5%，而且有较好的社会保障设施。而我国的"转轨"起步于"二元经济"，农村人口占60%多，农村剩余劳动力1亿—2亿人，处于隐蔽性失业状态。过去20多年里已有1.5亿农民工流向城市，在促进城市经济发展的同时也增大了城市的就业压力，他们就业处于不稳定状态。此外，企业改革使国有企业和集体企业职工人数1990—2002年减少了5610万人，大批下岗职工有待再就业。另据统计，经济增长方式转变的推进，导致自1994年以来的十年间共失去了1.5亿—2.0亿个工作岗位。结果我国在转轨时期的失业或就业问题，比当今西方发达国家更为严重，使得我国即使有持续的高增长，也常和高失业或低就业结伴而行。当今，西方经济学是根据西方发达的市场经济的产业结构及运行规则，把就业（或失业）问题纳入宏观的、短期的分析视野，并确立失业率不超过5%以及反映社会收入分配程度的基尼系数不超过4%；若用此标准要求或对比转轨时期的中国，并不符合实际情况是，因为我国目前经济跟西方发达国家经济处于不同的平台上。我们应朝此方向努力，加速经济发展与改革，不仅靠宏观调控，而且须在中长期内不断协调三种"转轨"的进程来处理就业（或失业）问题。

4. 政府在经济发展与改革中的主导作用。中国作为新兴市场经济体，也属于"赶超型"经济。为了"赶超"西方早已成熟、发达的市场经济国家，不得不借助于政府的力量。中国所进行的三重"转轨"，都是由政府所主导的，是要在短短几十年内完成西方国家过去花去几百年才完成的事，势必会带来多个方面、多个层次的复杂性、不协调、摩擦甚至脱节情形，这就要求政府在发展与改革的进程中做大量的协调工作。

仅以市场经济体制建设为例。从发达国家的历史看，从商品市场、货币市场、债券市场、证券市场、期货市场到衍生品市场，经历了二百多年的历史。但经济全球化的发展不允许我国先建立一个比较成熟的市场经济再去融入世界经济。为了"赶超",在这里,政府发挥了"主导"作用,主导着制度"创新"。当经济货币化的进程尚未完成时,就已开始证券化、票证化;当证券、票证制度尚未发育甚至有关运作法规尚不完善时又出台了期货及衍生品市场——这一切都是在短短十几年内几乎同时出现的。在我们看来,凡是发达国家的成熟市场经济所有的市场形式、机制、制度工具,我们都应该一应俱全,即使目前条件不成熟也得先引进,在运行实践中培育,致使各种市场组织形式、机制、制度工具之间常出现不协调、摩擦、脱节情形。这就构成了这种"赶超型"经济所固有的弱点。不仅如此,三重"转轨"之间,以及在各行业、各地区乃至经济发展与资源环境保护与治理之间,也常出现不协调、摩擦和脱节情况,这决定了我们在经济发展与改革的进程中,有必要不断就各个不协调、摩擦、脱节方面进行多层次、多方面的协调。正如胡锦涛同志在党的十七大报告中所讲"科学发展观,第一要义是发展,核心是以人为本,基本要求是全面协调、可持续,根本方法是统筹兼顾。"这是从30年来发展与改革实践中总结出来的基本经验。

总之,我国的转轨经济和社会主义市场经济,跟西方发达的资本主义市场经济相比较,在经济结构、市场成熟程度上有很大差别和差距。我们所经历的和面对的问题,也是现代西方经济学所不研究的。有的好心的国际人士重视中国的特殊道路和经验,如美国《时代》杂志前编辑雷默2004年搞了个《北京宣言》,但他毕竟对中国如此复杂的国情缺乏足够的了解。创立有中国特色的"转轨经济学"和"社会主义市场经济学"的历史任务,我们无法也不应该指望国外"高手"来替我们完成,它历史地落在中国的经济理论工作者和实际工作者身上。这是历史赋予我们的历史使命和历史机遇。

30年经济发展与改革的实践,使我国积累了丰富的独特的经验，值得我们珍惜和引为自豪。兹举其荦荦大者：如在从指令性计划转向以市场调节作为分配社会资源的基础性手段中，我国以极简洁的语言"政府调控市场，市场引导企业"，勾画出我国社会主义市场经济体制下政府、市场、企业的关系；又如我国总结出的"产权明晰、权责明确、政企分开、管理科学"这一国企改革道路，为把国企改革成为公有制基础上的"微观经济"，解决了社会主义公有制与市场经济相联结的世界级难题；还有，我国一度实行的价格双轨制，成为从计划价格稳妥地过渡到价格放开的中间"桥梁"；我国实行"股权分置"，为把初生的股市从无序到有序逐步推进。这些都是西方资本主义市场经济在其成长中从未有过，现代西方经济学也从未研究过的。同时我国是在经济全球化、信息化时代进行工业化的，虽比发达国家晚了二百年，但充分利用后发优势，并且总结出一系列宝贵经验。例如，资本和资源短缺的中国提出"利用两种资源和两个市场"的总战略，以迎接国际上的产业转移；还总结出"以信息化带动工业化，以工业化促进信息化"的新型工业化道路，而西方国家二百年前进行工业化时根本不知道信息化为何物。此外，中国还坚决摒弃西方国家过去走过的"先污染、后治理"的发展道路，而是提出了科学发展观，并据此倡导"资源节约型经济""环境友好型经济""循环经济"。这些发展方式都凝聚了"中国特色"，都是中国国情和中国人智慧和创新性的结晶。尽管这些创造性的经验，目前还停留在党的政策、方针、战略层面上，却为创立有中国特色的转轨经济学和社会主义市场经济学提供了宝贵的内容和理论框架。随着经济发展和改革不断往前推进，我国定将有越来越多的开创性实践与经验。这一切都有待于进一步发展、深化、理论化、系统化，有待于广大理论工作者和实际工作者不懈努力。

除了党不断对我国经济发展与改革中的经验进行创造性总结外，还有不少学者个人也长期重视和致力于研究有中国特色的转轨经济学和社会主义市场经济学。一些著名经济学家，如薛暮桥、于光远、马洪、刘国光、高尚全、刘诗白、谷书堂、董辅礽等,早已呼吁要创立有中国特色的经济学。有的学者正在努力,如以高尚全、迟福林为首的中国(海南)改革发展研究院致力于研究中国转轨经济学,提出中国"转轨"经济以"市场取向、渐进方式"为特征,并于1995年出版《中国转轨经济研究报告》一书;又如国家发改委王积业等同志在20世纪80年代提出"国家调控市场,市场引导企业",作为对中国社会主义市场经济的基本框架,这一概括被写入党的十三大报告;还有如吴敬琏、周小川、荣敬本于1996年提出《建立市场经济的总体构想与方案设计》,为创立社会主义市场经济学进行了基础性准备。

值得着重提出的是,2006年10月诺贝尔经济学奖得主斯蒂格里茨和我国经济学家林毅夫之间,就中国经济有无"特色"问题发生过一场争论。斯蒂格里茨坚持西方经济学完全适用于中国,看不到中国经济的特色。对于这位长期在资本主义市场经济和西方经济学熏陶下的经济学大师来讲,持这种观点不足为奇。而林毅夫则从中国经济发展与改革的实际出发,认为许多西方经济理论难以解释中国经济中出现的许多现象和问题,认为国内经济学家在对中国经济的了解程度比外国经济学家更有优势,提出"独特的国情给中国经济学家带来了千载难逢的研究机遇"。这意味着林毅夫意识到,我国经济的发展与改革是一项"前无古人的开创性事业",它呼唤理论创新,创立有中国特色的经济学。此外,还有一些经济学家,他们在研究中发现现有西方经济理论难以解释中国经济的某些情况与问题,甚至大相径庭。例如,中国宏观经济学会王建同志在其《论人民币内贬外升》《中国通货膨胀的长期性因素》等论文中,就对西方某些传统理论提出了质疑,要求"重新认识和创新"。他们坚持"改革开放",不是"消除"中国"特色"(如公有制主体地位)去适应西方模式,而是从中国的新情况和新问题中研究其间规律性东西,提出新的理论解释,推进理论创新。这种研究态度是可取的和可贵的。

我一向注重研究中国"转轨"经济和社会主义市场的建设。我认为，中国"转轨时期"以"三种转轨"交织在一起为特征，"三种转轨"中最重要的是从计划经济转向市场经济，其间，关键在于通过国企改革实现社会主义公有制与市场经济相结合，而最大的难点是实现"政企分开"。为了贯彻"政企分开"，我提过三项建议，公有制可有多种形式，其中之一是发挥国家控制的"公共基金"的作用。为此，曾有海外学者把我的这套观点称为"基金社会主义"或"金融社会主义"。尽管我承认我对瑞典的"基金社会主义"有深刻印象，但我是把"基金"作为贯彻"政企分开"以建设社会主义市场经济的一种手段。

改革开放已有30年，但完成三种"转轨"和建设一个成熟的社会主义市场经济还有很长一段路要走。相信再过30年，当我国实现"三重转轨"之日，也就是完成社会主义市场经济建设之时。届时，中国将以中国特色的"转轨经济学"和"社会主义市场经济学"给世界经济学文库增添瑰丽的新篇章，阔步进入诺贝尔经济学奖的殿堂。

（原载《经济学动态》2009年第3期）

经济全球化要求宏观经济政策国际合作及世界货币体系革新

一 当今国际金融危机是在经济全球化条件下发生的

这次国际金融危机,是自20世纪30年代经济大危机以来最严重的一次危机。但这次国际金融危机与20世纪30年代经济大危机相比较,有一重大不同之处:这次国际金融危机是在经济全球化条件下发生的,从而使它具有两个重要特点。

其一,风险或危机具有比过去更迅速的传导性。经济全球化的本质,就是通过经济、贸易、金融、信息网络把世界各地紧紧地捆绑在一起,把全球作为一个统一自由市场,通过有效的分配与再分配,使各地的资源优势得到充分的利用与发挥。这是经济全球化带来的最大好处。

但经济全球化也带来与之俱来的弊端:经济全球化了,各种经济风险的传导机制也全球化。值得着重指出的是,金融全球化是经济全球化进程中一支重要生力军。金融业的蓬勃发展,特别是衍生品形成的虚拟经济的发展,会通过利率、汇率、股价、各种衍生品组成的金融网络,把一个国家的金融风险很快传导到其他国家或地区,也可以让一国的虚拟经济的风险扩散到本国或别国的实体经济。

其二,随着经济全球化的推进,金融业特别是金融衍生产品的迅猛发展,造成了虚拟经济的迅猛成长,使资产价值加速虚拟化甚至"泡沫化"。据统计，2000年年底全球虚拟经济的规模达到160万亿美元，而当年各国国民生产总值的总和只有30万亿美元，即虚拟经济的规模相当于实体经济的5倍。当时全球虚拟资本日平均流量高达1.5万亿美元以上，大约是全球日平均实际贸易额的50倍。这表明全球资金流动中只有2%用在国际贸易上，绝大部分资金流动均用在金融市场的资本竞逐上。[①] 在全球虚拟经济的发展中，美国自然居于首位。据统计，2007年美国GDP总量为13.84万亿美元，而美国股市总市值约为17.8万亿美元，该年美国金融机构杠杆负债率达到GDP的130%以上。[②]

与20世纪30年代大危机相比，可以说当时虚拟经济尚未形成，更谈不上迅猛发展。如果说，50—60年代以前，西方国家的经济危机往往先发生于实体经济（生产过剩危机）而后引发金融危机（银行挤兑、银行倒闭）；而在此后经济全球化条件下，则经济危机（或风险）往往先发生于金融业的虚拟经济，而后由金融危机引发了实体经济的危机，并扩散到别国或其他地区。90年代的亚洲金融危机如此，这次国际金融危机也是如此。这次金融危机肇发于美国的次贷危机，很快扩散到欧洲，震撼了全球，酿成世界性金融危机，而且导致许多国家的实体经济也陷入严重衰退。

金融业及其衍生产品的发展必然营造出虚拟经济，它一方面"利"在拓宽了融资渠道，节约了融资成本，有助于实体经济进一步发展；然而，它的过度发展或任其自由发展，也会带来巨大金融风险，甚至酿成金融海啸或危机，其弊令人"悚然"。所以，虚拟经济及其发展，是把"双刃剑"。我们既不能因其"利"而任其自流泛滥，也不能因其"弊"而扼制，特别是我国正处在社会主义市场经济建设、完善过程中，对金融市场化改革开放不应持怀疑甚至否定态度，而应对这次国际金融危机的起源有一个正确认识，对

[①] 《虚拟经济的发展与现状》，新华网2008年5月21日。

[②] 《社会学人类学》，中国网2008年10月27日。

改善金融市场监管以及改革世界货币体系进行积极的探讨。

二 国际金融危机爆发的原因

这次国际金融危机之所以肇发于美国,有多种原因,有远因也有近因,既有国际货币体系的原因,也有经济结构的原因,还有政策的原因。

第一,就国际货币体系讲,第二次世界大战后建立布雷顿森林体系,是一个以美元为中心的"双挂钩"的国际货币体系,即美元与黄金直接挂钩,各国货币则与美元挂钩,可按 35 美元一盎司黄金向美国兑换黄金。尽管这个"双挂钩"的世界货币体系对战后世界经济的恢复与重建做出了贡献,但无法解决自身所固有的矛盾:美元的发行随着世界对流通手段和储备手段的不断扩大而膨胀,而美元兑现黄金的承诺毕竟有限。正因超量的美元发行使美国难以承受兑现黄金的压力,致使美元 20 世纪 60—70 年代经历多次危机,1971 年美国不得不自行放弃美元与黄金挂钩的体制,布雷顿森林体系崩溃,开启了"浮动汇率"时代。

尽管美元摆脱兑换黄金的义务,但美国经济及美元在国际货币体系中的核心地位没有改变,却使美国处于放手扩大货币发行的优势地位,使世界实际财富流向美国,而"虚拟"财富流向世界各地,创造了大量的欧洲美元、石油美元和亚洲美元,还可通过精心"包装"把高风险的金融衍生产品推销到国外,把金融风险向世界各地"分散化"。正如法国《世界报》2009 年 3 月 22—23 日合刊刊载的《美元基准统治的终结》一文指出,世界受这种美元基准体系之害:世界经济几十年来一直依靠该体系,它使得美国陷入大量的信贷、债务和赤字之中;如果美国没有这种"过分的持权",使其"无需担心赤字",它就不会像迄今所做的那样超支生活,就不会吸纳全球 3/4 的储备。这就一针见血地揭示出美国的次贷危机和它所导致的国际金融危机,其最深层的根源在于一个不受约束的美元居于国际货币核心地位的国际货币体系。

第二，就政策和监管层上讲，这次国际金融危机之所以肇始于美国次贷危机，其原因不仅在于美国虚拟经济过度发达，更重要的还在疏于金融监管。可以说，正因为缺乏有效监管，才导致虚拟经济过度膨胀。在传统情况下，房屋抵押贷款，杠杆率一般在三四倍，而美元次贷危机中看到的杠杆率均超30倍，何以至此？这是由于美国金融创新发达，金融衍生产品不断出新，按揭贷款被证券化，即所谓"按揭证券"（Mortgage Backed Security，MBS），金融机构把多件按揭贷款包装在一起进行证券化，看起来将风险分散，对投资者（多是银行）具有较大吸引力。当许多投资者（主要是银行）购买了大量MBS之后，再进一步包装证券化。这一系列的证券化进程造出风险不断分散而缩小的假象，并发行到世界各地，而且杠杆率普遍超过了30倍。特别是近10多年来，美国金融业创造出新的衍生产品"信贷违约保险"（Credit Default Insurencs，CDI）和"信贷违约掉期"（Credit Default Swap，CDS），其规模在去年（2008年）已达到60万亿美元，约为美国GDP的4.6倍。据报道，美国金融衍生产品总规模高达530万亿美元，相当于美国GDP的40倍。一旦次贷爆发危机，整个金融泡沫将破灭。

然而，以格林斯潘为首的美国货币管理当局既鼓励衍生工具发展，又放松对它进行必要的监管。不仅如此，它还采取扩张性的货币政策来支持资本市场发展。特别是2000年金融泡沫破灭后，美联储连续12次降息，大力营造虚拟经济的繁荣。如今次贷危机爆发，迫使曾名噪一时的格林斯潘不得不在卸任后承认自己当政时的"失误"。

格林斯潘的所谓政策失误，绝非偶然。因为过去执政8年的共和党政府和格林斯潘都崇尚货币主义、供给学派所代表的保守的自由主义经济思想，推崇市场机制"万能"说，主张政府干预越少越好。以这种经济理论为指导的"放任"政策，适合美国金融市场和虚拟经济发展的需求，激励金融机构（如银行）和各阶层投资者盲目追求虚拟经济的繁荣，而忘掉"道德风险"。

第三，美国过度举债的生活方式，乃是酿成此次金融危机的深层次的原因。长期以来，美国靠举债支撑的过度的居民消费支出，成了美国经济增长的主要推动力。它虽带来经济繁荣，却没有坚实的基础，导致国内储蓄率持续下降，不仅处于低水平，甚至降至零以下。据统计，美国国内储蓄率 1995 年为 4.6%，在 2004 年、2005 年、2006 年和 2007 年分别降到 1.8%、-0.4%、-1% 和 -1.7%。这是 20 世纪 30 年代"经济大萧条"以来储蓄的最低水平。不过，这次居民储蓄率大跌并非由于收入不够，而是过度消费。由于美国利息率近些年来连续大幅下降，大大刺激了房地产市场，而房地产价格又大大增强了虚拟的"财富效应"，膨胀了人们抵押贷款消费的能力，终于导致金融泡沫破灭，酿成一场从银行到居民的大范围的支付能力的危机。

美国人形成过度举债消费的生活方式，也非偶然。既有经济结构的原因（如大批制造企业转移到发展中国家和地区），更有政策导向的原因。第二次世界大战后，美国为了避免 20 世纪 30 年代"经济大萧条"再度袭击，长期沿袭凯恩斯主义的扩张性政策，大力鼓励消费，以实现"充分就业"。凯恩斯在 1936 年出版的《就业、利息和货币通论》中所阐述的基本思想是：把危机和失业归咎于"有效需求不足"，进而鼓励消费，诟贬节俭。他在书中特别引用孟迪维尔的"蜜蜂寓言"①，借用寓言中的一句话："导致经济繁荣的并不是储蓄而是消费。"美国诺贝尔经济学奖第一届得主萨缪尔逊在其《经济学》② 教科书便据此专辟一节大谈"节俭是非论"，宣扬消费带来市场繁荣，节俭会给社会带来失业。长期以来，正是在凯恩斯主义这种思想熏陶和影响下，一种"重消费鄙储蓄"的"消费主义"思想意识弥漫开来，改变了生活方式和社

---

① 凯恩斯：《就业、利息和货币通论》，商务印书馆 1977 年版，第 305 页。
② 萨缪尔逊：《经济学》，商务印书馆 1976 年版，第 335 页。

会风气。在"消费信贷""分期付款""抵押贷款"盛行的同时，人们对"道德风险"的意识便日益淡化了，泯灭了。

这次美国由次贷危机引发的金融危机，是由于美国自身的经济结构、金融体系及政策等方面深层次的原因所酿成的，可谓自食其果，但在经济全球化背景下，在现有国际货币体系中，美国的金融风险及危机，却通过美元的无约束的发行，形形色色的金融衍生工具层出不穷，由美国金融体系渗透、传播、扩散到世界各地，使世界金融体系充满了泡沫和"管涌"。美国次贷危机扣动了"扳机"，便一发不可收拾，酿成世界性金融危机。

三 经济全球化要求宏观经济政策国际合作

在经济全球化、金融全球化的背景下，如何应对这种挑战？传统手段已经不够用了。20世纪30年代大危机暴露了自由资本主义经济所固有的、不可克服的弊端即所谓严重"生产过剩危机"（"市场失灵"），不得不求助于"国家干预"，凯恩斯主义便应运而生。二战后，西方国家在凯恩斯主义影响下，借助以财政政策和货币政策为主的宏观经济管理手段，虽未能消除周期性衰退，却使西方国家在长达半个世纪内避免了30年代大危机再度袭击。然而，凯恩斯主义的宏观经济管理，还只是在生产社会化条件下一国政府只关注本国的宏观经济调节，即在一国范围内实施"政府干预"。但在经济全球化的新形势下，单靠各国致力于本国的宏观经济管理已不足以确保本国经济的稳定，更难以维持世界经济的稳定。从70年代的石油危机到80年代的拉美债务危机，从90年代的亚洲金融危机到如今由美国次贷危机引发的国际金融危机，都表明一个重要事实，一国经济的失衡或震荡会通过传导机制的作用而传导到邻国或更远。同样，境外的经济（或金融）的震荡也会传导或扩散到本国。例如，亚洲金融危机中，中国香港金融体系本来很健全，也遭到外来投机资金的冲击。既然如此，那么各国政府与人民该如何应对这种挑战呢？新形势、新挑战需要有新的手段。

有人曾提出，在经济全球化背景下，为了防止经济（或金融）在国与国之间、地区与地区之间传导，应实行超国家的宏观经济管理，为此有的人甚至谈论什么"世界政府"。我认为，所谓"世界政府"之说根本不现实，即使实行地区范围内的"超国家"的宏观经济管理，即实行地区内统一的货币政策和财政政策，也不现实。以欧盟为例，经过几十年的努力，欧盟才在20世纪90年代初建立了地区的"统一市场"，90年代末才确立了地区的中央银行和统一货币（欧元）政策，但迄今英国尚游离在"欧元"区、欧洲中央银行之外；至于欧盟地区统一的财政政策更谈不上。因为世界各地不仅有国别之分、主权与利益的分野，经济情况和发展水平的巨大差异，而且富国与穷国之间、南北之间在某些方面还有利害冲突。

那么，为了应对经济全球化下的经济（金融）风险，各国人民所能有的唯一选择，则是实现宏观经济政策的国际合作。也就是说，国际经济合作，应该从传统的以企业为主体的贸易合作、投资合作或技术合作，提升到政府层面的宏观经济政策合作。这是经济全球化在新世纪里的迫切需求，即以宏观经济政策的国际合作的方式，履行地区范围内或全球范围内的宏观调节职能来实施"宏观调节国际化"或"政府干预国际化"。诚然，进行这种国际合作，必须以尊重各国主权、平等协商、互助互利为基本原则，只有在这些基本原则的基础上，这种国际合作才有生命力，才能成功。

这种宏观经济政策的国际合作，在平时应以经济（或金融）监管为重点，增强有关制度、政策、法规的透明度，建立风险预警机制，以防经济（金融）危机或风暴发生；一旦发生经济（或金融）危机或风暴，则重点应是如何联手应对和克服风暴。当亚洲金融风暴肆行时，我于1998年12月发表《经济全球化与金融监管国际化》一文（刊《宏观经济研究》创刊号），呼吁金融监管政策方面的国际合作，后又发表《金融全球化需要宏观经济政策的国际合作》一文（刊《中国经济时报》2002年6月29日），提出这种宏观经济政策的国际合作，可以从初级到高级稳步推进，可以从宏观经济政策对话和信息交流开始，增加彼此有关制度、政策、法规的透明度，进而举行政策磋商和政策协调，达成协议或采取共同行动。

值得指出的是，这种宏观经济政策的国际合作，随着经济（金融）全球化的发展，也有了多种形式。有双边的，如中国—美国官方高层经济对话机制；有地区的，如东亚地区10+3框架下财长会议；还有全球性的，如去年11月15日在华盛顿召开的20国集团首脑会议和今年4月20国首脑会议以及之前的财长、央行行长会议，讨论合作应对当前金融危机之事。还需指出：G20国家的全部国民生产总值占全世界的85%，人口占世界人口的2/3。它的活动具有全球意义。它最早成立于亚洲金融危机之后不久的1999年12月，一般属于对话性；但今年（2009年）4月伦敦会议，其作用与性质有了显著提升，已就一系列重大决策达成了共识，其意义将是深远的，甚至是历史性的。

在宏观经济政策的国际合作中，无论是何种形式（双边、地区或全球的），抑或何种等级（对话、磋商、政策协调、一致行动），各国政府除了应维护本国的权益外，还应有一种"国际责任感"。所谓"国际责任感"，就是国际合作中，各国政府不仅要对本国人民的福祉负责，对本国经济的稳定与发展负责，也要尊重合作伙伴、邻国或本地区人民的福祉，尊重他们经济稳定与发展的需要。至于一些经济强国或大国，发达国家和较发达国家，更应具有高度"国际责任感"，要对合作伙伴多释善意，多做贡献，必要时为顾全大局而不惜自己受损，切忌损人利己甚至以邻为壑。总之，"国际责任感"，是当代国际合作所赖以持久发展的道义准则之一，是经济全球化所要求的时代文明。

在亚洲金融危机中，中国人民币面对巨大的贬值压力，中国政府表现出高度国际责任感，宁可自己蒙受出口损失也坚持人民币不贬值，为稳定地区金融局势做出了贡献，赢得了国际信任与尊重。在20国伦敦金融峰会上，大家表示，反对"贸易保护主义"和"货币贬值竞赛"，就是要求顾全大局，反对以邻为壑。人们有理由要求美国表现出更多的"国际责任感"，才能确保这次抗御国际金融危机国际合作取得成效。

四 联合国框架之外的宏观经济政策国际合作

实现宏观经济政策的国际合作，实际上是实施地区的乃至全球的宏观经济调节，这是经济全球化所要求的。但这一要求，突破了传统的世界经济秩序和现有的国际货币体系的框架。联合国及世界银行、国际货币基金组织等机构，是第二次世界大战后初期建立的国际合作组织。当初建立这些机构主要是帮助战后有困难的国家恢复和发展经济，后来组织有明确分工，世界银行主要是给不发达国家提供项目建设的长期贷款，而国际货币基金组织则为出现外贸逆差而有支付困难的发展中国家提供周转性的短期贷款。二者都没有协调各国宏观经济政策的职能，不适应20世纪60—70年代后出现并日渐强劲的经济全球化历史趋势的要求。要在区域内或世界范围内实现各国宏观经济政策合作，只能突破传统的国际秩序而在联合国框架之外进行。为共同应对国际金融危机而召开的G20首脑会议，第一次是应美国前总统小布什之邀在华盛顿（而不是联合国或华尔街所在地的纽约）召开，第二次是英国首相布朗做东道主在伦敦召开，均不是由联合国及其所属机构主持召开的。会议主角是G20国首脑及部长们，世界银行和国际货币基金组织虽应邀出席，却作为被讨论的对象，由首脑们和部长们决定对IMF增资和扩大职能以适应经济全球化条件应对金融危机的需要。这充分表明，传统的国际经济秩序和有关机构已不适应全球化发展的需要。宏观经济政策的国际合作，需要有G20之类的新机制来进行。

其实，传统秩序和机构之无能为力和对新秩序和新机制的呼唤早已显示。远的不讲，记得 20 世纪 80 年代初，由于美国利率上调导致美元汇率在 1979—1984 年上升了 60%，1985 年国际汇率剧烈波动，迫使美、英、法、德、日五国的财长和央行行长在纽约广场旅馆（Plaza Hotel）召开紧急会议，并达成五国联合干预外汇市场的协议，使美元对其他主要货币有序地下调。这次重要国际宏观经济政策合作会议，竟然没有邀请世界货币基金组织和世界银行参加。我在广场协议之后两个月去世界货币基金组织履任，依然深感这两个国际机构充满怨艾、失落及无奈的情绪。但我冷静一想，这两个国际机构确实没有调节汇率的职能。第二年，1986 年，上述五国增加了意大利和加拿大，由七国财长和行长在东京开会，决定每年定期就汇率、经济增长率、通货膨胀率、货币增长率、利息率、失业率、财政赤字、外贸差额以及外汇储备状况等九大指标，进行监督、磋商和政府协调。这样一来，七国集团的财长与央行行长会议便机制化、制度化了。后来，国际汇率市场多次出现巨大波动，七国财长和行长多次联手采取集体干预行动，取得成功。

七国集团在 20 世纪 90 年代中期因增加了俄罗斯而成为八国集团，但就宏观政策合作讲，起作用的还是七国集团财长与央行行长会议。但七国集团的财长与央行行长机制，只是主要发达国家之间的宏观经济政策合作，或所谓"富国俱乐部"，未能反映近 20 多年来经济全球化条件下全球范围内产业转移促成发展中地区的经济兴起。发展中国家在世界各国 GDP、全球贸易、全球资本流动中的地位与作用愈来愈重要。亚洲金融危机后，由七国集团发起于 1999 年成立 20 国集团，把一些重要发展中国家包括在内，当然 20 国财长和央行行长会议也只是一种对话机制。当今国际金融危机的严峻情况，迫使美英在应对国际金融危机时不得不吸纳主要发展中国家而召开 20 国集团会议以及财长和央行行长会议，就财政政策、货币政策进行对话、磋商和协调，20 国财长与央行行长会议所实现的宏观经济政策国际合作，要比七国集团更具有全球性，而且会议的性质有了实质性的提升。

要着重指出的是，G20宏观经济政策合作跟G7一样实际上都是联合国框架之外的国际合作机制。它们不是由联合国召开或主持的，IMF虽应邀出席，却成了被讨论的对象，而主角是与会各国的首脑或部长。20国首脑和部长们就宏观经济政策达成了一系列重要协议。其中：一项1.1万亿美元的扶持计划，以恢复全球信贷和就业市场及经济增长；联手扩大财政支出，预计明年年底其总额将达5万亿美元；改造金融监管体系，对包括对冲基金在内的所有重要金融机构、金融工具和金融市场，建立全球一致的监管框架，等等。这种全球性的宏观经济政策合作，在历史上还是第一次。这些重大决定是联合国所属的IMF和世界银行无法做到的，而且对IMF的增资是由20国而不是由联合国提出和决定的。如果说，七国集团的财长与央行行长会议机制，还只是意味着对旧世界秩序的一种"突破"，那么，20国集团伦敦峰会所产生的机制，则意味着世界新秩序的孕育。无怪乎英国《每日电讯报》4月3日头版报道采用了如此醒目的标题：《G20：布朗宣布世界新秩序》。

五　国际货币体系的改革方向

宏观经济政策合作，从七国集团到20国集团的财长和央行行长会议（如果20国财长及央行行长会议也能制度化成为国际合作机制）。从欧盟到东盟和中日韩财长与央行行长制度化会议，都在全球或地区范围内为平抑危机、促进经济发展上发挥了积极作用。尽管如此，但只要还保持以无约束的美元为核心的国际货币体系，就无法防止美元滥发、再度酿成像今天如此严重的金融危机。一个以没有约束的美元为核心的国际货币体系，乃是这场国际危机的深层次的体制根源。无怪乎随着这场金融危机的发展，国际社会要求改革现存国际货币体系的呼声愈来愈高。

改革国际货币体系的呼声由来已久，大体有两种主张：一种是主张将旧体系"推倒重来"的激进主张,即立即彻底推倒布雷顿森林体系,包括目前一主多元格局,重构国际货币体系;一种是主张"渐进式"改革。大多数主张"渐进式"改革,因为"推倒重来"会造成国际经济或金融重大波动,损失大。而主张"渐进式"改革者可分两类:一是美国口头上要求改革,但仍力图保持"美元"的主导地位;多数是真想进行"改革",他们不仅是言者,而且是行者。"欧元"的出现,就是打破美元在国际货币体系中独霸地位,争取至少平起平坐地位的重大行动。此外,不仅英镑、日元想保持甚至扩大其在国际货币体系中的影响,而且俄罗斯的卢布、印度的卢比、中国的人民币也在加速国际化进程。自这次金融危机爆发以来,各种关于"改革"的建议,纷至沓来。

改革国际货币体系势在必行。为此,我认为,应从以下几个方面努力:

其一,国际货币体系改革的核心问题之一,在于选择好作为国际储备基础的本位币。虽然以不受约束的美元为主导的国际货币体系是这次国际金融危机的体制根源,但要想找到一个可以取代美元作为国际储备基础的本位币,的确很困难。一则因为美国决不轻易放弃美元的主导地位;二则更重要的是,正如英国《金融时报》2009年3月25日发表评论说,"美元朝代尚未落幕,没有国家能取代美国主权信誉和实力。尽管俄罗斯主张摒弃由美元主宰的世界,但不妨看看,世界上有哪个投资者在这场危机中惊慌失措地把美元换成卢布吗?"因为美元之所以成为国际储备货币,不是任凭意愿,而是靠国家的经济实力。据日本《选择》月刊2009年3月号发表文章说,欧元诞生10多年,曾一度咄咄逼人,可是去年秋季以来,欧元对美元、日本都大幅贬值。从目前情况看,在今后一段时期内美元所主导的国际货币体系尚难以改变。

周小川行长在20国金融峰会前夕提出建立一种与主权国家脱钩并能保持币值长期稳定的国际储备货币,这一建议立即得到"金砖四国"和许多发展中国家的支持。不过,这是作为改革的长期目标提出的,胡锦涛主席在 G20 金融高峰会议上讲,改革国际货币体系,要坚持"全面性、均衡性、渐进性、实效性的原则"。显然,只有建立一个与主权国家脱钩的"国际储备货币",国际货币体系的改革才是全面的、彻底的。但这一改革不可能一蹴而就,必须是渐进的。在此之前,我们应推进国际货币多元化的发展。目前,除了美元、欧元、英镑、日元外,俄、印也在推卢布、卢比国际化。中国央行与韩国、马来西亚、白俄罗斯、印尼、阿根廷等国央行及中国香港金管局签订了总额为 6500 亿元的货币互换协议,2009 年 4 月 8 日国务院决定在上海市和广东省广州、深圳、珠海、东莞 4 城市进行跨境贸易人民币结算试点。还应提及,国际社会还有一些人鼓吹"亚元",如美国著名亚洲经济专家、卢杰斯大学教授杜达(M. J. Dutta)教授多年主张建立"亚元",今年 3 月刚出版《亚洲经济及亚元》(*Asian Economy and Asian Money*)一书。这一切表明国际货币多元化的趋势将越来越强劲。随着国际货币多元化日益发展,美元的主导地位将日益下降,一个与主权国脱钩的国际储备货币势将获得国际社会的认知。

其二,加强金融监管,推进金融监管国际化。各国应扩大对本国金融监管范围,对所有金融机构(银行、证券、保险)、金融产品与衍生产品及金融市场实行全面监管,确保各金融市场之间监管信息通畅和信息共享,防范跨行业风险。

与此同时,推行金融监管国际化,即金融监管的国际合作,应就金融监管合作的理念、原则和方式达成共识并做出承诺,形成有力而又具有一致性的跨国(地区甚至全球的)监管合作机制,建立有效而又及时的信息共享机制、风险预警机制。

其三,充分发挥 G20 创立的"金融稳定论坛"及"金融稳定委员会"等新机制的作用,探索、创建一个崭新的国际货币新体系。G20 伦敦会议虽为共同应对国际金融危机采取一系列重大措施,但还有一些重大问题尚不明确,没有落实;有的重大议题虽已提出,但需长期探索。例如:(1)强化金融监管问题如何落实,是由各国分头进行,还是在充分讨论的基础上就金融监管合作的理念、原则和方式达成共识,并形成统一的法规和规划以共同遵守?对各国执行金融监管如何进行监督?如何建立监督机制?(2)金融稳定论坛和金融稳定局是联合国框架之外的新成立的合作组织,它们如何与联合国已有的 IMF、世界银行等金融合作机构进行合作和联系?如何加大发展中国家在国际合作机构(如 IMF、世界银行等)中的话语权与表决权?如何改革这些机构中的游戏规则?如何赋予原有合作机构以新职能而在新国际金融秩序中扮演一个重要角色?即如何将新旧"两张皮"融为一体?(3)如何推进国际货币"多元化"的发展,并在此基础上推出一个与主权国脱钩的国际储备货币。这个议题在 G20 伦敦峰会期间虽曾提出,但需有较长时间逐步探索和推进。

至此可以说,G20 金融峰会及财长与央行行长会议的重大历史意义,不仅在于历史上第一次实行全球性宏观经济政策国际合作(或国际化政府干预)应对 20 世纪 30 年代以来最严重的金融危机,而且标志着一个国际金融新秩序的孕育,并由此培育出或逐步构建出一个世界新秩序。正如英国《金融时报》2009 年 4 月 6 日发表《一个更宏大的秩序走入视野》指出,"G20 预示新的世界秩序正在取代旧秩序"。新加坡《联合早报》4 月 3 日发表评论文章说,"世界新秩序从伦敦峰会开始"。创立或催生一个新型国际货币体系和一个世界新秩序,将是国际社会寄望于 G20集团的历史使命。

参考文献

戴维·赫尔德:《全球大变革——全球化时代的政治、经济与文化》,社会科学文献出版社 2001 年版。

Cunter Meissner, *Credit Derivatives*: *Application*, *Pricing and Risk Management*, Blackwell Publishing Ltd., 2005.

刘力:《经济全球化和中国和平崛起》,中共中央党校出版社 2007 年版。

鲁克强：《经济全球化与全球经济》，中国宏观经济信息网，2001年4月30日。

黄范章：《关于经济全球化的几点思考》《经济全球化与金融监管国际化》，均载黄范章《跨世纪的中国改革开放与国际环境》，经济科学出版社2002年版。

（原载《宏观经济研究》2009年第7期）

G20 集团与国际货币体系改革

G20 峰会及财长、央行行长会议，已开过三次（华盛顿、伦敦、匹茨堡），在这次全球应对国际金融危机中起了重大作用。它的重大历史性意义，不仅在于它是在经济全球化条件下应对经济（金融）危机的新机制，而且在于它孕育着国际经济新秩序的胚胎。

一　国际宏观经济协调及 G20 集团

20 世纪 30 年代的经济大危机暴露了自由资本主义经济所固有的、不可克服的弊端，即所谓严重的"生产过剩危机"，不得不求助于"国家干预"，凯恩斯主义便应运而生。第二次世界大战后，西方国家在凯恩斯主义影响下，虽未能消除周期性衰退，却在长达半个世纪内避免了 30 年代大危机再度袭击。尽管 20 世纪 70 年代发生"滞胀"使人们对凯恩斯主义产生怀疑，凯恩斯主义者跟货币学派及供给学派就财政政策与货币政策谁更重要问题发生了争论，但事实上历史的发展已使资本主义市场经济跟"国家干预"结为一体，现代资本主义市场经济的运行已离不开国家主导的"宏观经济政策调节"，一些鼓吹"新自由主义"的人被多数西方学者讥讽为"原教旨市场主义"。然而，凯恩斯主义的宏观经济管理，还只是在生产社会化条件下一国政府只关注本国的宏观经济调节，即在一国范围内实施"政府干预"，维护一国国内市场的统一性与稳定性。然而，在经济全球化的新形势下，单靠各国致力于本国的宏观经济管理已不足以确保本国经济的稳定。因为，经济全球化的本质就是通过经济、贸易、金融、信息网络把世界各地紧紧地捆绑在一起。如果说，过去经济的发展是跟以机械化、电气化为特征的生产社会化联系着，要求在一国范围内建立统一市场，那么在以信息化技术相联系的经济全球化条件下，经济的发展则要求突破国界，把全球作为一个统一自由市场，通过有效的分配与再分配，使各地的资源优势得到充分的利用与发挥，这是经济全球化带来的最大的好处。

同时，经济全球化也带来与之俱来的弊端。经济全球化，各种经济风险的传导也全球化。值得提及的是，金融全球化是经济全球化的重要组成部分。金融业的蓬勃发展，特别是包括衍生产品在内的虚拟经济的发展，会通过利率、汇率、股价、各种衍生产品组成的金融网络，把一个国家的金融风险很快传导到其他国家或地区，也可以让一国的虚拟经济风险扩散到本国或别国的实体经济。不仅如此，金融投资资本特别是金融投机资本，不仅会利用某国或某地区的制度或政策的漏洞进行冲击，甚至还可以"翻手为云，覆手为雨"地制造金融市场的动荡。例如，在20世纪90年代亚洲金融危机中，危机首先发难于泰国，固然由于泰国自身金融体系不健全和政策失误（如吸纳短期投资过多和泰铢自由兑换过快），但即使像金融制度较健全的中国香港也被以索罗斯为首的量子基金以其巨额投机资本在金融市场上人为制造出金融风暴。虽然索罗斯最后以几十亿的亏损败下阵来，但香港却经历了一场惊心动魄的金融海啸。

可见，在经济全球化条件下，要防止经济危机或风险，需要有一个跨国界的（区域的或全球的）、统一的宏观经济管理。国际社会曾有人议论过所谓"世界政府"，这根本不现实；为了应对这次国际金融危机，美国著名经济学家、耶鲁大学教授杰弗里·加腾于2008年11月3日在美国《新闻周刊》发表文章，呼吁"我们需要一个全球性央行"，这主张也不现实。不用说建立"全球性央行"

不可行，即使建立区域性的超国界的统一宏观经济调节也不现实，因为宏观经济管理和政策涉及各国主权。众所周知，欧盟经营了几十年，虽建立了共同市场，建立了欧洲中央银行，确立了统一货币（欧元），可以实行地区性、超国界的统一货币政策，但迄今无法实行超国界的统一的财政政策。并且，英国仍坚持保留本国央行和英镑以及自己的货币政策。所以，尽管经济全球化要求有超国界（地区或全球的）统一的宏观经济政策调节（或管理），但目前不可能做到，而且在未来很长的时期内也未必可望做到。怎么办？唯一选择，就是在地区范围和全球范围内实行宏观经济政策的国际合作。

一些国家或主要经济国家之间的宏观经济政策合作，是在经济全球化条件下实行的一种国际合作形式。过去的国际经济合作，无论贸易合作还是投资合作，都以企业为主体，即使政府之间的关税合作（优惠），也都落实到企业层面。宏观经济政策合作，将经济合作从企业层面上升到政府层面。这种新形式的合作，可以有不同层次的提升，最初的合作是有关国家进行定期的宏观经济政策对话，即有关国家的财长和央行行长就各自的财政政策和货币政策进行政策性对话，进而发展为政策性磋商，再进而实行政策协调，最终发展为统一行动。诚然，进行这种国际合作，必须以尊重各国主权、平等协调、互助互利为基本原则，只有在这些基本原则的基础上，这种国际合作才有生命力，才能成功和持久。

这种宏观经济政策的国际合作，在平时应以经济（或金融）监管为重点，增强有关制度、政策、法规的透明度，建立风险预警机制，以防经济（金融）危机或风暴发生；一旦发生经济（或金融）危机或风暴，则重点应是如何联手应对和克服风暴。当亚洲金融危机肆行时，本文作者于1998年12月发表《经济全球化与金融监管国际化》一文（载《宏观经济研究》创刊号），呼吁经济全球化要金融监管政策方面的国际合作，后又发表《金融全球化需要宏观经济政策的国际合作》一文（载《中国经济时报》2002年

6月29日），提出这种宏观经济政策的国际合作，可以从初级到高级稳步推进，从宏观经济政策对话和信息交流开始，进而举行政策磋商与政策协调，达成协议或采取共同行动。

值得强调的是，这种宏观经济政策合作，随着经济（金融）全球化的发展，也有多种形式。有双边的，如中国—美国官方高层经济和战略对话机制；有地区的，如东亚地区10+3框架下财长及央行行长定期会议；还有全球性的，如2008年11月15日在华盛顿召开的20国集团首脑会议和2009年4月和10月20国集团伦敦和匹茨堡首脑会议及之前的财长及央行行长会议，讨论合作应对当前国际金融危机并达成一些重要共识。还需指出，G20国家的全部国民生产总值占全世界的85%，人口占世界人口的2/3，它的活动及影响具有全球意义。它最早成立于亚洲金融危机之后不久的1999年12月，一般属于对话性质；但2009年伦敦会议，其作用与性质有了显著的提升，已就刺激经济、扩大公共开支、加强金融监管、给IMF增资等一系列重大决策达成了共识。特别是在匹茨堡会议期间，各国领导人和部长们，曾就是否启动"退出"机制还是继续刺激经济这个重要问题进行了深入讨论，达成继续刺激经济的共识，对增强世界人民的信心，遏制经济颓势起了重大作用，其意义将是深远的，甚至是历史性的。

二 国际货币体系的演化与20国集团

20国集团及其旗下财长和央行行长会议，在这次国际金融危机中凸显了实行跨国界的宏观经济调节的重要职能，成为适应经济全球化下实现跨国界监测、防范、应对危机的新机制。然而，这种适应经济全球化要求而产生的跨国的宏观经济政策的国际合作，是在联合国框架之外形成的新机制。它不仅意味着对传统的世界经济秩序的突破，而且更意味着经济新秩序的萌发。

传统的世界货币体系是在1944年《布雷顿森林协定》基础上

成立的。这个协定有两大成果：其一是确立以美元为中心的国际货币体系，各国货币与美元挂钩，美元与黄金挂钩，规定35美元兑一盎司黄金。随着欧洲复兴，美国经济地位相对削弱，美国不得不于1971年宣布美元与黄金脱钩。然而，美元主导的国际货币体系格局未变，而且美元不受约束地发行，这一传统的国际货币体系，成为当今国际金融危机的深层次的体制根源。无怪乎当今国际社会要求改革世界货币体系的呼声四起。其二是在联合国框架下建立了国际货币基金组织和世界银行两大国际合作机构。当初建立这些机构主要是帮助战后有困难的国家恢复与发展经济，后来在世界银行与国际货币基金组织之间有明确的分工，世界银行主要是给不发达国家提供项目建设的长期贷款，而国际货币基金组织则为出现外贸逆差而有支付困难的发展中国家提供周转性的短期贷款。二者都没有协调各国宏观经济政策的职能，不能适应20世纪60—70年代后出现并日益增强的经济全球化历史趋势的要求。要在地区内或世界范围内实现各国宏观经济政策合作，只能突破传统的国际秩序而在联合国框架外进行。为共同应对国际金融危机而召开的G20首脑会议及相关的财长与央行行长会议，第一次、第三次是应美国总统小布什及奥巴马之邀在美国的华盛顿及匹兹堡召开，第二次是应英国首相布朗之邀在伦敦召开，既不是由联合国召开或主持，会议地址也不是联合国所在地纽约，联合国所属世界银行及国际货币基金组织的负责人也属被邀之列。会议的主角是G20国的首脑及其财长与央行行长，世界银行和国际货币基金组织负责人虽被邀出席，却作为被讨论的对象，由政府首脑和部长们就扩大公共投资、加强金融监管、给IMF增资、反对保护主义等问题达成共识，形成决议，以适应经济全球化条件下应对金融危机的需要。这些决定与共识，不是世界银行和国际货币基金组织所能做到的。这充分表明，传统的国际经济秩序和有关机构已不适应全球化发展的需要，宏观经济政策的国际合作，需要由G20之类的新机制来实现。

其实，传统秩序和机构之无能为力和对新秩序和新机制的呼唤早已显示。远的不讲，记得 20 世纪 80 年代初，由于美国利率上调导致美元汇率在 1979—1984 年上升了 60%，1985 年汇率剧烈波动，迫使美、英、法、德、日五国的财长和央行行长在纽约广场旅馆（Plaza Hotel）召开紧急会议，并达成五国联合干预外汇市场的协议，使美元对其他主要货币有序地下调。这次重要国际宏观经济政策合作会议，竟然没有邀请国际货币基金组织和世界银行参加，但这两个国际机构确实没有调节汇率的职能。1986 年，上述五国增加了意大利和加拿大，由七国财长和行长在东京开会，决定每年定期就汇率、经济增长率、通货膨胀率、货币增长率、利息率、失业率、财政赤字、外贸差额以及外汇储备状况九大指标，进行监督、磋商和政府协调。这样一来，七国集团的财长与央行行长会议便机制化、制度化了①。后来，国际汇率市场多次出现巨大波动，七国财长和行长多次联手采取集体干预行动，取得成功。

七国集团在 20 世纪 90 年代中期因增加了俄罗斯而成为八国集团，但就宏观经济政策合作讲，起作用的还是七国集团财长与央行行长会议。但七国集团的财长与央行行长机制，只是主要发达国家之间的宏观经济政策合作，或所谓"富国俱乐部"，未能反映近 20 多年来经济全球化条件下全球范围内产业转移促成发展中国家或地区的经济兴起。发展中国家在世界各国 GDP、全球贸易、全球资本流动中的地位与作用越来越重要。亚洲金融危机后，由七国集团发起于 1999 年成立 20 国集团，把一些重要发展中国家包括在内，当时 20 国财长和央行行长会议也只是一种对话机制。如今国际金融危机的严峻情况，迫使美英等主要发达国家为了应对国际金融危机不得不吸纳主要发展中国家而召开 20 国集团会议以及财长和央行行长会议，就财政政策、货币政策进行对话、磋商和协调。20 国财长与央行行长会议所实现的宏观经济政策国际合作，要比七国

---

① 当时我在 IMF 执董任内，立即写文章要求对这一新机制给予高度关注。黄范章《里根政府的新国际经济战略初析》，《经济研究》1986 年第 8 期。

集团更具有全球性的，而且会议的性质比以往 G20 有了实质性的提升。

需要着重指出的是，G20 最近三次会议所获得的成果主要有：（1）建立一项 1.1 万亿美元的扶持计划，以恢复全球信贷和就业市场及经济增长，并联手扩大财政支出，预计今年（2010年）年底其总额将达 5 万亿美元；（2）改造金融监管体系，对包括对冲基金在内的所有重要金融机构、金融工具和金融市场，建立全球一致性的监管框架；（3）增资 IMF 近万亿美元（包括 SDR），并改革国际金融机构；（4）反对贸易保护主义。此外，20 国集团匹兹堡会议还决定，为适应中国、印度、巴西等新兴国家的经济实力增强，对国际金融机构的投票权额度加以适当调整，新兴国家在 IMF 的额度增加 5%，在世行的投票权增加至少 3%。尽管这种调整尚属微调，但这不仅意味着新兴国家将在国际经济事务中拥有较大的话语权，而且开始触及国际经济秩序中的核心结构及游戏规则。这种全球性的宏观经济政策合作，在历史上还是第一次。这些重大决定是联合国所属的 IMF 和世界银行无法做到的，而且这一切是由20 国而不是由联合国所主导的。还有，G20 匹兹堡会议发表"领导人声明"，明确提出这种会议每年举行一次，而且确定 2010 年 6月和 11 月分别在加拿大和韩国举行。这便把宏观经济政策合作推向机制化和制度化。如果说，1985 年"广场协议"建立的七国集团的财长与央行行长会议机制，还只是意味着对旧世界秩序的一种"突破"，那么，20 国集团最近三次会议所产生的机制，则意味着世界新秩序的孕育或胚胎。无怪乎英国《每日电讯报》2009 年 4 月 3日头版报道采用如此醒目标题："G20：布朗宣布世界新秩序"。

三 对于当前国际货币体系改革的思考

国际社会对长期由美元主导的世界货币体系以及传统的世界经济秩序早就不满，改革国际货币体系的呼声由来已久。大体有两类主张：一是主张将旧体系"推倒重来"的激进主张，即立即彻底推倒布雷顿森林体系，包括目前一主多元的格局，重构国际货币体系；二是主张"渐进式"改革，他们不仅是言者，而且是行者。"欧元"的出现，就是打破美元在国际货币体系中的独霸地位，争取至少平起平坐地位的重大行动。此外，不仅英镑、日元想保持甚至扩大其在国际货币体系中的影响，而且俄罗斯的卢布、印度的卢比、中国的人民币也加速国际化进程。自这次金融危机爆发以来，各种关于改革的建议纷至沓来。

改革国际货币体系势在必行。我认为，应从以下几个方面努力：

其一，改革国际货币体系和传统世界经济秩序中的决策权结构。长期以来，国际货币基金组织和世界银行由20多名执行董事做出决策，只有几个主要国家各拥有一个席位，其他董事席位分别由几个国家或几十个国家遴选。主要由各国对国际组织的缴纳分配表决权，美国拥有17%表决权，中国的表决权长期只有2%强，近些年增至3%。在此状况下，虽说美国不能为所欲为，但只有它实际掌握一票否决权，因为章程规定重大决议必须有85%的票才通过。20国集团匹茨堡会议鉴于发展中国家兴起的现实，不得不许诺给中国、印度、巴西等新兴国家增加决策权，要在IMF至少增加5%的额度及在世界银行至少增加3%的投票权。为此，会议要求一些代表权高于经济实力的国家（欧洲国家）让出部分决策权给这些新兴国家，而美国仍保持一票否决权的地位。尽管这个改革步子不大，但毕竟让新兴国家在国际经济、金融体系中扩大了话语权，开始触动旧体系和旧秩序的核心部分。今后将会进一步改革决策权或投票权的分配原则及分配结构，彻底改革"一票否决权"的局面。

其二，加强金融监管，推进金融监管国际化。各国应扩大对本国金融监管范围，对所有金融机构（银行、证券、保险、基金）、金融产品与衍生产品及金融市场实行全面监管，确保各金融市场之间监管信息通畅和信息共享，防范跨行业及跨境乃至跨地区的风险。与此同时，推进金融监管国际化（即金融监管的国际合作），应就金融监管合作的理念、原则、监管谁、谁来监管以及如何监管（即监管方式）达成共识并做出承诺，形成有力而又具有一致性的跨国（地区的或全球的）监管合作机制，建立有效而又及时的信息共享机制、风险预警机制。

与强化监管有关，还有两个重要问题须进一步研究并合理处置：一是金融监管与金融创新问题。衍生品层出不穷，但带来巨大风险。为了应对汹涌而来的金融危机，各国对金融机构及产品采取了严厉的监管措施，是十分必要的。然而，金融创新和衍生产品，毕竟有利于融通资本。一旦经济恢复常态运行，就有必要研究和区分哪些措施是应急的、临时的，哪些是过去缺失的而应纳入正常体制，哪些还须进一步完善。总之，加强监管是为了抑制新金融的消极方面，发挥其积极方面，不可"因噎废食"。二是银行分业经营与混业经营问题。1933年美国通过格拉斯—斯蒂格尔法案（Glass - steagal Act），实行银行分业经营，对于美国战后得以避免大萧条重演起了作用。1999年美国通过新银行法，恢复混业经营，成为导致当今金融危机的政策性原因之一。美联储前主席沃尔克向奥巴马建言要重归银行分业经营。究竟是分业经营还是混业经营，这不仅只是美国的问题，也是其他国家金融业所关切的问题。上述问题G20会议虽未提出，但应进一步认真研究。

其三，国际货币体系改革的核心问题之一，在于选择好作为国际储备基础的本位币。虽然以不受约束的美元为主导的国际货币体系是这次金融危机的体制根源，但要想找到一个可以取代美元作为国际储备基础的本位币，的确很困难。因为美元之所以作为国际储备货币，不是任凭意愿，而是靠国家的经济实力。从目前情况看，在今后一段时间内美元所主导的国际货币体系尚难以改变。

2009年周小川行长在20国集团伦敦会议前夕提出建立一种与主权国家脱钩并能保持币值长期稳定的国际储备货币。这一建议立即得到"金砖四国"和许多发展中国家的支持。不过，这是作为长期目标提出的，胡锦涛主席在20国金融高峰会议上讲，改革国际货币体系，要坚持"全面性、均衡性、渐进性、实效性的原则"。显然，只有建立一个与主权国家脱钩的"国际储备货币"，国际货币体系的改革才是全面的、彻底的。但这一改革不可能一蹴而就，必须是渐进的。在此之前，我们应推进国际货币多元化的发展。目前，除了美元、欧元、英镑、日元外，俄、印也在推进卢布、卢比国际化。人民币国际化的进程也将积极而稳步地推进。中国的央行与韩国、马来西亚、白俄罗斯、印尼、阿根廷等国央行及中国香港金管局签订了总额为6500亿元的货币互换协议，2009年4月8日国务院又决定在上海和广州、深圳、珠海、东莞4城市进行跨境贸易人民币结算试点。还应提及，国际社会还有一些人鼓吹"亚元"，如美国著名亚洲经济专家、卢杰斯大学杜达（Dutta）教授多年主张建立"亚元"，2009年3月出版《亚洲经济与亚元》（Asian Economy and Asian Money）一书。这一切表明，国际货币多元化趋势越来越强劲，随着国际货币多元化日益发达，美元的主导地位将日渐削弱，一个与主权国家脱钩的国际储备货币势将获得国际社会的认同。

其四，鉴于金融领域的高风险、多突发性的特点，应在20国集团框架下成立应急小组或委员会，以应对突发性事件和稳定世界金融市场。七国集团的财长与央行行长会议机制，在20世纪80—90年代多次联手平抑了金融市场风波。由于金融市场瞬息万变，传导性强，这个机制既要有权威性，还要决策人少和决策果断、快速及机密。否则，容易走漏风声，易为金融投机者所利用。诚然，为了适应新形势，这一机制不能再继续为"富国俱乐部"（七国集团）所把持，也不宜20国集团都一起上。这个应急小组（或委员会）应在20国集团框架下由少数几个主要货币国家和世界主要贸易国家的财长及央行行长所组成。为什么除了主要货币国（如美、欧、英、日）外还要加上主要贸易国？这是因为汇率的波动不仅关系主要货币国的利益，还关系主要贸易国的切身利益。这个金融应急小组（或委员会）对 20 国集团负责，它和 20 国集团目前都属于联合国外的新机制，部分地履行地区的、全球的宏观经济调节职能。

其五，充分发挥 G20 伦敦会议创立的"金融稳定论坛（FSF）"及"金融稳定委员会（FSB）"等新机制的作用，探索创立一个崭新的国际货币新体系。G20 为共同应对国际金融危机采取系列重大措施，但还有一些重大问题尚不明确和落实；有的问题虽已提出，但需长期探索。（1）强化金融监管问题如何落实，是各国分头进行，还是在充分讨论的基础上就金融监管合作的理念、原则和方式达成共识，并形成统一的法规和规则以共同遵守？对各国执行金融监管的情况，由各国自行监督还是设立统一监督机构？这种统一监督机构如何建立以及它的职能范围是什么？（2）"金融稳定论坛"和"金融稳定委员会"目前是联合国框架之外的新形成的合作组织，它们又如何与联合国已有的 IMF 和世界银行等金融合作机构进行合作与联系？如何加大发展中国家在国际合作机构（如 IMF，世界银行以及新机构）中的话语权与表决权？如何改革已有国际机构中的游戏规则？如何赋予原有合作机构以新职能而在新国际金融秩序中扮演一个重要角色？如何将新旧"两张皮"融为一体？（3）如何推进国际货币"多元化"的发展，并在此基础上推出一个与主权国脱钩的国际储备货币？这个论题在 G20 会议期间虽已提出，但需长时间逐步探索和推进。

上述几方面问题，有的虽出现端倪，但有待进一步培育；有的虽已提出，还须在充分讨论与达成共识的基础上不断推进，有的须长时期探索（如建立与主权国脱钩的国际货币体系）；有的问题迄今尚未来得及提出来，更须在实践中酝酿与探讨。尽管如此，但 G20 最近三次会议，已给国际货币体系的改革明确了方向，在这里国际经济（金融）新秩序已是珠胎暗结。只要 G20 的宏观经济政策的国际合作健康、顺利地推进，人们有理由满怀希望地期待若干年后一个崭新的世界经济（金融）秩序定将呱呱坠地。

参考文献

戴维·赫尔德：《全球大变革——全球化时代的政治、经济和文化》，社会科学文献出版社 2001 年版。

杰弗里·加腾等：《G20 峰会和资本主义的未来》，《比较》2009 年第 2 期。

Cunter Meissner, *Credit Derivatives*: *Application*, *Pricing and Risk Management*, Blackwell Publishing Ltd. , 2005.

刘力：《经济全球化和中国和平崛起》中共中央党校出版社 2007 年版。

鲁克强：《经济全球化与全球经济》，中国宏观经济信息网，2001 年 4 月 30 日。

黄范章：《关于经济全球化的几点思考》《经济全球化与金融监管国际化》，均载黄范章《跨世纪的中国改革开放与国际环境》，经济科学出版社 2002 年版。

黄范章：《东亚经济的崛起和中国扮演的角色》，载黄范章主编《东亚经济蓝皮书 2000—2005》，经济科学出版社 2006 年版。

（原载《金融研究》2010 年第 2 期）

宏观经济政策国际合作

——经济全球化所需要的新机制

一 经济全球化推动世界经济结构变化

经济全球化的本质,就是通过经济的、贸易的、金融的、信息的网络把世界各地愈来愈紧地捆绑在一起,把全球作为一个统一的自由市场;有效地分配与再分配资源,使各地的资源优势得到充分而有效的利用与发挥。

经济全球化是社会化生产和现代高科技迅猛发展的结果,是生产社会化在当代高新科技迅猛发展条件下的新发展。如果说工业革命开创了生产社会化发展的道路,在过去一二百年里它的发展是以机械化、电气化为其科技基础,但自20世纪后半期以电子化、信息化为代表的高新科技的发展,把生产社会化进程提升到一个新阶段,使经济发展开始突破地缘政治的某些范畴,超越了国界,形成全球规模的商品网络、货币网络、资本网络、生产网络、金融网络,把世界各国、发达国家和发展中国家、大国和小国、富国和穷国,都越来越紧地捆绑在一起,世界变得越来越小。

经济全球化推进了世界经济结构的巨大变化。

(一) 发达国家,特别是美国,以金融业为主导的第三产业的迅猛发展

以美国为例,从第二次世界大战到现在,第一产业占GDP的比重从8%降到不足1%,第二产业从30%降到不足20%,第三产

业则从60%增至80%，其中主要是金融业。① 金融业，特别是衍生产品的过度发展，导致虚拟经济过度发展。例如，在这次金融危机爆发前夕，美国2007年GDP总量为13.84万亿美元，而美国股市总值约为17.8万亿美元，该年美国金融机构杠杆负债率达到GDP的130%以上。据报道，2000年年底，全球虚拟经济的规模达到160万亿美元，而当年各国国民生产总值的总和只有30万亿美元，即虚拟经济的规模相当于实体经济的5倍还多。② 可以说，近几十年来，经济全球化和金融全球化，造就了发达国家的经济结构的一个重大变化，即虚拟经济过度发达，实体经济相对萎缩。

（二）经济全球化推动了国际产业转移，导致世界经济结构发生巨大变化

20世纪六七十年代以来，一些业已失去竞争能力的加工制造业从发达国家向亚洲、拉美等欠发达地区转移。从亚洲地区看，这类产业的国际转移，随着经济全球化发展，20世纪50年代从美国及欧洲发达国家转移到日本，60—70年代又从美欧及日本转移到亚洲欠发达地区，促成了亚洲"四小龙"的崛起，从80年代又从"四小龙"及欧美转移到中国、东欧及印度。这一产业国际转移的历史趋势，正好与亚洲发展中地区进行工业化、城市化这一历史性趋势不期而遇，发达国家的大批制造业通过国际资本流通在亚洲发展中地区落户。据联合国世界投资报告提供的资料，即使在国际金融危机爆发的2008年，东亚各国吸收的外商直接投资超过2700亿美元，占全球总外商直接投资的16%，其中中国吸收的外商直接投资超过1000亿美元。据报道，中国自改革开放以来，共吸收外商直接投资超过5000亿美元，成为世界吸收外资最多的发展中国家。可以说，东亚地区已形成世界加工制造业地带，国际社会把中国誉为"世界工厂"。我认为，中国目前还未达到当年英、美、德

---

① 董艳玲：《美国产业结构变动趋势》，《学习时报》2010年12月21日。
② 《虚拟经济的现状与发展》，新华网，2008年5月21日。

国成为"世界工厂"的水平，因为我们的装备工业和制造业的核心技术还相对落后，转移来的外资企业主要是劳动密集型和投资密集型产业，中国还只能算是世界级加工制造业基地或中心，更何况代表当今科技最高水平的是高科技产业，而非制造业，"世界工厂"已失去当年瑰丽的花环。然而，不管如何，全球化的发展，通过产业转移导致世界经济结构发生重大变化，发展中国家以金融业及虚拟经济为主，使美国惊呼"产业空心化"，而发展中国家则以加工制造业等实体经济为主。这是当今世界经济中产业结构变化的新格局。

（三）随着产业国际转移，随着发展中地区一些国家的工业化、城镇化推进，世界经济版图出现了三大版块的新局面

一是由美国和欧洲一些发达国家组成的发达地区；二是由"金砖四国"和"新钻11国"为代表的新兴市场国家和地区；三是由非洲、中东国家为主的有待开发的地区。其中，新兴市场国家和发展中经济体的经济发展特别值得注意，因为全球经济重心正从发达经济体向新兴市场和发展中经济体转移。1994年美国商务部《国家出口促进策略》报告中首次使用"新兴市场经济国家"这个概念。2003年10月美国高盛公司在《走向2050BRICS》报告中首次提出"金砖四国"（中国、俄罗斯、印度、巴西）；2007年又进一步提出"新钻11国"（"金砖四国"加上墨西哥、韩国、南非、波兰、土耳其、哈萨克斯坦、埃及）概念，认为它们将在一二十年内跻身经济强国行列。尽管目前国际社会对"新兴经济体"的界定还不十分清晰，新兴经济体和发展中地区在这次国际金融危机中虽受冲击，其实体经济的增长速度虽个别年份有所减缓，但保持增长势头。据统计，2009—2010年，新兴经济体和发展中经济体在全球产出的总增长中占了将近2/3，新兴经济体和发展中经济体对全球经济增长的贡献率从2007年以前的30%左右提高到2010年的70%，新兴经济体和发展中经济体在全球经济总量中所占比重高达47.8%，成为世界经济增长的主导力量。高盛公司全球经济

研究主管奥尼尔对新兴经济体寄予厚望,认为新兴经济体的强大内需可以弥补美国国内消费需求的下降,并预计"金砖四国"将帮助全球经济保持3%—4%的增速①。这种情况,在20世纪50—60年代是难以想象的。

二 经济全球化需要新机制
——宏观经济政策合作

世界经济结构发生了如此巨大变化,而经济全球化、金融全球化,通过贸易网络、金融以及各种衍生产品的网络,既把世界各地紧紧捆绑在一起,也会把一国的危机或风险传递或扩散到本地区及世界各地。这次由美国次贷危机引发的金融危机,原本是由于美国自身的经济结构、金融体系及政策等方面深层次的原因酿成的,所谓自食其果,但在经济全球化条件下,在现有国际货币体系中,美国的金融风险及危机,却通过美元无约束地发行,以及形形色色、层出不穷的金融衍生工具,由美国金融体系渗透、传播、扩散到世界各地,使世界金融体系中充满了泡沫和"管涌"。一旦美国次贷危机扣动了这一"扳机",会酿成世界性的金融危机,并进而引向世界经济危机。

经济学史告诉我们,在20世纪30年代以前,西方经济学传统理论认为,资本主义市场经济非常完美,依靠价格机制和竞争机制,市场的供求会自然趋于均衡,可以无为而治。它虽然承认偶尔出现失业,但只要工人把工资要求降下来,愿意接受更低工资,自然会受到雇佣。因此,传统古典经济学一般不会承认存在什么"非自愿失业","失业"都是"自愿的"。

然而,20世纪30年代的经济大危机粉碎了古典经济学关于资

---

① 朱民:《世界经济结构的深刻变化和新兴经济的新挑战》,《第一财经日报》2011年9月30日。

本主义市场经济能够"自我调节"、可以无为而治的美梦,资本主义经济已无法靠市场经济的"自我调节",不得不求助于"国家干预"。罗斯福"新政",特别是英国经济学家凯恩斯1936年《就业、利息和货币通论》一书的出版,为"国家干预",特别是为"宏观经济调节"提供了理论基础。第二次世界大战后,凯恩斯主义风靡一时,不仅让西方经济学理论出现了宏观经济学和微观经济学的分野,而且,以财政政策和货币政策为主要手段的宏观经济调节(或称宏观经济管理),使西方主要资本主义国家远离了30年代那种毁灭性的危机,甚至有人在纪念凯恩斯《就业、利息和货币通论》出版30周年时竟喊出了"是凯恩斯拯救了资本主义"。可是,好景不长,美国经济陷入"滞胀",美国总统里根推行了以供给学派和货币主义为圭臬的新保守主义政策。尽管货币主义反对政府过多干预经济,但不反对宏观经济调节,它和凯恩斯主义学派的分歧主要在于财政政策还是货币政策谁更重要的问题上。诺贝尔经济学奖得主美国著名经济学家托宾在一次研讨会上曾用三句精辟语言概括美国当代主要经济学流派在这个核心问题上的基本观点与分歧:(1)货币根本不重要;(2)货币很重要;(3)货币唯一重要[①]。第一种意见是凯恩斯主义学派;第三种观点是货币主义学派;第二种观点是萨缪尔逊自己标榜的"新古典综合",后又改称"后凯恩斯主流经济学",既强调财政政策的第一位作用,也承认货币政策的重要性。总之,当代西方主流经济学,无论是凯恩斯学派还是货币主义学派,尽管其侧重点虽各有不同,却都主张以财政政策和货币政策为主的宏观经济调节,这是为应对经济危机或金融危机所不可或缺的。这表明,当代资本主义已不是传统经济学所宣扬的"自由放任"资本主义,它已和国家干预融为一体,当代资本主义经济的成长已离不开政府主导的"宏观经济调节"。

[①] 萨缪尔逊:《客观评价货币主义》,载爱尔代加编《经济学文选》1978年英文版,第234页。

然而，问题是凯恩斯主义所讨论的有效需求及宏观经济调节问题，只涉及一国范围内的经济波动与稳定问题。西方国家的市场经济是在过去为适应与机械化、电气化、科技相联系的生产社会化发展的要求而成长与发展的，在政治上要建立主权独立的"民族国家"，反对封建的政治专制和诸侯割据，在经济上要求建立全国统一的市场。在这种情况下，宏观经济调节只是一个国家行使主权范围的事，维护一国国内市场的统一性与稳定性。

但在与信息化科技相联系的经济全球化背景下，生产社会化的历史趋向进一步推进了，情况便有所不同。经济全球化通过自由贸易和自由投资，使世界各地可以突破国界，分享各地资源优势提供的比较利益；但也带来与之俱来的弊病，即随着经济全球化，各种风险的传导机制也全球化了。特别是，金融全球化是经济全球化进程中一支重要的生力军。金融业的蓬勃发展，特别是衍生产品形成的虚拟经济的发展，会通过利率、汇率、证券、各种衍生产品组成的金融网络，把一个国家的金融风险很快传导到其他国家或地区，也可以让一国的虚拟经济风险扩散到本国或别国的实体经济。不仅如此，金融投资资本特别是金融投机资本，它们在全球各地随时随地寻找可乘之机，不仅会利用某国或某地区的制度或政策的漏洞进行冲击，甚至还可以"翻手为云，覆手为雨"，人为地制造金融市场的动荡。例如，亚洲金融危机中，中国香港金融体系本来比较健全，也遭到以索罗斯为首的金融投资财团突如其来的重大冲击。这充分表明在全球化条件下，单靠各国致力于本国的宏观经济管理，已不足以确保本国经济的稳定或防范风险，需要有一个跨国界的（地区的或全球的）宏观经济调节。既然如此，那么各国政府与人民应该如何应对这种挑战？新形势、新挑战需要有新手段、新机制。

曾有人提出，在全球化条件下，为了防止经济（或金融）及其在国与国之间、地区与地区之间传导，应该实行超国家的宏观经济管理，为此有的人甚至谈论什么"世界政府"，我认为，所谓

"世界政府"之说根本不现实。为了应对这次国际金融危机,美国著名经济学家耶鲁大学杰弗里·加腾教授于2008年11月3日在美国《新闻周刊》发表文章,呼吁我们需要"一个全球性的中央银行",这个主张也不行。即使实行地区范围内的"超国家"的宏观经济管理,即实行地区内统一的货币政策和财政政策,也很困难。以欧盟为例,经历了几十年的努力,欧盟才在20世纪90年代初建立了地区的"统一市场",90年代末才确立了地区的中央银行和统一货币(欧元)政策,但迄今英国尚游离在"欧元"区、欧洲中央银行之外;至于欧盟地区统一的财政政策更谈不上。因为世界各地不仅有国别之分、主权与利益的分野,经济情况和发展水平的巨大差异,而且富国与穷国之间、南北之间在某些方面还有利害冲突。欧盟即使有中央银行和统一的货币政策,但目前无法做到统一的财政政策,也就谈不上进行跨国界(区域性)的宏观经济调节。据专家分析,欧元区国家就单个国家讲债务问题虽严重,但各国之间债务还相互交叉,故从总体上看,预算可争取平衡,债务问题不像表面看那么严重。无怪乎国际货币基金组织总裁拉加德明确指出,欧洲缺少一个统一的财政政策;今年(2012年)2月在墨西哥举行的G20财长和央行行长会议也不同意为援欧而给IMF增资,强调欧洲国家应首先加强财政合作,建议欧洲稳定机制(ESM)跟欧洲稳定基金合并。还有学者主张欧洲在未能确立统一的财政政策之前可确立"欧洲财政同盟"。不过,今年1月欧盟领导人共同签署了所谓"财政契约(Fiscal Compact)",虽有人(如费尔德斯坦)称其为"空头承诺",但不少人认为这毕竟向财政一体化开始迈步。尽管意见纷纭,却从另一侧面表明,在未能实现跨国界的统一的货币政策和统一的财政政策之前,实行地区性(跨国界的)宏观经济政策的国际合作,是一项合理的、必要的选择。

总之,为了应对经济全球化下的经济(金融)风险,各国人民所能有的唯一选择,则是实现宏观经济政策的国际合作。也就是说,国际经济合作,应该从传统的以企业为主体的贸易合作、投资合作或技术合作，提升到政府层面的宏观经济政策合作。这是经济全球化在新世纪里的迫切需求，即以宏观经济政策的国际合作的方式，履行地区范围内或全球范围内的宏观调节职能，实施"宏观调节国际化"或"政府干预国际化"。诚然，进行这种国际合作，必须以尊重各国主权、平等协商、互助互利为基本原则；只有在这些基本原则的基础上，这种国际合作才有生命力，才能成功，才有可持续性。

这种宏观经济政策的国际合作，是以有关国家的财政部长和央行行长联席会议为体制载体。它在平时应以经济（或金融）监管为重点，增强有关制度、政策、法规的透明度，建立风险预警机制，以防范或规避经济（金融）危机或风暴发生；一旦发生经济（或金融）危机或风暴，则重点应是如何联手应对和克服危机。当亚洲金融风机肆行时，我于1998年12月发表《经济全球化与金融监管国际化》一文（载《宏观经济研究》创刊号），呼吁经济全球化要求金融监管政策方面的国际合作，后又发表《金融全球化需要宏观经济政策的国际合作》一文（载《中国经济时报》2002年6月29日），进一步提出这种宏观经济政策的国际合作，可以从初级到高级稳步推进，可以从宏观经济政策对话和信息交流开始，增加彼此有关制度、政策、法规的透明度，进而举行政策磋商与政策协调，达成协议或采取共同行动。

值得指出的是，这种宏观经济政策的国际合作，随着经济（金融）全球化的发展，也有了多种形式。有双边的，如中国—美国官方高层经济对话机制；有地区的，如东亚地区10+3框架下财长与央行行长联席会议；还有全球性的，如为应对这次国际金融危机和促进经济复苏，自2008年以来多次召开G20首脑会议及与之相联系的G20财长及央行行长联席会议。值得一提的是，在去年（2011年）中美首脑发表"联合声明"中首次把中美财长与央行行长联席会议称之为"宏观经济政策合作"。

G20虽只涵盖20个国家，但它包括世界主要发达国家和主要新兴经济体，G20 的全部国民生产总值占全世界的 85%，人口占世界人口的 2/3，它们的经济运行及活动具有全球意义。它成立于亚洲金融危机后不久的 1999 年，当时属于对话性或论坛性，但 2008 年以来，G20 的作用与性质有显著提升，它确定每年召开一次，已制度化了。它所作出的扩大公共投资、加强金融机构监管、给 IMF 增资、扩大新兴经济体在国际金融机构中表决权份额等决议，在各国共同努力下对抑制危机、促进复苏起了重要作用。2011 年 11 月 G20 戛纳会议为了促进经济复苏，又提出了"行动计划"，要成立促进年轻人就业的机构，并列出了全球 17 家系统性金融机构将受到金融安全理事会（FSB）监督，并对主要国家提出了削减财政赤字的具体要求。这表明 G20 首脑会议及财长与央行行长会议和其他地区性或双边的宏观经济政策合作一样，发挥着超越国界的"宏观经济调节"职能，尽管目前这种调节作用不够强劲有力，但都是适应经济全球化需要的重要新机制。

三　新机制的意义在于"突破旧秩序、孕育新秩序"

跨国界的以财长与央行行长联席会议为载体的宏观经济政策国际合作，还有另一重要特殊意义，即它是处于联合国框架之外的一种新机制。联合国所属两大国际金融机构（世界银行和国际货币基金组织），都是在第二次世界大战后初期（1945 年 12 月）建立的，当时美国称霸于世界，各不发达地区尚处于民族解放斗争中，各国均唯美国的马首是瞻，国际金融机构的制度、法令、规则都反映了发达国家特别是美国的意志与利益。随着欧洲经济和日本经济的复兴，各主要发达国家仍主要关注于本国的经济稳定与成长。这时宏观经济政策国际合作既无可能也无必要。事实上，世界银行与国际货币基金组织之间有明确分工，世界银行主要为发展中国家提供项目建设的长期贷款，而国际货币基金组织则为出现外贸逆差而有支付困难的发展中国家提供周转性短期贷款，二者都没有协调各国宏观经济政策的职能，它们应属于世界经济旧秩序中的机构，不能适应20世纪60—70年代后出现的强劲的经济全球化历史趋势的需要。要在世界经济新结构、新格局下适应经济全球化的要求，实现地区内或全球范围的各国宏观经济政策合作，只能另辟蹊径，只能突破传统的国际秩序而在联合国框架之外进行，为共同应对来势凶猛的国际金融危机而召开G20首脑会议以及与之相联系的G20财长与央行行长联席会议，把它们从过去"论坛式"国际平台变成协调各国宏观经济政策的国际合作机制，先后在华盛顿、伦敦、匹茨堡、首尔、戛纳召开，今年2月25—26日在墨西哥的墨西哥城召开。

从2008年以来的历次G20首脑会议及与之相联系的G20财长与央行行长联席会议看，行驶的是与联合国及其所属国际合作机构完全不同的另一轨道。每次会议是由会议所在国的领导人召集，而会议召集国由上次会议商定，联合国及安理会均未参与也无权参与。每次会议的议题也由G20自己确定，联合国或安理会及其有关机构均无权干预。国际货币基金组织总裁虽被邀请参加财长与央行行长联席会议，但会议的主角是有关各国的财长和央行行长。不仅如此，甚至连联合国所属的机构（如国际货币基金组织）自身的增资问题、调整表决权份额等重大问题，也由G20来决定。这样，G20所履行的宏观经济政策合作机制，便成了联合国框架或体系之外的国际金融体系或世界经济秩序中的另一条"轨道"。可以说，当今世界金融或经济秩序中出现了"双轨制"。这种"双轨制"标志着一种"过渡性"，即从传统的国际货币体系或世界经济旧秩序向新体系或新秩序的"过渡"。

其实，传统秩序和机构之无能为力和对新秩序和新机制的呼唤，早已显示。远的不讲，记得20世纪80年代初，由于美国利率上调导致美元汇率在1979—1984年上升了60%，1985年国际汇率剧烈波动，迫使美、英、法、德、日五国的财长和央行行长在纽约广场旅馆（Plaza Hotel）召开紧急会议，并达成五国联合干预外汇市场的协议（即"广场协议"），使美元对其他主要货币有序地下调。这次国际宏观经济政策合作重要会议，竟然没有邀请国际货币基金组织和世界银行参加。我在广场协议之后两个月去国际货币基金组织履任，依然深感这两个国际机构充满怨艾、失落及无奈的情绪。但我冷静一想，这两个国际机构确实没有调节汇率的职能。第二年，1986年，上述五国增加了意大利和加拿大，由七国财长和行长在东京开会，决定每年定期就汇率、经济增长率、通货膨胀率、货币增长率、利息率、失业率、财政赤字、外贸差额以及外汇储备状况等九大指标，进行监督、磋商和政策协调。这样一来，七国集团的财长与央行行长会议便机制化、制度化了。[①] 后来，国际汇率市场多次出现巨大波动，七国财长和行长多次联手采取集体干预行动，取得成功。

G7和G20财长与央行行长联席会议虽都是跨国界的宏观经济政策合作，而且都是联合国框架之外的新国际合作机制，但从G7到G20在性质上都有提升。G7虽然每年就宏观经济政策进行对话和磋商，但它所关注的主要是国际汇率市场波动；而G20所关注的则是全球的和各主要国家的宏观经济层面上的全部主要问题，并在宏观经济层面上就抗击危机（金融危机和经济危机）、复苏经济达成重要共识，采取具体措施（如扩大公共开支、加强金融监管、反对保护主义等方面），这些不仅是联合国框架下国际机构所无法做到的，也是G7所无法做到的。这主要因为G7是只限于发达国家而且是主要国际货币国家，反映的仍是传统的世界经济旧结构、旧格局，国际社会把它称为"富人俱乐部"；而G20则吸纳了主要的发展中国家或新兴经济体，世界性危机迫使发达国家不得不求助于新兴经济体，G20反映了世界经济的新结构、新格局。然而，G7毕竟是挣脱了联合国传统框架或体系，所以我把它称为对世界经济旧秩序的一种"突破"，而把G20所产生的新机制，称为世界

[①] 黄范章：《里根政府的新国际经济战略初析》，《经济研究》1986年第8期。

经济新秩序的孕育或胚胎。无怪乎在 2009 年 G20 伦敦会议期间，英国《每日电讯报》4 月 3 日头版报道竟采用如此振聋发聩的标题《G20：布朗宣布世界新秩序》。

目前，世界经济秩序和国际货币体系，正处于从传统的旧秩序向世界经济新结构、新格局过渡的时期，这期间出现"双规制"是正常的、合理的，这表明世界经济秩序和国际货币体系的变革，不是激进的，而是渐进的。世界经济新结构、新格局所要求的世界新秩序，其重要标志之一是建立一种与主权国家脱钩的并能保持币值长期稳定的国际储备货币。这是我国周小川行长在 G20 伦敦会议前夕作为长期目标提出的，立即得到"金砖四国"和许多新兴经济体的赞同。然而，正如英国《金融时报》2009 年 3 月 25 日发表评论所说"美元时代尚未落幕，没有哪个国家能取代美国的主权信誉和实力。尽管俄罗斯主张摒弃由美元主宰的世界，但不妨看看，世界上有哪个投资者在这场危机中惊慌失措地把美元换成卢布呢？"正如胡锦涛主席在一次 G20 金融高峰会上所说，改革国际货币体系，要坚持"全面性、彻底性、均衡性、渐进性、实效性的原则"。显然，只有建立一个与主权国家脱钩的"国际储备货币"，国际货币改革才会是全面的、彻底的，但这一改革不能一蹴而就，必须是渐进的，才能稳步推进，目前的"双轨"逐步并轨，取得实效，这是务实的态度。第二次世界大战后的半个多世纪内，美元之所以能成为世界一种强势国际储备货币而且今后一段时期内美元的主导地位尚无可取代，不是任凭主观意愿，而是靠国家的经济实力。但人们也同时看到，当今国际货币体系及美元主导地位，已受到这次国际金融危机的严重冲击，国际货币多元化（除了美元、欧元、英镑、日元外，中、印、俄也在推进人民币、卢比、卢布的国际化进程）的趋势将日趋明显。只有当崛起的新兴经济体进一步强大，彻底改变了世界经济的面貌，一种与主权国家脱钩的新型国际储备货币和国际货币体系自然会脱颖而出，届时，目前的"双轨制"便会并轨而成为新型国际货币体系，一种新型的世界秩序便会确立。

参考文献

Paul Krugman, *The return of Depression Economics*, Norton and Company, 2000.

Folkerts–Landau, Dauid, *The Wild of Derivations*, Oxford Press, 1994.

戴维·赫尔德:《全球大变革——全球化时代的政治、经济与文化》,社会科学文献出版社 2001 年版。

刘遵义:《十年回眸:东亚金融危机》,《国际金融研究》2007 年第 8 期。

朱民:《世界经济结构的深刻变化和新兴经济的新挑战》,《第一财经日报》2011 年 9 月 30 日。

黄范章:《对当今国际宏观经济政策合作与世界货币体系改革的思考》,《国际金融研究》2009 年第 7 期。

刘力:《经济全球化和中国和平崛起》,中共中央党校出版社 2007 年版。

徐爱田、白钦先:《金融虚拟性研究》,中国金融出版社 2008 年版。

中金公司研究部研究报告:《美国次贷危机评述》,2007 年 11 月。

(原载《经济学家》2012 年第 5 期)

略论"政府主导"与"市场主导"之争

"政府主导"是我国改革开放和经济发展中的一大推动力，也是东亚经济崛起中的一大特征。近年来，我国经济改革进程"趑趄不前"，有不少学者将它归咎于"政府主导"了国家资源的配置，甚至有的学者主张要用"市场主导"取而代之。我认为，这种坚持以市场经济为取向的改革精神是可贵的，但对"政府主导"有误会，把目前我国"政企不分""政经不分"的政府掌控巨额国有资产和国家资源同"政府主导"混合起来。病灶在于"政企不分"和政府未"瘦身"，而不在"政府主导"，至于"市场主导"也不是可取的选项。

一 "政府主导"的界限

所谓"政府主导"，是指政府主动领导体制改革，培育市场体系，完善市场法制建设，推进工业化、城市化进程，并确保经济得以较快、平稳、均衡地发展。

"政府主导"一般是相对落后国家为追赶先进国家借助政府力量而提出的战略思想和发展模式。德国在19世纪初开始工业化，比英法等国晚了近百年，为了追赶英法，德国历史学派代表人物李斯特提出了国家主义理论以应对英法古典派用"自由放任"理念推行的"世界主义"，主张实现政治统一，以建立统一的国内市场。第二次世界大战后，战败的日本和广大东亚不发达地区大都采用"政府主导"的经济发展战略，先是日本经济崛起，继之"四小龙"腾飞,接着中国和东盟国家也采用"政府主导"战略来推进市场经济建设。国际社会把东亚经济称为"政府主导市场经济","政府主导"便成为东亚地区取得经济成功的秘诀之一。世界银行在其1993年发表的《东亚经济的奇迹》研究报告中,把东亚经济的崛起归功于政府经济政策的灵活性和主导性。著名日本经济学家青木昌彦在《政府在东亚经济发展中的作用》一书中认为政府在东亚经济发展中起主导作用,并提出所谓"市场增进论",不把政府和市场视为互相排斥的替代物,而认为政府的作用在于促进或补充民间部门的协调职能,但又不是代替民间(私人)部门。东亚经济的崛起,表明政府主导与市场经济并非不可兼容,如果运用得当,会成为市场经济建设发展的一大助力。

  我国的改革开放就是由政府主导、启动和推行的。我国在计划经济体制下生活了几十年,20世纪70年代末中国经济濒临崩溃,不改革不行,但如何改革?走向何方?要转向市场经济,但市场经济如何建立?国人没有经验。从发达国家的历史看,从商品市场、货币市场、债券市场、证券市场、期货市场到衍生品市场,经历了二三百年的历史。每种市场、每种机制、每种制度工具,都不是由某个天才设计诞生的,而是千百万群众在经济实践中根据活动的需要而形成协议并共同遵守的,然后形成法规或立法。像当今世人瞩目的纽约证券市场,就是由24名商人于1792年在曼哈顿南端一棵梧桐树下签订一份定期交换各州政府发行的债券的协议开始的,经历千万人长期实践才逐渐形成比较规范的运行、监管机制等。而今,经济全球化的发展不允许发展中国家先建立一个比较成熟、规范的市场经济再融入世界经济,发展中国家必须在短短几十年内完成发达国家二三百年完成的事,这就必须由政府发挥主导作用,主导着制度创新。在我国,当经济货币化的进程尚未完成时就开始证券、票证化;证券、票证制度尚未发育甚至有关营运法规尚不完善时又开始了期货及衍生品市场——这一切都是在短短几十年内几乎同时出现的。若没有政府主导体制改革,我国不可能在短短数十年实现跨越式制度创新，建立起社会主义市场经济基本框架。

然而，政府主导也是有界限的，不是由政府主导一切。记得在计划经济时代，不仅所有企业、国家资源均由政府支配，而且人们的一切经济活动和生活方式均由政府支配，政府主导被无限扩大，形成"命令经济"。根据东亚国家的经验，"政府主导"一经与市场经济相结合，必须遵循"以市场机制作为分配社会资源的基础性手段"原则，政府的主导性作用的发挥须有明确界定。

在市场经济体制下，政府的主导性应主要表现在前瞻性、战略性、规划性、指导性和服务性上，决不搞经营性活动，不应拥有、经营国有经营性资产和资源。

1. 政府的首要任务就是制定和牢牢抓好发展战略。根据东亚许多国家的经验，它们的起飞，首先应归功于政府具有前瞻性，审时度势，根据本国的实际情况和当时的国际环境，制定了正确的发展战略并努力贯彻。如20世纪50年代日本政府制定了"贸易立国"战略；60年代韩国制定"出口导向"战略。我国在70年代末制定了"改革开放"战略以及利用"两个市场、两种资源"战略。

2. 政府基于它的前瞻性，应致力于中长期规划的制定。中长期规划是属指导性，绝非计划性的或"指令性"的。如"十二五"规划所指出的要转变经济发展方式、优化经济结构、缩小收入差距、扩大中等收入群体的比重等，都属于今后中长期规划的重点内容。这些规划，是根据中国的发展实际、人民的长远利益以及国民经济发展的可持续性要求提出的。这类规划只能由政府提出，全国人民共同推动。

3. 宏观调控是政府义不容辞的任务。自20世纪30年代经济大危机后，国家干预已和西方发达国家的市场经济融为一体。政府运用财政政策和货币政策来调节经济，乃是国家干预的主要表现。何况中国等新兴经济体，市场机制远不完善，"市场失灵"时有发生，更需政府的宏观经济调控。宏观调控虽属短期的，但是确保经济得以较快、平稳、持续发展所必需的。应强调一点，宏观经济调控权属于中央政府，地方政府不能也不应奢谈宏观调控，否则会破坏全国市场的统一性。

4. 制定、推行"产业政策"，重点在技术创新、产业创新。包括日本在内的东亚国家都十分重视产业政策。它们运用产业政策指导、支持一些大财团和广大私人企业先后大力发展家电、电子、汽车、造船等重点行业，不断推进技术革新，从而引领整个经济起飞与发展。但政府只从政策上提供指导和支持，但决不经营产业，而产业政策必把重点放在技术创新、产业创新或升级上。有的重大科技开发，具有巨大风险，政府可承担风险投资，一旦开发成功，政府便可将新科技按合理价格转让给企业（国有或私人企业）。

5. 政府须大力建造公共设施和提供各项公共服务。即所谓建巢引凤，为吸引各方企业（本地和外地企业以及外资企业），提供一个安全、便利、公平竞争、可持续发展的良好环境及平台。特别是，在政府主导下，由政府、企业和私人共同致力于建立一个覆盖全社会的社会保障体系。

尽管政府主导更加突出了政府的主动性、前导性和服务性，但它仍限于提供公共产品和公共服务的范围，它不进入任何经营性领域，这一点非常重要，是任何市场经济体制所要求的。它可以弥补市场失灵，但决不有损于市场机制发挥其合理分配社会资源的基础性作用。有人指责"政府主导配置社会资源"，是我们目前所面临的实际情况，是阻碍市场经济建设的严重障碍，但问题不在于政府主导，而在于政府"越位""越权"，在于"政企分开"尚未彻底贯彻，在于政府仍掌控与经营着庞大经营性国有资产和国有资源。为了正确发挥政府主导作用，必须将经营性国有资产和国有资源从"政府所有制"剥离出来，彻底贯彻"政企分开"，政府必须忍痛割爱，实行"瘦身"计划。

二　重塑国资委，建立国有经营性资产委员会，贯彻"政企分开"

——政府"瘦身"计划之一

我认为，国资委不仅专职管辖经营性国有资产，而且必须从政府部门体系中分离出来，直接归各级"人大"常委会管辖，为什么？

本来，政府作为国家政治实体的组织形式或体制载体，履行公共职能。但我国政府既是政治实体，又是经济实体，是国有经济的体制载体。政府集政治实体和经济实体两者于一身的体制，是中华人民共和国成立之初从苏联那里学来的，当时国有经济一统天下，这种体制最适宜计划经济而与市场经济格格不入。我们经济改革的目标是建立"公有制为主体、多种所有制共同发展"的社会主义市场经济体制，关键是改革国有企业，要在作为主体的公有制基础上建立起市场经济须臾不可或缺的"微观基础"。我国在改革实践中探索出改革国企的唯一道路是"产权明晰、权责分明、政企分开、管理科学"，其关键是"产权明晰、政企分开"。一般讲，这主要针对广大经营性国企而言。

我国国企有两大类性质不同、职能不同、营运原则不同的国企。

一是提供公共产品与公共服务的国有企业。这类国企体现了作为政治实体的国家即政府的"公共服务型"职能。它们有以下特性：（1）它的经营具有公共性和公益性，是为了满足公众的经济生活、文化生活、社会生活和公共消费的需要，使政府所辖地区有一个良好的投资环境、经营环境和生活环境；（2）它的经营是非营利的、公益性的甚至是福利性的或政策性的，它们不宜由私人经营或私人无力经营；（3）它们的资金来自本地区的财政预算拨款，政府可以为提高公益性、福利性服务而提供财政补贴，按低于市场价格甚至低于成本的价格向公众提供公共产品和公共服务（如水、电、公交、保障房和廉租房等）。有些公共产品与公共服务，可以通过采购、招标甚至BOT方法吸引民企、外企和经营性国企参与，由政府确保其合理利润，向公众提供，只能作非营利性、公益性甚至福利性经营。这类国企应是各级政府所有制的国企，它贯彻的是"公共服务型"职能。这类国企靠政府财政补贴，自然归政府所有，自然谈不上"政企分开"。

二是属于经营性或竞争性行业的国企。这类国企体现了作为经济实体的国家的职能。它有以下特性：（1）它们是经营性和营利性的，以赢利为经营目的；（2）它们自主经营、自负盈亏，有着内在的"成本—收益"（cost－revenue）经济原则的硬性约束。这类经营性国企的营运原则，与前一类依赖财政补助的、提供公共产品的国企完全不同，我把前一类国企称为"财政账户项目"类国企，把经营性国企称为"资本账户项目"类国企。为了确保这类国企的"自主经营"权，必须贯彻"政企分开"，维护企业"产权明晰"，实行股份制改革，建立有效的公司治理结构，使公有制基础上的经营性国企能融入市场经济所必需的微观基础。所以，"政企分开"是经营性国企改革的关键所在。

"政企分开"讲了多年，也成立了国资委，但政府仍是经营性国企的投资人，国资委受政府之托成为政府的一个部门，"藕似断，丝更缠绵"。问题是，经营性国企要贯彻"政企分开"原则，就必须从政府所有制中解脱出来。要重塑国资委，将它定位为经营性国有资产委员会，独立于政府之外，直属各级"人大"，作为国有经济实体的体制载体。新型国资委只对各级"人大"负责，这样一来，凡属提供公共产品、公共服务的非营利、福利性、政策性国企为各级政府所有、靠政府财政支持；凡属经营性竞争性国企均属各级"人大"授权的"国资委"所有，靠自主经营，摆脱"政府所有制"的羁绊。两类性质不同、职能不同、营运原则不同的国企，便有了明确的分野。

至于如何在政府之外设置一个作为经济实体的国家载体，成立一个经营性国有企业体系，我早在20世纪80年代末曾提出过三种初步设想，后来也有进一步阐述：（1）由人民权力机构即各级"人大"授权给专门机构（如国资委）来统辖经营性竞争性国有企业，实际上是在作为政治实体的政府之外确立一个作为经济实体的国家载体，这类国企不是政府所有，但接受政府监督；（2）超越政府各部门之外建立一个由国有资产（经营性）管理委员会——国有资产经营公司（或国有资产投资公司）等金融中介机构——国有企业组成的三层次管理、营运体系，实际上是利用国有资产经营公司（或国有资产投资公司）等金融中介机构，在国资委和国有企业之间建立一道"防火墙"，确保"政企分开"，同时也贯彻"所有权与经营权分离"原则；（3）由国家或国家支配的各种公共基金（如社保基金、共同基金、保险基金、投资基金、科研基金等）作为国企的主要投资者（即控股者），实则把国有企业从政府所有制转为"社会所有制"（或基金所有制）——一种新型的公有制。① 以上三种形式，可以任选一项，也可同时采用，公有制可以有多种形式。还要提一点，国有经营性金融资产，有其一定特殊性，可以分别设立国有经营性实业资产管理委员会和国有经营性金融资产管理委员会，由国有资产（经营性）管理委员会统辖，或分别直属"人大"管辖（此问题须另作专门研究）。

在新型国有经营性资产管理、营运体系中，要确保企业产权明晰与自主经营。为此，政府或"新国资委"均无权"调拨"国有企业或国资委的资金，如需企业资助，可通过公开发行地方公债。经营性国企将和私人企业、外资一样，只给政府交纳应交的各种税收，确保国企和私企、外企平等公平竞争。至于利润如何分配，应由国企董事会决定，主要用于开发新技术、新产品、产业升级和股

---

① 黄范章：《股份制是全民所有制的好形式》（《经济研究》1989年第4期）；《从建立全国社会保障基金到基金所有制——兼论社保制度改革、资本市场建设及国有企业改革三者联动》（刊《中国工业经济》2000年第20期）。

东红利,无须"上缴利润"(和 2007 年前一样)。可是 2007 年后要求国企(央企)上缴利润给财政,不言而喻,国企(央企)若亏损,则应由财政补贴,这样一来,国企便不是"自主经营"而是躺在财政身上,贯彻的依然是"政府所有制",和计划经济下政企不分的国企差不多,扼杀了国企的自主性、竞争性及创新精神。至于经营性领域内国企(央企)凭借特殊垄断地位而获取巨额垄断利润,可征收高额垄断税(税率可高达 100%),由政府财税部门收取用于公共开支,可谓"取之于民,用之于民"。

各地国资委可根据政府规划,经当地"人大"审议通过,可投资兴办新兴产业,但须经过听证会、咨询会等民主程序进行。此外,央企和地企应相互尊重产权,可相互参股,应鼓励国企做大做强,应允许效益突出的地方国企控股央企;也应鼓励私企做大做强,控股或兼并经营性国企。

三 建立国家资源委员会
——政府"瘦身"计划之二

目前,自然资源虽为国家所有,实则也归政府所有(中央和地方)。例如,土地问题,《宪法》规定,城镇土地为国家所有(即政府所有),农村土地为集体所有。然而,集体所有的"产权"十分脆弱,地方政府很容易以"征购"名义侵占。传统体制长期使人们养成一种习惯意识,"国有"就是"政府所有","天经地义"不容置疑。一些地方政府便凭借权力,在城镇搞"拆迁"(甚至暴力拆迁)及农村搞土地"征购"(低价征购),政府垄断了土地的供给、审批、定价,收取巨额土地出让金以及其他相关税费,作为自身财政取代的重要财源。严重的是,政府多有短期行为,土地批租一般为 30 年、50 年或 70 年,许多现任政府总想在自己任期把经济搞上去,便把今后几十年要用的土地尽多尽早地批租出去,换来巨额资金,形成投资热、开发区热、城镇扩建热,短期内造成经济过热，长期看影响今后可持续发展。这就是"土地财政"造成的流弊，是政府垄断土地资源的产物，也是自然资源开发、经营中"政企不分"的产物。为此，必须从体制上把政府从自然资源所有者的地位（宝座）上移开。

应强调指出，土地和其他自然资源一样，属于公共开发、利用、经营的自然财富，应属于作为经济实体的国家所掌管。所以我建议国家应建立各级国家资源（包括土地）委员会，由各级"人大"授权作为国有资源的所有者载体，受各级"人大"管辖，对各级"人大"负责，接受本地政府监督。土地和其他自然资源一样，一经开发、利用和经营，便成为经营性资产，如果批租给国有企业经营（也可批租给私人企业经营），就应归国有经营性资产管理委员会管辖。这符合"所有权与经营权相分离"的原则。国家资源委员会作为授权的所有者，应负责审查政府或有关部门提出资源开发利用规划，负责审查资源开发人（国有或私人公司）的资格，举行多次听证会，并报"人大"有关机构审议通过。凡属用于高速公路、铁路、公屋建造、机场、码头等基础设施建设所需用地以及须由国家垄断的重要战略资源（如铀、黄金、稀土等），一经本地"人大"及上级国家资源委员会批准，交由当地政府有关部门（如国土资源部门、城建部门）开发使用；凡属用于经营性的商品房建造和其他自然资源开发和经营，按公平、公开、公正原则向国有企业和私人企业招标，分别将土地或其他自然资源的使用（开发）权转让给国有企业或私人企业。国家资源委员会自身不从事经营，只收取资源使用权转让金，并可将此收入建立国有资源开发基金，此项基金及其收益（经"人大"同意及上级国家资源委员会同意）可用于资助政府的环保工程、公屋建设、购买本地政府发行的债券。而且，国家资源委员会的主要财政收支项目及状况应通过听证会公示，均须向"人大"常委会及有关部门报告并审议。至于政府的国土资源部门负责的是资源规划、环境保护和治理及各有关政策法规以及管理属于国家垄断重要战略资源。

这样，便可以彻底破解"土地财政"及国有资源的政府所有制，使政府不得持有或插手土地及任何自然资源的开发与经营，使作为国家政治实体的政府可全力铸造成"公共服务性"政府。而国有资产委员会和国家资源委员会均作为国有经济的体制载体，由"人大"授权行使作为国有经济所有者的职能。这样，作为国家政治实体的国家和作为国有经济实体的国家便截然分开，彻底贯彻"政企分开"和"政经分开"，泾渭分明，各尽其责，更重要的是从体制上破除权钱交易、官商勾结的贪腐"温床"。

四 政府"瘦身"、公有制主体、政府垄断

上述政府"瘦身"计划，集中到一点就是把经营性国有资产和国家资源从政府所有制中剥离出来。所以，我曾多次著文提出，应该退出经营性行业与领域的是政府，而不是国有企业。不仅如此，我还不同意泛泛讲国有企业要全部退出经营性行业与领域，为什么？理由很简单，我国社会主义市场经济体系是以公有制为主体，即国有经济应控制关系国民经济命脉的重要行业和关键领域，其中包括像金融、航空、通信等关系国民经济命脉的经营性竞争性行业和领域。这些重要经营性行业和领域，国有经济不仅不应退出，还要确保其主体地位，在吸收社会投资情况下确保国家控股。至于其他广大经营性行业和领域，国有经济完全可以逐渐收缩甚至完全退出；但一旦有某一经营性行业或领域为私人大集团公司或外国跨国公司所垄断，国营企业应该重新进入，以平抑垄断，促进竞争。

有人担心，一旦政府"瘦身"，不能直接掌管国有企业和国有资源，会使国有企业失去"国有"或"公有制"的社会经济属性，特别是会危及公有制主体地位。我认为这种担心没有必要。按宪法规定，国家的最高权力机关是"人民代表大会"，国务院是由"人大"授权和任命的，代表国家履行政治实体的职能，同样，全国

"人大"有权（或通过修订宪法）设立新型国有经营性资产管理委员会（经营性实业资产、经营性金融资产）及国有经营性资源管理委员会，授权它们作为国家代理人掌有国有经营性资产和资源；尽管它们已独立于政府之外，却是国有经营性资产和资源的所有者或出资人，国有经营性企业的国有属性和公有制属性丝毫未变。

同时，还有些人借口"事关国计民生"，对一些主要经营性竞争性行业和领域以确保公有制主导地位为由，实则把他们变成国有企业垄断行业和领域，由于政企尚未完全分离，实际也由政府垄断。例如银行业，存贷业务几乎为四大国有银行所垄断。整个银行业人民币存款余额突破80万亿元，其中民营银行约2000亿元，仅占0.3%左右，微不足道。即使著名的民生银行，虽名为民营银行，资本金主要来自民间私人，但却按"民有、党管、国营"模式构建。国有银行主要向国有大中型企业服务，民间中小企业多年来告贷无门，于是地下钱庄盛行，私人融资往往被扣上"非法"帽子，私人中小企业的资金融通濒临绝路。2012年3月28日国务院决定以温州作为金融综合改革试点，要规范发展民间融资。虽说这仅是打破垄断冰山之一角，但意义重大。

即使在国有经济占主体地位的重要经营性竞争性领域中，政府与市场均可发挥它们应起的作用。例如，航空业既属于国家经济命脉，也是一个经营性竞争性行业。为了实现国家控制，只需作为政治实体的政府掌握了机场、航空调度、航空通讯、安全检查等要害部门就行。一方面，这些是政府必须垄断的要害部门；另一方面，又是政府必须提供的而且只能由政府提供的公共产品与公共服务。国有航空公司虽应是这一市场的主体，但不应垄断。

为了开展竞争和提高竞争力，中央国有航空公司和地方国有航空公司可以在自愿互利的基础上分别组成几个大型航空集体公司，大型国有航空集团公司的控股者可以是中央国有航空公司，也可以是效益好、有实力的地方国有航空公司。还有，各国有航空公司或集团公司不仅可以吸收民企投资或外资投资（但须国有经济控股），还应接纳私营航空公司和外国航空公司参与竞争，以期相互激励和相互促进。这样，在这一事关国家经济命脉的经营性竞争性领域中，可以形成一个既有控制又有竞争，既有公有制主体地位又有多种所有制共存共荣的生动活泼的社会主义市场经济。

不应该借口"事关国家经济命脉"而把一些重要经营性竞争性行业，变成由国有企业或政府直接"垄断"。目前许多学者群起抨击垄断，原因之一就是一些本不该被垄断的经营性竞争性行业或产品，被政府所掌控、支配的国有经济垄断了。其实，该由国企或政府垄断的行业或资源产品是很少的（如黄金、铀、稀土、军工企业及产品等），什么行业或资源产品必须由国企或政府垄断，应该由"人大"通过立法明确规定。

必须强调指出，"反垄断"既要坚决，也须冷静对待。我们应鼓励和支持企业（国企和民企）"做大做强"，但决不简单拼凑。要"做大做强"需要有技术开发、专利品牌、科学管理、合理经营作后盾；而企业（国有和民企）做大做强，难免带有一定垄断性。我们不能因为反垄断而害怕企业做大做强，央企不应担心地方国企做大做强而威胁自己，国企也不该害怕民企做大做强而威胁自己。特别是，当今许多国家对我国国企"走出去"心存疑虑与戒心，我们应该支持有实力的私人资本集团公司"走出去"，参与国际竞争。我们要反对的垄断，是经营性竞争性行业或领域内不该由政府或国企实施的"垄断"，要为经营性企业（国企或民企）保留其应有的活动空间。还应看到，即使在极少数属于国家经济命脉而必须由政府或国企垄断的行业中，垄断也可与竞争相结合。以石油为例，这一重要战略资源，在世界许多国家都是由大型集团企业或政府垄断控制的，但不是由一家而是由少数几家大型石油集团公司所垄断，它们之间也进行竞争，即所谓"寡头竞争"。况且，从勘探、开采到成品油中间还有一系列开发、生产、营运、销售等环节，其间有的环节可无须垄断而放开，垄断与竞争可结合，特别是加油站完全可交给私人或个体经营。不过，应看到目前国际石油市场上许多国家都通过并购和重组，组成几个特大型石油企业集团驰骋于国际市场，我们也应推出几个特大型石油企业集团（国有或私人或公私合营）来应对。总之，对待垄断问题，我们应持理智态度，一方面坚决反对把经营性行业或领域肆意"垄断化"，应由"人大"通过立法（"垄断法""竞争法""公司法"等），依法行事；另一方面我完全同意李晓西同志"不可盲目反对所有垄断"的主张（见《中国经济时报》2011年3月17日），尤其不可反对企业做大做强，面对强大的国际竞争对手，切不可盲目为"反垄断"而自残。

我们所要求的"政府主导"，是国有经营性资产和资源完全摆脱政府所有制的"政府主导"，是政府实现"瘦身"的政府主导，这里出现的是"小政府、大市场"的新局面，但小政府，绝非弱政府。问题是，当今我国经济体制改革中，政企"似分尚未分"，症结在于政府未能忍痛"瘦身"，唯一出路是把改革推进到底；若半途而滞，将为权钱交易、贪腐丛生提供"温床"。过去30年改革与发展依靠"政府主导"，今后改革进入深水区，更需顶层设计、顶层规划，国家政治实体与国有经济实体的分野需要有体制、机制创新，需要有一系列新的立法，这一切都需要"政府主导"。我们更要政府依法行事，既自身得忍痛"瘦身"，还须力排各个既得利益集团的干扰，建立法治的社会主义市场经济。我个人认为，宜在国务院下恢复"体改委"，不仅负责组织社会精英进行"顶层设计"，经国务院批准、"人大常委会"审议通过，而且监督推行。

还提一点，我们今后推进改革不仅要"政府主导"，还须强化各级"人大"职能，"人大"授权政府作为国家的政治实体的载体发挥公共服务的职能，还授权国有资产（经营性）委员会和国家资源委员会作为国有经济的载体，发挥掌控、营运国有资产和国家资源的职能。各级政府制定的本地区经济发展规划、各项经济政策、法规，常常难免带有短期行为，因此需要有一个能够和敢于对政府说"NO"，对政府有约束力的"人大"。特别是基层（市县）"人大"要有一定比例的代表（譬如30%）是专职的，他们由本地居民直接选举，他们生活于民众中间，熟知民情，他们的办公地址及电话应公开，本地居民有关与政府部门的经济纠纷或其他民事纠纷（如拆迁、征地、克扣工资等）可随时与"专职人大代表"电话约见，代表有责任将合理诉求立即转给政府部门，并在规定时间内给予反馈。"人大"可将一些有代表性问题举行听证会，邀请有关部门负责人出席作出说明。这样，不少纠纷就可以解决于基层，避免积成民怨，导致上访或群体事件。这一改革已不限于政府体制改革，还涉及政治体制改革，超出本文讨论范围。

五 关于"市场主导"

目前，有的学者由于政府尚未"瘦身"、仍能主导国家资源配置而反对政府主导，这种误会是可以理解的。另有学者坚持顶层设计却反对政府主导，则令人匪夷所思，因顶层设计乃政府主导的体现之一。但有的学者提出要用市场主导来取代政府主导，则我不以为然。

我们知道，最典型市场主导的市场经济是自由放任的市场经济。经济学史告诉我们，在20世纪30年代以前，西方经济学传统理论认为，自由放任的资本主义市场经济非常完善，依靠价格机制和竞争机制，市场供求会自然趋于均衡，可以无为而治。它虽然承认偶尔出现失业，但认为只要工人把工资要求降下来，愿意接受更低工资，自然会受到雇佣。因此，传统古典经济学一般不会承认存在什么"非自愿失业"，"失业"都是"自愿的"。

然而，20世纪30年代的经济大危机粉碎了所谓市场经济可以"自我调节"、可以"无为而治"的美梦，资本主义无法靠市场经济的"自我调节"恢复生产，而不得不求助于国家干预。随着罗斯福新政实施，特别是英国经济学家凯恩斯于1936年出版了《就业、利息和货币通论》一书，为"国家干预"，特别是为"宏观经济调节"提供了理论基础。二战之后，西方主要国家都依靠以财政政策和货币政策为主要手段的宏观经济调节，使西方国家远离了30年代那种毁灭性的危机。战后几十年的历史表明，当代资本主义已不是传统经济学所宣扬的"自由资本主义"，它已和国家干预融为一体，当代资本主义经济的成长已离不开政府主导的"宏观经济调节"。2007年美国次贷危机引爆的国际金融危机，当今经济全球化条件要求有超越国界的宏观经济调节，G20框架下财长与央行行长联席会议所贯彻的"宏观经济政策国际合作"就是经济全球化所要求的"新机制"。[①] 为了应对危机，如美国，不仅在国际层面上推行宏观经济政策国际合作，而且在国内也加强了国家干预，如对房利美、房地美两大房地产公司实政府接管，还于去年（2011年）通过新的金融法案（《华尔街改革与消费者保护法案》），对金融业加强全面监管。其他国家也多采取强化政府对金融业的监管措施。尽管西方国家强化国家干预的措施谈不上什么政府主导，倒是进一步修补资本主义市场经济的缺陷，把市场主导的自由主义市场经济进一步抛在历史后头。难怪诺奖得主斯蒂格里茨把鼓吹自由主义市场经济的"华盛顿共识"指责为"市场原教旨主义"；原英国首相布朗在任时于2008年声称"华盛顿共识时代已结束"，英国《经济学家》2012年1月21日发表专辑，认为当代主宰西方的是"国家资本主义"，传统经济学奉行的自由资本主义不合时宜。当今，我国改革亟待进一步深化，发挥"政府主导"作用，绝不是削弱市场机制作用，而是进一步推进改革，完善社会主义市场经济体制的建设，建立法治的市场经济，正确、积极、充分发挥市场机制分配与再分配社会资源的基础性作用。

[①] 拙作《对当今国际宏观经济政策合作与世界货币体系改革的思考》（刊《国际金融研究》2009年第7期）；《宏观经济政策国际合作——经济全球化所需要的新机制》（刊《经济学家》2012年第5期）。

六　坚持建设社会主义市场经济,走中国特色社会主义道路

我之所以坚持政府主导但政府必须瘦身,中心思想是要加速建设、完善具有中国特色的社会主义经济体制——社会主义市场经济体制。

胡锦涛同志在党的十七大报告中,明确提出"坚持社会主义基本制度同发展市场经济结合起来",就是把建设以这个"结合"为特征的社会主义市场经济体制作为一场伟大革命实践与方向提出的。从经济制度讲,社会主义基本制度是什么?它不再是公有制一统天下,而是"公有制为主体、多种所有制共同发展的基本经济制度"。问题是这个社会主义基本制度的核心部分是什么?它和市场经济如何才能结合?结合的难点在哪里?

社会主义的这个"公有制为主体,多种所有制经济共同发展"的基本制度,其核心部分是"公有制为主体",没有这个核心部分,社会主义基本经济制度也就不成为社会主义,仅有非公有制经济与市场经济结合,那将是资本主义市场经济。这些非公有制经济与市场经济相结合,从经济体制上讲毫不困难,因为历史上市场经济从来都是建立在资本主义私有制的基础上,而社会主义基本经济制度同市场经济相结合,其最大难点就在于它的核心部分——作为经济主体的公有制经济同市场经济相结合,而要实现这个结合,就必须在公有制经济的基础上建立起为市场经济所须臾不可缺的微观经济基础。这是一场世界级的难题。

世界经济史告诉我们,市场经济的诞生、成长与发展从来都是和资本主义私有制经济融合在一起的;经济学说史也告诉我们,无论是西方经济学抑或传统的马克思主义政治经济学,二者虽然立场对立,立论各异,但有一点相同:都断然否认市场经济同社会主义公有制相结合的可能性,而且都把这一点奉为"信条"。20世纪

30年代在西方经济学界发生一次历经数年的社会主义大论战。当时西方经济学主要代表米塞斯及哈耶克（后来二人同为诺贝尔经济学奖得主）断言，只有私人企业才能构成市场经济所必需的微观经济基础，断言社会主义公有制不可能同市场经济相结合，而只能搞计划经济，只能是一条"通向奴役的道路"；与此同时，传统的马克思主义政治经济学也断言市场经济是资本主义私有制固有的，与社会主义公有制经济水火不相容，把市场经济视为"洪水""猛兽"。正是党中央高瞻远瞩，解放思想，总结国内外建设社会主义的经验与教训，毅然采取"改革开放"政策，并于90年代初提出建设社会主义市场经济这一改革方向和基本方针，打破了思想枷锁——所谓市场经济与社会主义公有制不相容的"教条"。作为市场经济，它与历史上数百年以私有制为基础的资本主义市场经济不同，首次建立在以社会主义公有制为主体的经济基础上；作为社会主义公有制，它已摒弃传统的计划经济而史无前例地与市场经济相结合。这是"前无古人的开创性事业"。党中央带领十几亿华夏儿女，在神州大地上"摸着石头过河"，开始了把社会主义公有制同市场经济结合起来的历史性长征。

为什么公有制同市场经济相结合如此困难？

我们社会主义国家与西方国家不同。西方国家的企业都掌握在私人手里，政府作为政治实体，只具有"公共服务"职能，而我国政府不只是政治实体，而且还受国家委托履行经济实体的职能，拥有大批国有企业。国家所有制企业（即国有企业），实际是政府所有制企业。政府一身兼有"政治实体"和"经济实体"两种身份和两种职能，这种体制是中华人民共和国成立之初从苏联那里学来的，政府以国家名义对国有企业实现政府所有制，而且一统天下。不仅非经营性、非竞争性国企为政府所统辖，而且本该由国家经济实体所统辖、按赢利原则经营的经营性、竞争性国企也归政府所统辖，结果经济服从于政治，赢利原则（成本—收益原则）被财政原则（无偿征收、无偿支付）所取代，市场机制和经济手段被计划化和行政手段所取代，大家都争吃财政"大锅饭"，形成制度性的"投资饥饿症"（见匈牙利经济学家科尔奈所著《短缺经济》），企业没有独立的经济行为和经济利益，丧失了经济活力。这种企业，根本不可能构成市场经济所必需的微观基础。因为，微观经济和宏观经济，都是市场经济所固有的经济范畴。企业之所以能充当市场经济的微观基础，绝不是因为它是基层（或基本）生产经营单位，而是因为它有经济"灵魂"或"生命线"，即它有自主的经济行为和独立的经济利益；只要有了这个"经济灵魂"或"经济生命线"，才会有"成本—收益"这根中枢神经，才会有内在的激励机制和约束机制，所有微观经济规律（价值规律、竞争规律、边际规律等）才起作用。私人企业有这个"经济灵魂"或"经济生命线"，所以能成为市场经济的微观基础。"政企不分"却扼杀了国企的"经济生命线"和"中枢神经"，使公有制的国有企业不可能成为市场经济所需要的"微观基础"，使公有制难以同市场经济相结合。

中国人民在邓小平理论的指导下，在改革的实践中不仅找到这个"结合点"，即通过国企改革，把国企建设成以公有制为基础的独立的生产者和经营者，在公有制基础上为市场经济塑造"微观经济基础"；而且探索出了一条可行的途径，即"产权明晰，责权明确，政企分开，管理科学"，之后又进一步明确"股份制"可以是公有制的"实现形式"，循此则可避免"全盘私有化"而在公有制基础上建立现代企业制度，使之具有"自主经营、自负盈亏、自我发展、自我约束"的职能与机制，从而使公有制的国企与市场经济相结合，并成为一个经济主体。在这里，"产权明晰、政企分开"，至关紧要，不仅直接关系到产权能否明晰、关系到国有企业是否真正享有独立、自主的经营地位，而且关系到政府能否完全真正地从"经济建设型"转变为"公共服务型"。

因此，党的文件中一向把"产权明晰、政企分开"作为国企改革的重点。为此，必须把一切经营性事业从政府所有制中解脱出来，重塑国资委并建立国家资源委员会，这就是本文所讲政府"瘦身"计划。所有一切，都是为了在公有制基础上建立起市场经济所须臾不可或缺的"微观经济基础"。胡锦涛同志在报告中多次强调指出，我们"既不走封闭僵化的老路，也不走改旗易帜的邪路"，我们应努力建成社会主义基本经济制度同市场经济相结合的中国特色的经济制度———社会主义市场经济体制，实现历史性制度创新。

应该说，我国经济改革已进入深水区或者说紧要关头。政企虽部分分开，但未彻底分开，"藕似断，但丝更缠绵"，给权钱交易、贪污贿赂提供很好温床，成为贪腐的体制根源。为了避免沦为新型官僚资本主义，我们必须在建设社会主义经济的同时，努力进行法制建设。一个完善的社会主义市场经济，必须要有完善法治来护航。在我国一些既得利益者，在改革初期是促进派，拥护市场经济，但一朝钱权在握，便生怕彻底进行改革（企业改革、政府改革）打碎了他们的金饭碗，而今成了进一步改革的阻力。我们整治贪污行贿，不应满足于搞一个或几个大案要案，我们必须从体制源头上下手，彻底贯彻"政企分开"，彻底实现政府"瘦身"，努力建成一个公平、公正、法治、人民小康、社会和谐的社会主义市场经济，让中国特色的社会主义经济制度在世界东方地平线上冉冉升起。

（原载《经济学动态》2012 年第 12 期）

怎样认识改革进程中的政府主导作用

党的十八大报告提出:"深入推进政企分开、政资分开、政事分开、政社分开,建设职能科学、结构优化、廉洁高效、人民满意的服务型政府。"这对于加快我国经济改革进程有重要指导意义。一段时间以来,社会上对于政府在我国经济发展中的作用存在一些误解。比如有人认为"政府主导"导致了政企不分、政资不分。这种看法实际上是把"政府主导"与政企不分等问题混淆了。

所谓经济改革进程趑趄不前的病灶,不在于"政府主导"

政府主导是我国改革开放和经济发展中的一大推动力,也是东亚经济崛起中一大特征。所谓"政府主导",是指政府主动创导体制改革、培育市场体系,完善市场法制建设,推进工业化、城镇化(城市化)进程,并确保经济得以较快、平稳、均衡地发展。

所谓我国经济改革进程趑趄不前,其病灶不在于政府主导,而在于政企不分和政府未"瘦身",至于市场主导也不应是可取的选项。我国唯一的正确选择,就是实行党的十七大报告提出的实现"社会主义基本制度跟市场经济相结合"。为了实现这个结合,需要政府主导,但非主导一切,而是有界限的。

尽管政府主导更加突出了政府的主动性、前导性和服务性,但它仍限于提供公共产品和公共服务的范围,它不涉及任何经营性领域,这一点非常重要,是任何市场经济体制所要求的。它可以弥补市场失灵,但决不有损于市场机制发挥其合理分配社会资源的基础性作用。有人指责"政府主导配置社会资源",这确是我们目前所面临的实际情况,是阻碍市场经济建设的严重障碍,但问题不在于政府主导,而在于政府越位、越权,在于政企分开尚未彻底贯彻。政府必须忍痛割爱,实行"瘦身"计划,这是加速建设、完善社会主义市场经济体制的要求。

政府主导一般是相对落后国家为追赶先进国家而采取的发展模式

政府主导一般是相对落后国家为追赶先进国家借助政府力量而提出的战略思想和发展模式。德国在19世纪初开始工业化,比英、法等国晚了近百年,为了追赶英法,德国历史学派代表人物李斯特提出了国家主义理论以应对英法古典派用自由放任理念推行的世界主义,主张实现政治统一以建立统一的国内市场。第二次世界大战后,战败的日本和东亚不发达地区大都采用政府主导的经济发展战略,先是日本经济崛起,继之"四小龙"腾飞,接着中国和东盟国家也采用政府主导战略来推进市场经济建设。国际社会把东亚经济称为"政府主导市场经济",政府主导便成为东亚地区取得经济成功的"秘诀"之一。世界银行在其1993年发表的《东亚经济的奇迹》研究报告中,把东亚经济的崛起归功于政府经济政策的灵活性和主导性。著名日本经济学家青木昌彦在《政府在东亚经济发展中的作用》一书中提出所谓"市场增进论",不把政府和市场视为互相排斥的替代物,而认为政府的作用在于促进或补充民间部门的协调职能,但又不是代替民间(私人)部门。东亚经济的崛起表明,政府主导与市场经济并非不可兼容,运用得当,会成为市场经济建设发展的一大助力。

我国的改革开放就是由政府主导、启动和推行的。20世纪70年代末中国经济濒临崩溃,不改革不行,但如何改革?走向何方?要转向市场经济。但市场经济如何建立?国人没有经验。从发达国家的历史看，从商品市场、货币市场、债券市场、证券市场、期货市场到衍生品市场，大约经历了二百年的时间。每种市场，每种机制、每种制度工具，都不是由某个天才设计诞生的，而是千百万群众在经济实践中根据活动的需要而形成协议并共同遵守的，然后形成法规或立法。像当今世人瞩目的纽约证券市场，是由24名商人于1792年在曼哈顿南端一棵梧桐树下签订一份定期交换各州政府发行债券的协议开始的，经历千万人长期实践才逐渐形成比较规范的运行、监管机制等。而今，经济全球化的发展不允许发展中国家先建立一个比较成熟、规范的市场经济再融入世界经济。发展中国家必须在短短几十年内完成发达国家二三百年完成的事，这就必须由政府发挥主导作用，主导着制度创新。在我国，当经济货币化的进程尚未完成时就开始证券、票证化；证券、票证制度尚未发育甚至有关营运法规尚不完善时又开始了期货及衍生品市场——这一切都是在短短几十年内几乎同时出现的。若没有政府主导体制改革，我国不可能在短短数十年实现跨越式制度创新，建立起社会主义市场经济基本框架。

政府的主导性应主要表现在前瞻性、战略性、规划性和指导性等方面

根据东亚国家的经验，政府主导一经跟市场经济相结合，必须遵循"以市场机制作为分配社会资源的基础性手段"原则，政府的主导性作用的发展须有明确界限或界定。在市场经济体制下，政府的主导性应主要表现在前瞻性、战略性、规划性和指导性等方面，具体内容如下所述：

其一，政府的首要任务就是制定和牢牢抓好发展战略。根据东亚许多国家的经验，它们经济的起飞，首先应归功于政府具有前瞻性，审时度势，根据本国的实际情况和当时的国际环境，制定了正确的发展战略并努力贯彻。如20世纪50年代日本政府制定了"贸

易立国"战略；60年代韩国制定"出口导向"战略。我国在70年代末制定了"改革开放"战略以及利用"两个市场、两种资源"战略。

其二，政府基于它的前瞻性，应致力于中长期规划的制定。中长期规划是属指导性，决非计划性的或指令性的。如十二五规划所指出的要转变经济发展方式、优化经济结构、缩小收入差距、扩大中等收入群体的比重等，都属于今后中长期规划的重点内容。这些规划，是根据中国的发展实际、人民的长远利益以及国民经济发展的可持续性要求提出的。这类规划只能由政府提出，全国人民共同推动。

其三，宏观调控是政府义不容辞的任务。自20世纪30年代大危机后，国家干预已和西方发达国家的市场经济融为一体。政府运用财政政策和货币政策来调节经济，乃是国家干预的主要表现。何况中国等新兴经济体，市场机制远不完善，市场失灵时有发生，更需政府的宏观经济调控。宏观调控虽属短期的，但是确保经济得以较快、平稳、持续的发展所必需的。应强调一点，宏观经济调控权属于中央政府。

其四，制定、推行产业政策，重点在技术创新、产业创新。包括日本在内的东亚国家都十分重视产业政策。它们运用产业政策指导，支持一些大财团和广大私人企业先后大力发展家电、电子、汽车、造船等重点行业，不断推进技术革新，从而引领整个经济起飞与发展。但政府只从政策上提供指导和支持，但决不经营产业，而产业政策必须把重点放在技术创新、产业创新或升级上。有的重大科技开发，具有巨大风险性，政府可承担风险投资，一旦开发成功，政府便可将新科技按合理价格转让给企业（国有或私人企业）。

其五，政府须大力建造公共设施和提供各项公共服务，即所谓筑巢引凤，为吸引各方企业（本地和外地企业以及外资企业），提供一个安全、便利、公平竞争、可持续发展的良好环境及平台。特别是，在政府主导下，由政府、企业和私人共同致力于建立一个覆盖全社会的社会保障体系。

（原载《北京日报》2013 年 3 月 18 日）

试论中国特色的社会主义道路
"特"在哪里

中国社会主义市场经济，是中国特色的社会主义道路的重要组成部分。其中国特色究竟"特"在哪里？我认为，其基本特色就在于社会主义基本经济制度与市场经济相结合，这种结合乃是史无前例的制度创新。

一 "特"在社会主义基本经济制度与市场经济相"结合"

社会主义市场经济和资本主义市场经济，就市场经济这一范畴讲，有可以相通之处，其本质就是使市场充分发挥资源配置的基础性作用。但社会主义市场经济的最本质的特征，就是社会主义基本制度跟市场经济相结合。就经济制度讲，社会主义基本经济制度，既不是公有制一统天下的传统社会主义经济——那里最适宜、也只能搞计划经济，也不是私有制一统天下的资本主义市场经济，而是"公有制为主体、多种所有制共同发展"的基本经济制度。这个基本经济制度的核心部分是"公有制为主体"，没有这个核心部分，社会主义基本经济制度也就不成其为社会主义；仅有其他非公有制经济跟市场经济相结合，那将是资本主义市场经济。所以，我在文章中曾以一简单公式把社会主义市场经济特征表述为：公有制主

体 + 市场经济。①

世界经济史告诉我们，西方国家的市场经济的诞生、成长与发展，都是以资本主义私有制为依托，以维护资本主义私有制为核心，以赢利为目的，依靠价格机制和竞争机制，发展资本主义私人经济。历史上的市场经济都是和资本主义私有制融为一体，从来没有与公有制结为一体的市场经济。与此相适应，西方经济学也坚持认为市场经济为资本主义制度所固有，认为市场经济非资本主义私有经济莫属，把二者融为一体奉为圭臬。

经济思想史也告诉我们，无论是西方经济学抑或传统马克思政治经济学，二者虽然立场对立、立论各异，但有一点相同：都否认市场经济跟社会主义公有制相结合的可能性，而且都把这一点奉为信条。20世纪30年代在西方经济学界发生一次历时数年的社会主义大论战，当时西方经济学界主要代表人物米塞斯及哈耶克（后来均为诺奖得主）断言只有私人企业才能构成市场经济所必需的微观经济基础，断言社会主义公有制不可能跟市场经济相结合，而只能搞计划经济，只能是一条"通向奴役的道路"。与此同时，传统的马克思主义政治经济学也断言市场经济是资本主义私有制所固有的，跟社会主义公有制水火不相容，把市场经济视为洪水猛兽。正是邓小平同志高瞻远瞩，解放思想，总结国内外建设社会主义的经验与教训，毅然采取"改革开放"决策，并于90年代初提出建设社会主义市场经济的基本方针，打破来自传统马克思主义和西方经济学左右两个方面的思想枷锁——所谓市场经济跟社会主义公有制不相容的教条。作为市场经济，它与历史上数百年以私有制为基础的市场经济不同，首次建立在以社会主义公有制为主体的经济基础上；作为社会主义公有制，它不是与计划经济而是首次与市场经济相结合。这是"前无古人的开创性事业"。以邓小平为核心的党

---

① 见拙作《社会主义市场经济理论的伟大历史意义——纪念邓小平百年诞辰》，《经济学家》2004年第6期。

中央领导着十几亿华夏儿女，在神州大地上探索着"摸着石头过河"，开始了把社会主义公有制跟市场经济结合起来的历史性长征。所以，社会主义基本经济制度与市场经济相结合，无疑应是中国特色社会主义最基本、最本质的特色。

的确，传统的公有制一统天下的社会主义经济与市场经济难以相容。究竟难在何处？我们社会主义国家与西方国家不同。西方国家的企业都掌握在私人手里，政府作为政治实体，只具有"公共服务"职能，而我国政府不只是政治实体，而且还受国家委托履行经济实体的职能，拥有大批国有企业。国家所有制企业（即国有企业），实际是政府所有制企业。政府一身兼有"政治实体"和"经济实体"两种身份和两种职能，这种体制是中华人民共和国成立之初从苏联那里学来的，政府以国家名义对国有企业实现政府所有制，而且一统天下。不仅非经营性、非竞争性国企为政府所统辖，而且本该由国家经济实体所统辖、按赢利原则经营的经营性、竞争性国企也归政府所统辖，结果经济服从于政治，赢利原则（成本—收益原则）被财政原则（无偿征收、无偿支付）所取代，市场机制和经济手段被计划化和行政手段所取代，大家都争吃财政"大锅饭"，形成制度性的投资饥饿症（见匈牙利经济学家科尔内所著《短缺经济》），企业没有独立的经济行为和经济利益，丧失了经济活力。这种企业，根本不可能构成市场经济所必需的微观基础。因为，微观经济和宏观经济都是市场经济所固有的经济范畴。企业之所以能充当市场经济的微观基础，绝不是因为它是基层（或基本）生产经营单位，而是因为它有经济灵魂或生命线，即它有自主的经济行为和独立的经济利益；只要有了这个经济灵魂或经济生命线，才会有"成本—收益"这根中枢神经，才会有内在的激励机制和约束机制，所有微观经济规律（价值规律、竞争规律、边际规律等）才起作用。私人企业有这个经济灵魂或经济生命线，所以能成为市场经济的微观基础。"政企不分"扼杀了国企的经济生命线和中枢神经，使公有制的国有企业不可能成为市场经济所需要的"微观基础",使公有制难以跟市场经济相结合。所以,作为社会主义基本经济主体的公有制能否与市场经济相结合,关键在于能否把国企改革变成公有制基础上自主经营的企业,成为市场经济必需的"微观经济基础"。改革国企,这就是社会主义公有制主体得以跟市场经济相结合的结合点。

中国人民在以邓小平为首的党中央领导下,在探索建立社会主义市场经济体制过程中,不仅正确认清了公有制无法跟市场经济难以"结合"的"难点",更重要的是找到了二者的结合点——改革国有企业,把国企改革成以公有制为基础的独立生产者和经营者,在公有制基础上塑造市场经济须臾不可或缺的"微观经济基础"。不仅如此,还找到结合之路——"产权明晰、权责明确、政企分开、管理科学",其后又进一步明确要使"股份制成为公有制的主要实现形式",循此则可在公有制基础上建立现代企业制度,使之具有"自主经营、自负盈亏、自我扩张、自我约束"的职能和机制,从而在公有制基础上把国有企业建设成市场经济所必需的"微观经济基础"。这是改革国企、实现公有制与市场经济相结合的唯一可行的道路,其间的关键是"产权明晰、政企分开"。这样,便可实现"以公有制为主体"的社会主义基本经济制度跟市场经济相结合,实现前无古人的制度创新。

二 拥有一批经营性、竞争性国有企业,应是我国社会主义市场经济有别于资本主义市场经济的一个重要特征。这是我国社会主义基本经济制度与市场经济相结合的必然结果

在社会主义市场经济体制下,既不是像计划经济那样由国有企业一统天下,也不像西方市场经济那样由私人企业一统经营性竞争性行业和领域。但要实现社会主义基本经济制度与市场经济相结合,须从改革国有企业为"突破口",为此,有必要分清、分开两

类不同性质、职能、营运原则的国有企业。

一是提供公共产品和公共服务的国有企业。这类国企体现了作为政治实体的国家即政府的职能，它们有以下特性：（1）它们的生产与经营具有公共性，是为了满足公众经济生活、文化生活、社会生活和公共消费的需要，使政府所辖地区有一个良好的投资环境、经营环境和生活环境；（2）它们的经营是非营利的、公益性的甚至是福利性的或政策性的，它们不宜由私人经营或私人无力经营；（3）它们的资金来自本地区的财政拨款，政府可以为提高公益性、福利性服务而提供财政补贴，按低于市场价格甚至低于成本的价格向公众提供公共产品和公共服务（如水、电、公安、教育、福利住房等）。有些公共产品与公共服务，可以通过采购、招标甚至 BOT 方法吸收私人企业或外企参与，而由这类国企向公众提供作为公共消费，但只能作为非营利性、公益性甚至福利性经营。这类国企应是各级政府所有制企业，谈不上"政企分开"。国外经验表明，这类企业大多数由各级政府财政部门及有关部门管辖，当然这个财政是受到议会和政府部门严格监督的公共财政。

二是属于经营性、竞争性行业的国有企业。这类国企是社会主义市场经济所特有的，而资本主义市场经济中竞争性行业和领域全由私人企业一统天下。这类国有企业体现了作为经济实体的国家的职能，它们有以下特性：（1）它们是经营性的和赢利性的，以赢利为目的；（2）它们自主经营、自负盈亏，有着内在的"成本—收益"经济原则的硬性约束。尽管它们的初始投资来自政府的财政预算，但一旦投入到国有经济实体系统就完全离开政府财政部门；（3）经营性竞争性国企有一部分属于关系国家经济命脉的行业和领域（如金融、交通运输、通信等），大部分属于一般经营性竞争性行业和领域。一般经营性国企看重的是便利的市场进入和退出机制，注重国有资产保值增值，如有必要或有利可图可随时转移；而关系国家经济命脉的经营性竞争性国企，其存在与发展对国家具有重大战略意义，既不可因其重要而由国企垄断全行业，应确保这一领域的竞争性，也决不可因有人（私人大企业集团或跨国公司）出高价而退出（出售），应确保国企在此重要竞争领域的主体地位。不过，所有经营性国企的发展应全靠自身的有效经营和竞争能力。

上述两类性质、职能、营运原则完全不同的国企，前者履行的是公共服务型政府职能，后者履行的则是作为经济实体国家所要求的资本经营职能。我过去把前者称为财政账户项目类国企，把后者称为资本账户项目类国企。对上述两类不同的国有企业，我们应在理论、认识上加以分清，在实践上应分属不同的管辖体系，分开管理以贯彻"政企分开"原则。可是这两类性质、职能、营运原则不同的国企，过去一向都属政府所有制，政府一身兼有政治实体和经济实体的双重身份和双重职能，过去是计划经济的体制源头，现在仍是"政企不分""政经不分"的症结所在。政府若不从经济实体的身份和职能中脱身，便难以完全从经济发展型政府转化为公共服务型政府；同时经营性国企若不从政府身上剥离开来（脱离"政府所有制"，我把这称为"政府瘦身"），也难以实现"政企分开"和"政经分开"，难以建立健全公司治理机制。但需强调指出，将经济实体的身份和职能从政府身上剥离开来，绝不是根本否定国家作为经济实体的身份和职能，更不是搞什么国退民进或全盘私有化，而是另外（在政府之外）设置一个作为经济实体的国家的载体（如"人大"），成立一个经营性国企体系。所以，应该退出经营性竞争性行业和领域的是政府，而不是国有企业。为了确保这类国企的"自主经营"权，必须贯彻"政企分开"，维护企业"产权明晰"，实行股份制改革，建立有效的公司治理结构，使公有制基础上的经营性国企能融入市场经济。所以，"政企分开"是经营性国企改革的关键所在。

"政企分开"讲了多年，也成立了国资委，但政府仍是经营性国企的投资人，国资委受政府之托成为政府的一个部门，"藕似断、丝更缠绵"。问题是，经营性国企要贯彻"政企分开"原则，就必须从政府所有制中解脱出来。要重塑国资委，将它定位为经营性国有资产委员会，独立于政府之外直属各级"人大"，作为国有经济实体的体制载体。新型国资委只对各级"人大"负责，这样一来，凡属提供公共产品、公共服务的非营利、福利性、政策性国企为各级政府所有、靠政府财政支持；凡属经营性竞争性国企均属各级"人大"授权的"国资委"所有，靠自主经营，摆脱"政府所有制"的羁绊。两类性质不同、职能不同、营运原则不同的国企，便有了明确的分野。

关于如何在政府之外设置一个作为经济实体的国家载体，成立一个经营性国有企业体系（包括经营性金融企业），我在20世纪80年代末曾提出过三种初步设想，后来也进一步阐述：（1）由人民权力机构（各级"人大"）授权给专门机构（如新国资委），来统辖经营性竞争性国有企业，实际上是作为在政治实体的各级政府之外确立一个作为经济实体的国家载体，这些国企不再是政府所有制，但受政府监督；（2）超越政府各部门之外建立一个由国有资产（经营性）管理委员会——国有资产经营公司（或国有资产投资公司）——国有企业组成的三层次管理、营运体系，实际上利用国有资产经营公司（或国有资产投资公司）等金融中介机构，在国资委和国有企业之间建立一道"防火墙"，确保"政企分开"；（3）由国家或国家支配的各种公共基金（如社保基金、共同基金、保险基金、投资基金、科研基金等）作为国有企业的主要投资者（即控股者），实则把国有企业从政府所有制转为"社会所有制"（或基金所有制）———一种新型的公有制。以上三种选择，可以任选一项，也可同时采用，公有制可以有多种形式。还有一点，国有经营性金融资产，有其一定特殊性，可以分别设立国有经营性实业资产管理委员会和国有经营性金融资产管理委员会，由国有资产（经营性）管理委员会统辖，或分别直属"人大"管辖（此问题须另作专门研究）。

在新型国有经营性资产管理、营运体系中，要确保企业产权明晰与自主经营。为此，政府或新国资委均无权调拨国有企业或国资委的资金，如需企业资助，可以公开发行地方公债。经营性国企将和私人企业、外资一样，只给政府交纳应交的各种税收，确保国企和私企、外企公平竞争。至于利润如何分配，应由国企董事会决定，主要用于开发新技术、新产品、产业升级和股东红利，无须"上缴利润"（跟2007年前一样）。可是2007年后要求国企（央企）上缴利润给财政，不言而喻，国企（央企）若亏损，则应由财政补贴。这样一来，国企便不是"自主经营"而是躺在财政身上，贯彻的依然是"政府所有制"，跟计划经济下政企不分的国企差不多，扼杀了国企的自主性、竞争性及创新精神。至于经营性领域内国企（央企）凭借特殊垄断地位而获取巨额垄断利润，可征收高额垄断税（税率可高达100%），由政府财税部门收取用于公共开支，可谓"取之于民、用之于民"。

各地国资委可根据政府规划，经当地"人大"审议通过，可投资兴办新兴产业，若投资兴办经营性、竞争性企业，则应脱离当地政府管辖而经当地"人大"讨论并授权当地"国资委"充当企业投资人，由当地"国资委"管辖，诚然，还须经过听证会、咨询会等民主程序进行。此外，央企和地企应相互尊重产权，可相互参股，应鼓励国企做大做强，应允许效益突出的地方国企控股央企；也应鼓励私企做大做强，控股或兼并经营性国企。

（原载《企业家日报》2013年6月22日）

从五个维度看中国特色社会主义道路

中国特色社会主义道路，就经济制度讲，其基本特色就是社会主义基本经济制度跟市场经济相结合，其核心本质是公有制与市场经济相结合。中国在改革探索中找到了结合点和结合方法，即国企改革，关键是"产权明晰、责权明确、政企分开、管理科学"，把国企改革成市场经济不可或缺的"微观经济基础"。"政企分开"的要点，是把作为政治实体的国家（各级政府）跟作为经济实体的国家在体制上分开，政府只供给公共产品和公共服务，不从事经营性国企的经营；要重塑"国资委"，负责统辖经营性国企，同时成立国家资源委员会，二者受"人大"委托作为国有经营性资产和资源的体制载体，实现公有制跟市场经济的结合。

一 特在社会主义基本经济制度与市场经济相结合

中国社会主义市场经济，是中国特色的社会主义道路的重要组成部分。其中国特色究竟特在哪里？我认为，其基本特色就在于社会主义基本经济制度与市场经济相结合，这种结合乃是史无前例的制度创新，无疑应是中国特色社会主义最基本、最本质的特色。

作为社会主义基本经济主体的公有制能否与市场经济相结合，关键在于能否把国企改革成以公有制为基础的独立生产者和经营者，在公有制基础上塑造市场经济须臾不可缺的"微观经济基础"；同时，还在于"产权明晰、责权明确、政企分开、管理科学"。这是改革国企、实现公有制与市场经济相结合唯一可行的道路。

二 拥有一批经营性竞争性国有企业,应是我国社会主义市场经济有别于资本主义市场经济的一个重要特征

在社会主义市场经济体制下,既不是像计划经济那样由国有企业一统天下,也不像西方市场经济那样由私人企业一统经营性竞争性行业和领域。但要实现社会主义基本经济制度与市场经济相结合,必须从改革国有企业为突破口,为此,有必要分清、分开两类不同性质、职能、营运原则的国有企业。

一是提供公共产品和公共服务的国有企业。有些公共产品与公共服务,可以通过采购、招标甚至 BOT 方法吸收私人企业或外企参与,而由这类国企向公众提供作为公共消费,但只能作为非营利性、公益性甚至福利性经营。这类国企应是各级政府所有企业,谈不上"政企分开"。国外经验表明,这类企业大多数由各级政府财政部门及有关部门管辖,当然这个财政是受到议会和政府部门严格监督的公共财政。

二是属于经营性、竞争性行业的国有企业。两类性质、职能、营运原则完全不同的国企,前者履行的是公共服务型政府职能,后者履行的则是作为经济实体国家所要求的资本经营职能。我过去把前者称为财政账户项目类国企,把后者称为资本账户项目类国企。对上述两类不同的国有企业,我们应在理论、认识上加以分清,在实践上应分属不同的管辖体系,分开管理以贯彻"政企分开"原则。

要重塑国资委,将它定性定位为经营性国有资产委员会,独立于政府之外直属各级"人大",作为国有经济实体的体制载体。新型国资委只对各级"人大"负责,这样一来,凡属提供公共产品、公共服务的非营利、福利性、政策性国企为各级政府所有、靠政府财政支持;凡属经营性竞争性国企均属各级"人大"授权的"国

资委"所有,自主经营,摆脱"政府所有制"的羁绊。

三 建立国家资源委员会——政府不再掌管、支配、经营性国有自然资源

目前,政府所有制还覆盖另一大经济领域,即自然资源虽为国家所有,实则也归政府所有(中央和地方)。例如,土地问题,城镇土地为国家所有(即政府所有),农村土地为集体所有。然而,集体所有的"产权"十分脆弱,地方政府很容易以"征购"名义侵占。一些地方政府便凭借权力,在城镇搞"拆迁"(甚至暴力拆迁)及农村搞土地"征购"(低价征购),政府垄断了土地的供给、审批、定价,收取巨额土地出让金以及其他相关税费,作为自身财政的重要来源。更严重的是,政府多有短期行为,土地批租一般为30年、50年或70年,许多现任政府总想在自己任期把经济搞上去,便把今后几十年要用的土地尽多尽早地批租出去,换来巨额资金,形成投资热、开发区热、城镇扩建热,短期内造成经济过热,长期则水土流失、资源与环境遭到破坏、窒息今后经济可持续发展。这就是"土地财政"造成的流弊,是政府垄断土地资源的产物,也是自然资源开发、经营中"政企不分"的产物。为此,必须从体制上把政府从自然资源所有者的地位(宝座)上择出来。

需要强调的是,土地和其他自然资源一样,属于公共开发、利用、经营的自然财富,应属于作为经济实体的国家所掌管。所以我建议国家应在各级政府建立国家资源(包括土地)管理委员会,由各级"人大"授权作为国有资源的所有者载体,受各级"人大"管辖,对各级"人大"负责,接受本地政府监督。这样,可以彻底破解土地财政及国有资源的政府所有制,使政府不得持有或插手土地及任何自然资源的开发与经营,使作为国家政治实体的政府可全力铸造成公共服务性政府。

四 政府"瘦身"、公有制主体、政府垄断

有人担心,一旦政府"瘦身",不能直接掌管国有企业和国有资源,会使国有企业失去国有或公有制的社会经济属性,特别是会危及公有制主体地位。我认为这种担心是没有必要的。《宪法》规定,国家的最高权力机关是"人民代表大会"(简称"人大"),国务院是由"人大"授权和任命的,代表国家履行政治实体的职能,同样,全国"人大"有权(或通过修订宪法)设立新型国有经营性资产管理委员会(经营性实业资产、经营性金融资产)及国有经营性资源管理委员会,授权它们作为国家代理人掌有国有经营性资产和资源;尽管它们已独立于政府之外,却是国有经营性资产和资源的所有者或出资人,国有经营性企业的国有属性和公有制属性丝毫未变。

同时,还有人借口"事关国计民生",在一些主要经营性竞争性行业和领域以确保公有制主导地位为由,实则把它们变成国有企业垄断行业和领域,由于政企尚未完全分离,实际也由政府垄断。我们应坚定不移地发展公有制经济,也应坚定不移地支持、发展非公有制经济。不应该借口"事关国家经济命脉"而把一些重要经营性竞争性行业,变成由国有企业或政府直接"垄断"。

需要指出的是,"反垄断"既要坚决,也须冷静对待。我们应鼓励和支持企业(国企和民企)"做大做强",但决不简单拼凑。要"做大做强"须要有技术开发、专利品牌、科学管理、合理经营作后盾;而企业(国有和民企)做大做强,难免带有一定垄断性。我们不能因为反垄断而害怕企业做大做强,央企不应担心地方国企做大做强而威胁自己,国企也不该害怕民企做大做强而威胁自己。特别是,当今许多国家对我国国企走出去心存疑虑与戒心,我们应该支持有实力的私人资本集团公司走出去,参与国际竞争。我们要反对的垄断,是经营性竞争性行业或领域内不该由政府或国企

实施的"垄断",要为经营性企业(国企或民企)维护其应有的活动空间。

还应看到,即使在极少数属于国家经济命脉而必须由政府或国企垄断行业中,垄断也可与竞争相结合。以石油为例,这一重要战略资源,在世界许多国家都是由大型企业集团或政府垄断控制的,但不是由一家而是由少数几家大型石油集团公司所垄断,它们之间也进行竞争,即所谓"寡头竞争"。不过,应看到目前国际石油市场上许多国家都通过并购和重组,组成几个特大型石油企业集团驰骋于国际市场,我们也应推出几个特大型石油企业集团(国有或私人或公私合营)来应对。总之,对待垄断问题,我们应持理智态度。

我国的经济发展与经济改革,都是在政府主导下进行的,因为我国是一个发展中国家,要在短短数十年内走完发达国家经历二三百年市场经济发展进程,没有政府主导难以想象。但我们所要求的政府主导,是国有经营性资产和资源完全摆脱政府所有制的政府主导,是政府实现"瘦身"的政府主导,这里出现的是"小政府、大市场"的新局面,但小政府,决非弱政府。问题是,我国经济体制改革进行至今,政企似分尚未分,症结在于政府未能忍痛"瘦身",唯一出路是把改革推进到底;若半途而滞,将为权钱交易、贪腐丛生提供温床,甚至堕入权贵市场经济(新型官僚资本主义)的深渊。过去30年改革与发展依靠政府主导,今后改革进入深水区,更需顶层设计、顶层规划。

五 排除阻力,坚持走中国特色社会主义道路

上述关于重塑国资委和建立国家资源委员会的建议,归根到底,就是彻底贯彻政企分开,把经营性国企塑造成市场经济所必需的微观经济基础,把公有制跟市场经济结合为一体。我国的经济发展与经济改革都是由"政府主导"的(政府主导是亚洲新兴经济

体发展所共有的特点），但我曾著文阐明政府主导有一定界限。在市场经济体制下，政府的主导性主要表现在前瞻性、战略性、规划性、指导性和服务性上，提供公共产品和公共服务，决不从事国有资产或国家资源的经营，把一切经营性活动全部交给各地"人大"所辖的"国资委"，我过去在文章中把这称之为政府"瘦身"。有学者不持乐观态度，认为要政府忍痛割爱，无异于与虎谋皮。但我不如此悲观。党的十八大已一再指出我国要坚持改革开放，要走中国特色社会主义道路。诚然，要建成社会主义市场经济，光靠经济改革是不够的，还需要一套改革相配套，如政府体制改革、政治体制改革、社会体制改革，等等。经济的深化改革，必须要有上述各方面的改革为之开道。

改革已进入深水区，一定会遇到许多障碍与阻力。最大阻力将来自既得利益集团。我们整治贪腐，不应满足于搞一个或几个大案，我们必须从体制源头上下手，彻底贯彻政企分开，彻底实现政府"瘦身"，努力建成一个公平、公正、法治、人民小康、社会和谐的社会主义市场经济，让中国特色社会主义经济制度在世界的东方地平线上冉冉升起。

（原载《中国经济时报》2013年8月8日）

如何破解"打车难"问题

要彻底解决"打车难"问题，不仅要破除对出租车的"垄断"，还须建立有序、有效的城市交通秩序，这将涉及城市交通规划与布局，乃至基础设施和法制建设，属于市政建设规划的重要组成部分。

"打车难"是发展中国家在工业化、城市化过程中随着城市（特别是大城市）扩容而难以避免的社会问题。出租车市场问题，跟其他市场一样，归根到底是供求问题。"打车难"，简而言之，即供不应求。为什么会出现出租车"供不应求"呢？

1. 须破除对出租车行业的垄断

从需求方面看，随着工业化及城镇化的推进，城镇人口扩容和中产阶层增大，对城市（特别是大城市）交通工具的需求势必随之增大；但交通工具的供给除了公共交通和私家车辆外，出租车是满足公众对交通需求的一项重要补充。随着城市人口容量增大，对出租车的需求势必扩大，出租车行业起着越来越重要的补充作用。

从供给方面看，为何会出现"供不应求"呢？为何市场无法发挥其调节作用呢？问题的症结在于垄断。不少城市，整个出租车行业全被国营出租车公司所垄断，既控制规模又控制价格，整个行业的经营完全由国有出租车经营公司所垄断。为何一些地方政府热衷于垄断出租行业？关键在于它为垄断者提供巨额垄断利润。在政府垄断该行业的情况下，出租车司机不得拥有汽车，汽车私有权被政府或国有出租车经营公司夺去，个体司机虽不必自己购车，但要进入该行业，必须向政府或国有公司申请出租车"经营许可证"，这样，个体司机便可获得政府或国有公司提供的出租车并获得"特许经营权"。为此个体司机必须按时向政府或国有公司缴付"份子钱"，从而形成了垄断利润的主要来源。

鉴于打车难、司机收入低，政府决定出租车提价，国家发改委要求提价收入全归司机，但不少人表示质疑，认为地方政府或国有出租车经营公司会通过其他隐性手段（如提高油价或其他管理费用）把部分提价收入据为己有，提价的负担全都由消费者埋单。

2. 出租车行业应属经营性、竞争性行业

尽管出租车行业服务于公众对交通运输的需求，但它和其他运输行业一样都属于经营性、竞争性行业，应向全社会开放，既可有国有公司，也可有私人公司或公私合营公司，还可有个体经营，它们应在没有任何特权条件下全靠自主经营，在同一起跑线上进行公平竞争。所谓为公众需求服务，不应也不可能成为地方政府或国企垄断的理由。以民用航空业为例，它也服务于公众的交通运输需求，但还属于国家经济命脉，其重要性不知比出租车行业高出多少倍。可它是经营性、竞争性行业，它对非公有制（私有、外资）企业是开放的，在国有航空公司占主体情况下，国有航空公司不仅可吸收私企或外企投资（国有资本须控股），甚至允许私人航空公司、外国航空公司在国内市场进行公平竞争。由于航空业关系国民经济命脉，只需政府掌控机场、航线、航空调度、航空通信、安检等要害部门就足以确保对该行业的控制。这样，就可形成一个既有控制又有竞争、既有公有制主体地位又有多种所有制共存共荣的生动活泼的社会主义市场经济。既然像民航业如此关乎国计民生的行业都可开放，那么坚持政府或国有出租车经营公司对出租车行业实施垄断便没有道理可言了。

对此，经营性、竞争性国企必须贯彻"产权明晰、政企分开"的原则，即政府不再经营经营性、竞争性行业。只有从体制上贯彻"政企分开"，才能泾渭分明、各司其职。当然，虽然破除垄断对于解决"打车难"问题至关重要，但是出租车行业只是整个城市交通系统的一个组成部分，"打车难"还与城市内"堵车"、全城各交通工具布局密切相关。因此，解决"打车难"问题，还须深入探讨城市交通布局、基础设施建设及交通管理等问题。

3. 城市交通布局与管理

从城市交通全局看，交通的主要承担工具应是公交和地铁，它们是地方政府该提供的公共产品和公共服务，在城市交通体系中应占主体地位；有的城市也允许私人运输公司营运市内甚至毗邻城市间汽车运输，但不占主体地位，却是城市交通体系的重要补充。至于出租车完全可以放开，让司机进行个体经营，当然国有出租车经营公司也可存在，但须全靠自主经营，决不可享有政府任何资助或优惠。因此，我们在考虑经济结构时，应从宏观角度考虑社会主义基本制度问题。若从城市交通系统来看，仍然是公有制占主体（地铁和公交），私人运输公司和出租车都是重要补充。

在我看来，要彻底解决"打车难"，除破除"垄断"外，还须建立有序、有效的市内管理制度，把市内各主要交通工具纳入有序、有效的管理体系内。在这方面，美国纽约以及我国香港的经验可供借鉴。

为了建立有序、有效的市内交通管理制度，我提出如下建议：

（1）地方政府应在机场、各地铁口、交通要道、公共场所（如公园、博物馆）等处建立大型停车楼，要求私家车和大轿车必须存放楼内，不得在楼外或附近街道随意停放。例如纽约，市区内多为大公司、大银行及商业区所有，市区内房价昂贵，员工及居民多住郊区，员工每天上班，多开私家车到附近地铁站口，将车存放在附近的停车楼内，然后乘地铁上班；下班也乘地铁到停车楼取车回家。地铁口停车楼收取的停车费要比市区内停车费便宜得多，这是为了鼓励人们多乘地铁，少乘私家车进入市区。这个经验值得借鉴。

（2）限制在市内街道上停放车辆。除市内主要公路上严禁随意停放车辆外，各马路、街道上一般不许停放车辆。当然，有的大城市，如华盛顿，允许在一些较宽街道上存放小轿车，但由交警当局划定停车位，并给每个车位安装自动计时计价装置，存车者只有交付停车费后才能把车开走。不过，这种街头存车，存车费要比存车楼更贵。如果不在划定地段停车，被交警发现，须付较高罚款。罚款时，交警只给你罚款单而并不收款，你须到该地区交警处限期交款。

上述措施是为了减少市区内私家车在市区内行驶和乱停乱放车辆。此外，我们可学习美国经验，各中小学校每天派校车定时定点接送学生，这样可以减少家长在区内开车接送子女，进而避免学校门前和附近早晚上学和放学时堵车；不仅如此，学校班车有特种标记，其他车辆均须避让。

（3）市内交通的法治。要建立有序、有效的城市交通秩序，须有城市交通法规，依法行事。总之，要彻底解决"打车难"问题，不仅要破除对出租车的"垄断"，还须建立有序、有效的城市交通秩序，这将涉及城市交通规划与布局，乃至基础设施和法制建设，属于市政建设规划的重要组成部分。

（原载《中国经济时报》2013年10月15日）

架构经营性国企体系

中国在改革实践中探索出改革国企的道路是"产权明晰、责任分明、政企分开、科学管理",其间的关键是"产权明晰、政企分开"。一般来讲,这主要针对广大经营性国企而言。

一 两类不同性质的国企

中国有两大类性质不同、职能不同、营运原则不同的国企。

一是提供公共产品与公共服务的国有企业。这类国企体现了作为政治实体的国家即政府的"公共服务型"职能。

它们有以下特性:(1)它的经营具有公共性和公益性,可以满足公众的经济生活、文化生活、社会生活和公共消费的需要,在政府所辖地区营造良好的投资环境、经营环境和生活环境;(2)它的经营是非营利的、公益性的甚至是福利性的或政策性的;它们不宜由私人经营或私人无力经营;(3)它们的资金来自本地区的财政预算拨款,政府可以为提高公益性、福利性服务而提供财政补贴,按低于市场价格甚至低于成本的价格提供公共产品和公共服务(如水、电、公交、保障房和廉租房等)。

有些公共产品与公共服务,可以通过采购、招标甚至 BOT 方法吸引民企、外企和经营性国企参与,由政府确保其合理利润,由它们向公众提供相应的服务,但只能作非营利性、公益性甚至福利性经营。这类国企应是各级政府所有制的国企,它贯彻的是"公共服务型"职能。这类国企靠政府财政补贴,归政府所有,自然谈不上"政企分开"。

二是属于经营性或竞争性行业的国企。这类国企体现了作为经济实体的国家的职能。有以下特性：（1）它们是经营性和营利性的，以赢利为经营目的；（2）它们自主经营、自负盈亏，有内在的"成本—收益（Cost‑Revenue）"经济原则的硬性约束。这类经营性国企的营运原则，跟前一类依赖财政补助的、提供公共产品的国企完全不同，我把前一类国企称之为"财政账户项目"类国企，把经营性国企称为"资本账户项目"类国企。为了确保这类国企的"自主经营"权，必须贯彻"政企分开"，维护企业"产权明晰"，实行股份制改革，建立有效的公司治理结构，使公有制基础上的经营性国企能融入市场经济所必需的微观基础。所以，"政企分开"是经营性国企改革的关键所在。

"政企分开"讲了多年，也成立了国资委，但政府仍是经营性国企的投资人，国资委受政府之托成为政府的一个部门，"藕似断，丝更缠绵"。问题是，经营性国企要贯彻"政企分开"原则，就必须从政府所有制中解脱出来。要重塑国资委，将它定位为经营性国有资产委员会，独立于政府之外，直属各级"人大"，作为国有经济实体的体制载体。新型国资委只对各级"人大"负责，这样一来，凡属提供公共产品、公共服务的非营利、福利性、政策性国企为各级政府所有、靠政府财政支持；凡属经营性竞争性国企均属各级"人大"授权的"国资委"所有，靠自主经营，摆脱"政府所有制'"的羁绊。两类性质不同、职能不同、营运原则不同的国企，便有了明确的分野。

二 三层次架构塑造经营性国企体系

至于如何在政府之外设置一个作为经济实体的国家载体，成立一个经营性国有企业体系，笔者早在20世纪80年代末曾提出过三种初步设想，后来也有进一步阐述：（1）由人民权力机构即各级

"人大"授权给专门机构（如国资委）来统辖经营性竞争性国有企业，实际上是作为在政治实体的政府之外确立一个作为经济实体的国家载体，这类国企不是政府所有，但接受政府监督；（2）超越政府各部门之外建立一个由国有资产（经营性）管理委员会—国有资产经营公司（或国有资产投资公司）等金融中介机构—国有企业组成的三层次管理、营运体系，实际上是利用国有资产经营公司（或国有资产投资公司）等金融中介机构，在国资委和国有企业之间建立一道"防火墙"，确保"政企分开"，同时也贯彻"所有权与经营权分离"原则；（3）由国家或国家支配的各种公共基金（如社保基金、共同基金、保险基金、投资基金、科研基金等）成为国企的主要投资者（即控股者），实则把国有企业从政府所有制转为"社会所有制"（或基金所有制）——一种新形式的公有制。

以上三种形式，可以任选一项，也可同时采用，公有制可以有多种形式。还提一点，国有经营性金融资产，有其一定特殊性，可以分别设立国有经营性实业资产管理委员会和国有经营性金融资产管理委员会，由国有资产（经营性）管理委员会统辖，或分别直属"人大"管辖（此问题须另做专门研究）。

在新型国有经营性资产管理、营运体系中，要确保企业产权明晰与自主经营。为此，政府或"新国资委"均无权"调拨"国企或国资委的资金，如需企业资助，可以公开发行地方公债。经营性国企将和私人企业、外资一样，只给政府缴纳应缴的各种税收，确保国企和私企、外企公平竞争。至于利润如何分配，应由国企董事会决定，主要用于开发新技术、新产品、产业升级和股东红利，无须"上缴利润"（跟 2007 年前一样）。可是 2007 年后要求国企（央企）上缴利润给财政，不言而喻，国企（央企）若亏损，则应由财政补贴，这么一来，国企便不是"自主经营"而是躺在财政身上，贯彻的依然是"政府所有制"，跟计划经济下政企不分的国企差不多，扼杀了国企的自主性、竞争性及创新精神。

至于经营性领域内国企（央企）凭借特殊垄断地位而获取巨额垄断利润，可征收高额垄断税（税率可高达100%），由政府财税部门收取用于公共开支，可谓"取之于民，用之于民"，不容国企（央企）或国资委坐享垄断利润。

各地国资委可根据政府规划，经当地"人大"审议通过，可投资兴办新兴产业，但须经过听证会、咨询会等民主程序进行。此外，央企和地企应相互尊重产权，可相互参股，应鼓励国企做大做强，应允许效益突出的地方国企控股央企；也应鼓励私企做大做强，控股或兼并经营性国企。

（原载《中国企业报》2013年12月24日）

编选者手记

黄范章先生的研究涉猎广泛，从企业改革到政府体制改革，再到经济转轨，以及对经济全球化、国际经济新秩序和国际合作，黄先生都进行了细致而深入的研究。

作为最早研究股份制的经济学者之一，黄先生阐述了股份制既可以作为资本主义私有制的实现形式，也可以作为社会主义公有制的实现形式，并主张对国有企业进行股份制改造。针对计划经济向市场经济的转变，黄先生提出"政企分开"，即将政府的双重身份和双重职能彻底分开，主张创立有中国特色的转轨经济学和社会主义市场经济学。面对经济全球化，黄先生预见到"风险"和"危机"的全球化趋势，希望通过各国间宏观经济政策的合作，来实现区域甚至全球性的"宏观调节"和"政策协调"。

黄先生发表了200余篇论文、出版了10余本著作。因其著作整体逻辑严谨，单独拿出某个章节略显突兀，且其主要观点均在黄先生已发表的论文中有所体现，故本次选文主要出自其具有代表性的学术论文，并按照发表的时间顺序进行排列。如有遗漏和不妥之处，还请各位同人多多指教。

张小溪

2018年10月

《经济所人文库》第一辑总目(40种)

(按作者出生年月排序)

《陶孟和集》　　《戴园晨集》
《陈翰笙集》　　《董辅礽集》
《巫宝三集》　　《吴敬琏集》
《许涤新集》　　《孙尚清集》
《梁方仲集》　　《黄范章集》
《骆耕漠集》　　《乌家培集》
《孙冶方集》　　《经君健集》
《严中平集》　　《于祖尧集》
《李文治集》　　《陈廷煊集》
《狄超白集》　　《赵人伟集》
《杨坚白集》　　《张卓元集》
《朱绍文集》　　《桂世镛集》
《顾　准集》　　《冒天启集》
《吴承明集》　　《董志凯集》
《汪敬虞集》　　《刘树成集》
《聂宝璋集》　　《吴太昌集》
《刘国光集》　　《朱　玲集》
《宓汝成集》　　《樊　纲集》
《项启源集》　　《裴长洪集》
《何建章集》　　《高培勇集》